BRIAN HAYCOCK

Dharma Road

GOLDMANN
Lesen erleben

Buch

Brian Haycock verdiente seinen Lebensunterhalt viele Jahre lang mit Taxifahren. Seinen Alltag prägten Verkehrsstaus, raubeinige Kollegen und launische Fahrgäste. Auf seinen Fahrten erlebte er jedoch auch Momente nachdenklicher Stille und inspirierender Begegnungen, die ihn dazu bewegten, sich mit den Lehren des koreanischen Zen-Meisters Seung Sahn zu beschäftigen. Haycock nimmt den Leser mit auf eine höchst ungewöhnliche Reise, eine »Taxifahrt zur Erleuchtung«. Er weiht ihn ein in die Vier Edlen Wahrheiten des Buddhismus, den Achtfachen Pfad und die Sechs Tugenden. Humorvoll und tiefgründig zeigt er, wie Zen-Buddhismus ein Teil des täglichen Lebens wird.

Autor

Brian Haycock ist Schriftsteller und ehemaliger Taxifahrer und lebt in Austin, Texas. Zurzeit arbeitet er für eine gemeinnützige Organisation und vermisst heimlich das Taxifahren. Dies ist sein erstes Buch.

Brian Haycock

Dharma Road

Mit Buddha im Taxi zur Selbsterkenntnis

Aus dem amerikanischen Englisch übersetzt
von Astrid Ogbeiwi

GOLDMANN

Die Originalausgabe erschien 2010 unter dem Titel
»Dharma Road. A Short Cab Ride to Self Discovery«
bei Hampton Roads Publishing Company Inc., USA.

FSC
www.fsc.org
MIX
Papier aus verantwortungsvollen Quellen
FSC® C014496

Verlagsgruppe Random House FSC-DEU-0100
Das für dieses Buch verwendete FSC®-zertifizierte Papier
München Super liefert Arctic Paper Mochenwangen GmbH.

1. Auflage
Deutsche Erstausgabe Februar 2012

Umschlaggestaltung: UNO Werbeagentur, München
Umschlagmotiv: FinePic®, München
Redaktion: Georg Patzer
SB · Herstellung: cb
Satz: Fotosatz Amann, Aichstetten
Druck: GGP Media GmbH, Pößneck
Printed in Germany
ISBN: 978-3-442-21974-2

www.goldmann-verlag.de

Inhalt

Dharma Road ist Taxifahrern
und Bodhisattvas in aller Welt gewidmet.

Einleitung

Beim Fahren immer schön den Geist offen halten

Hallo. Wo möchten Sie gerne hin?

So begrüße ich immer meine Fahrgäste, wenn sie ins Taxi steigen. Diese freundlichen Worte brechen das Eis und lenken alles gleich in die richtigen Bahnen. Ich lächle dabei, wende mich nach hinten um und nehme kurz Blickkontakt auf.

Es ist eine gute Frage. Wo möchten Sie hin? Ins Freibad Barton Springs, um eine erfrischende Runde zu schwimmen? Hinaus zum Restaurant Oasis, um über dem Lake Travis dem Sonnenuntergang zuzusehen? Oder ins Zentrum, vielleicht in einen Club in der 6th Street, wo die tolle texanische Musik gespielt wird, die wir hier in Austin so mögen?

Wie wäre es mit einer Reise zur Selbsterkenntnis? Eine Fahrt auf der Dharma Road?

Es ist Dienstagnachmittag; ich arbeite im Zentrum, schaue, was an den Taxiständen vor den Hotels so los ist, und rolle gemächlich durch die Straßen. Taxi Nr. 119 stets zu Diensten. Vor dem Four Seasons nehme ich eine Dame auf, fahre sie hinauf zum Capitol, Austins wohl berühmtester Sehenswürdigkeit. Danach bringe ich zwei Männer vom Omni-Hotel zum Doubletree. Ich nehme eine Funkfahrt zum Brackenridge-Krankenhaus an und hole dort einen alten Mann mit einem starr eingegipsten gebrochenen Bein ab. Er möchte nach Hause in seine Wohnung in der East 5th und fährt auf Krankentransportschein. Beim Einsteigen braucht er sehr viel Hilfe. Dann bin ich wieder im Zentrum, nehme vor dem Hilton eine Frau in einem schreiend grünen Hosenanzug auf und fahre sie zur Universität. Ich höre mir ihre Lobeshymnen auf Austin an und sage: »Ja, Ma'am, mir gefällt es hier auch.«

Das ist ein typischer Nachmittag in der Taxibranche. Ganz ähnlich wie gestern Nachmittag. Oder morgen. Ganz ähnlich wie das Leben. Es ist immer was los, aber am Ende kommt man so ziemlich wieder da an, wo man losgefahren ist.

Doch eigentlich ist er auch ganz untypisch. Er ist einzigartig. Es ist ein völlig neuer Tag, einer, der vergehen und nie wiederkehren wird. Die Leute, der Verkehr, der Klang und die Atmosphäre der Stadt. Die Art, wie alles in Bewegung ist. Es ist alles neu, und es wird nie wieder so sein. Es kommt ganz darauf an, wie man es betrachtet.

Gemächlich rolle ich die Congress Avenue hinunter, da höre ich ein Pfeifen, und auf der anderen Straßenseite sehe ich einen Mann, der mich zu sich herüberwinkt. Ich bin schon da. Ich fahre eine enge Kurve, und in null Komma nichts gleite ich an den Bordstein heran. Sanft und elegant. Drei Männer in den gleichen dunkelgrauen Anzügen wollen zu einem Bürogebäude im Norden an der Interstate. Einer sitzt vorne. Er wirkt ein wenig nervös, fahrig, als stünde eine wichtige Sitzung bevor und als habe er den ganzen Tag Kaffee getrunken, um sich darauf vorzubereiten. Jetzt ist er so weit.

Auf dem Platz neben mir liegt ein zerlesenes Exemplar von Seung Sahns Klassiker *Der Kompass des Buddhismus*. Es liegt zuoberst auf einem Stapel aus Karten, Handbüchern und dem Klemmbrett, auf dem ich den Papierkram für mein Taxiunternehmen erledige. Er nimmt es in die Hand, starrt den Titel an und fragt: »*Das* lesen Sie?«

»Ja. Damit vertreibe ich mir die Zeit bei der langen Warterei am Flughafen.«

»Und diesen buddhistischen Scheiß, den verstehen Sie wirklich? Das ist doch ziemlich seltsames Zeug, dieser ganze Schrott mit dem einhändigen Klatschen und so. Das ist doch Zen, oder?«

»Ja, das ist ein *Koan*, ein Rätsel.«

»Und Sie ham's rausgekriegt?«

»Na ja, das nun nicht gerade, nein. Koans sind schon was sehr Fortgeschrittenes, eher was für Vollzeitmönche. Für Leute, die die Zeit haben, sich richtig reinzuvertiefen. Wenn man 90 Stunden die Woche Taxi fährt, dann klappt das nicht so recht. Aber Zen-Buddhismus ist gar nicht so verwirrend, wie die meisten glauben. Zum größten Teil ist er einfach eine Wertschätzung des ganz normalen Alltags. Die Grundlagen sind ziemlich klar und einfach – ein bisschen Philosophie, Meditationspraxis, Ethik, so was in der Art eben. Und von da aus macht man dann weiter; darauf baut man auf.«

Er knurrt, hat das Interesse bereits verloren, dreht sich nach hinten um und verfällt in ein Gespräch über Amortisationsabschreibungsrückstellungen oder etwas in der Art, ein Thema, von dem ich in etwa so viel verstehe wie die drei vom einhändigen Klatschen.

Beim Aussteigen gibt er mir ein großzügiges Trinkgeld und sagt mit einem vielsagenden Grinsen: »Na denn, viel Glück mit dem Zen-Scheiß.« Er dreht sich um, stolpert über den Bordstein und verliert seinen Aktenkoffer, während er mit den Händen rudert, um sein Gleichgewicht wiederzufinden. Der Aktenkoffer springt auf, und seine Papiere verteilen sich über das Pflaster.

Das ist Zen. Mitten vor unserer Nase. Der Moment, auf den man nicht gefasst war. Der Moment, in dem man feststellt, dass das Leben eine kleine Überraschung nach der anderen birgt. Der Moment, in dem einem klar wird, dass das ganz gewöhnliche Leben ganz und gar nicht gewöhnlich ist.

Andererseits, vielleicht hätte er doch nicht »Zen-Scheiß« sagen sollen. Das war wahrscheinlich nicht gut für sein Karma.

Willkommen auf der Dharma Road. Unsere Fahrt wird Ihnen Spaß machen. Sie können sie sich als Einführung in die Zen-Praxis für Menschen vorstellen, die in der realen Welt leben. Menschen wie wir. Wir werden uns mit den Grundgedanken des Dharma befassen – den Lehren des Buddha und der anderen, die seinem Weg gefolgt sind. Wir werden uns über Ethik, Meditation und Achtsamkeit unterhalten. Nur in den Grundsätzen. Und wir werden mit einer tagtäglichen Zen-Praxis beginnen. Dabei kann es ganz schön ernst zugehen, muss es aber nicht. Wir nehmen's leicht und machen es so klar und prägnant wie möglich. Vor allem aber gehen wir damit auf die Straße und schauen, wie die Zen-Praxis sich im Alltag umsetzen lässt. Schließlich soll das Ganze auch ein bisschen Spaß machen, und wir wollen hin und wieder etwas zu lachen haben. Weil Sie sich gleich eine 16-Stunden-Schicht am Lenkrad antun werden, brauchen Sie Sinn für Humor. Und vielleicht finden wir sogar heraus, wie wir unterwegs ein paar Dollar verdienen können. Genau wie die Taxifahrer. Danach lehnen wir uns zurück und spekulieren ein bisschen darüber, was das alles zu bedeuten hat. Das *wird* eine Fahrt!

Die meisten Leute stellen sich Zen rätselhaft und unergründlich vor. Und ziemlich seltsam. Doch die Grundidee hinter Zen ist ganz einfach: Wir erleben die Welt durch den Filter der Erwartungen und Vorstellungen, die wir im Laufe unseres Lebens aufgebaut haben. Das führt dazu, dass wir sie nicht mehr so sehen können, wie sie wirklich ist. Mithilfe eines Programms aus Ethik, Meditation und Achtsamkeit können wir diesen Schleier der Täuschung überwinden und durch ihn hindurch unsere wahre Natur erkennen. Wir können lernen, die Welt direkt zu sehen und unseren Platz darin zu verstehen.

Ganz einfach, nicht wahr?

Einfach ist es, wenn man nur darüber liest, letztendlich muss man aber schon etwas mehr tun. Zen kann man sich nicht anlesen, Zen ist eine Lebensart. Wenn Sie wirklich verstehen wollen, worum es dabei geht, müssen Sie es in Ihr Leben aufnehmen und schauen, wohin es Sie führt. Ich kann Ihnen dabei nur den Weg zeigen und hier und da das eine oder andere erklären. Der Rest ist Ihre Sache.

Machen Sie sich keine allzu großen Sorgen wegen des Taxifahrens. Sie brauchen nicht alle Straßen auswendig zu lernen. Vielleicht haben Sie ja auch schon einen Beruf. Vielleicht sind Sie Arzt, Rechtsanwältin oder Internet-Milliardär. Vielleicht sind Sie Geheimagentin und bekämpfen eine groß angelegte Megaverschwörung, um zu verhindern, dass die Leute, die dahinterstecken, die Weltherrschaft übernehmen. Vielleicht haben Sie einfach zu viel in Ihre Karriere investiert, um sie für so etwas wegzuwerfen. Das ist in Ordnung. Wir können nicht alle Taxifahrer sein. Sie werden sehen, dass sich das Leben auf der Straße gar nicht so sehr von Ihrem unterscheidet. Wir alle haben Stress, lassen uns ablenken und machen uns was vor. Wir alle verirren uns manchmal. Und wir können uns selber finden, wenn wir es versuchen.

Also, los geht's. Machen wir uns auf die lange und abenteuerliche Reise zur Selbsterkenntnis im Alltag. Eine Stadtrundfahrt für die Seele. Bitte vergessen Sie nicht, sich anzuschnallen.

1

Starten Sie den Motor

Jede Reise muss irgendwo anfangen. Bei den meisten Menschen, die mit einer spirituellen Praxis beginnen, ist dieser Ausgangspunkt eine persönliche Krise. Das muss gar nichts Dramatisches sein. Wir sind einfach unglücklich mit dem Ist-Zustand und möchten ausprobieren, ob wir nicht auch anders leben können. Deshalb suchen wir uns einen neuen Job, eine neue Freundin, ziehen in eine andere Stadt oder schnuppern in eine spirituelle Praxis hinein.

Wenn alles bestens läuft und wir mit unserem Leben zufrieden sind, wollen wir wahrscheinlich gar nichts ändern.

So war es bei mir auch. Ich habe aufgehört zu trinken und ein paar andere Sachen drastisch reduziert. Ich glaubte, dadurch würde sich mein Leben zum Besseren wenden, und in gewisser Weise tat es das auch, aber innerlich fühlte ich mich einfach leer. Schlechte Gewohnheiten abzulegen war mir nicht genug. Ich musste sie durch etwas Besseres ersetzen. Deshalb meldete ich mich zu einem Erwachsenenbildungskurs an: »Einführung in den Zen-Buddhismus«. Es hätte auch »Santeria-Spiritismus« oder »Channel deinen inneren Alien« sein können. Ich habe mich nicht besonders ausführlich darüber informiert. Ich hatte Glück. Eine sehr nette Frau unterrichtete uns in ihrem Haus in einem Vorort, und Meditation übten wir in ihrem *Zendo* im Keller. Sie war eine wunderbare Lehrerin, und der Kurs wurde sofort zum Höhepunkt meiner Woche. Es war ein rundum gelungener Anfang.

In der buddhistischen Theorie wimmelt es nur so von Geschichten über Zen-Meister, die ihre Schüler zwingen, jahrelang vor den Toren des Tempels zu warten, um so ihre Entschlossenheit zu zeigen, bevor sie mit der Praxis beginnen können. Von einem Schüler heißt es sogar, er habe sich den Arm abgehauen und ihn seinem Meister überreicht, um zugelassen zu werden. Heute ist das nicht mehr üblich. In größeren Städten können die Leute einfach ins Zen-Zentrum kommen, erhalten ein paar grundlegende Einweisungen und können sofort am Angebot teilnehmen. Meist gibt es keine besondere Ausbildung. Vielleicht einen kurzen Vortrag sowie ein paar Anleitungen zum *Zazen*, dem besonderen Meditationsstil im Zen. Dann nehmen die Neulinge an allen Veranstaltungen teil und finden den Rest im Lauf der Zeit und durch Mittun selbst heraus. Außerhalb der großen Städte können Menschen, die sich für Zen interessieren, ihr eigenes Zendo gründen und einander gegenseitig beim Lernen unterstützen. Andere kaufen sich einfach ein paar Bücher und ein Sitzkissen und fangen selber an. Letzten Endes ist es egal. Das Ergebnis hängt von Ihrem Einsatz ab. Ganz gleich, wo Sie beginnen, ob etwas daraus wird, liegt an Ihnen.

Genau wie beim Taxifahren. Sie sind auf sich gestellt und können tun, was Sie wollen. Sie können am Flughafen sitzen und warten, bis das Geld von selber angerollt kommt, und wenn es das nicht tut, können Sie Ihrem Unternehmen die Schuld zuschieben, weil es Sie nicht gut genug ausgebildet hat. Danach können Sie aufgeben. Aber wenn Sie sich Mühe geben, kann es sogar ganz ohne Ausbildung wunderbar für Sie laufen. Womöglich macht es Ihnen sogar Spaß. Es kommt nicht darauf an, wie man anfängt, sondern es kommt darauf an, wie man weitermacht.

Als Taxifahrer fängt man gewöhnlich an, wenn es im Leben richtig schief läuft. Für die meisten ist ein Taxiunternehmen die letzte Zuflucht, wenn alles andere nicht geklappt hat. Keiner sagt beim Schulabschluss, dass er mal Taxifahrer werden will. Wer hierherkommt, braucht einen Job und nimmt alles an, um über die Runden zu kommen, bis sich etwas Besseres findet.

So war es bei mir auch. Ein paar Jahre lang hatte ich bei einer Umweltorganisation gearbeitet, bis ich plötzlich arbeitslos, pleite und ohne rechte Perspektive war. Ich wusste, wenn mir jetzt nicht sehr schnell irgendetwas einfiele, dann stünden mir echt harte Zeiten bevor. In der Zeitung stand eine Anzeige. Ich habe mich nicht besonders ausführlich darüber informiert. Ich ging hin. Ich hatte Glück. Zwei Tage später war ich Auszubildender. Ja, richtig. Auszubildender zum Taxifahrer. Ich war sehr stolz.

Das Ausbildungsprogramm des Unternehmens zieht sich über viele Stunden hin, aber das meiste ist reiner gesunder Menschenverstand. Taxifahren ist ziemlich einfach. Die Leute steigen ins Taxi und sagen Ihnen, wohin sie wollen. Sie fahren sie dorthin, die Leute bezahlen, was auf dem Taxameter steht (plus ein ordentliches Trinkgeld), und steigen aus. Dann geht das Ganze wieder von vorne los. In der Zentrale sitzt jemand und verteilt nach einem simplen Verfahren über Funk die einzelnen Touren. Sie können die Fahrten annehmen und sich von der

Zentrale herumschicken lassen. Sie können auch an Taxiständen vor Hotels und Restaurants oder in der langen Schlange am Flughafen warten. Sie können gemächlich durchs Stadtzentrum tuckern und schauen, was dort los ist. Sie können die Nachtschichten übernehmen und die Clubs im Zentrum abgrasen. Und Sie können den erfahrenen Fahrern zuschauen, sich abgucken, wie sie es machen und von ihnen lernen, was sie können.

In Austin gibt es Fahrer, die ein eigenes Taxi haben. Sie bezahlen einem der Taxiunternehmen eine wöchentliche Gebühr für Versicherung, Zulassung und die Dienste der Funkzentrale. Andere Fahrer leasen ihre Fahrzeuge. Gebühren und Benzin können einen Taxifahrer zusammen über 100 Dollar pro Tag kosten, nur damit er auf der Straße sein darf. Das holt man nicht so leicht wieder rein. Viele Fahrer kommen mit ihren Zahlungen nicht nach und sind plötzlich aus dem Geschäft. Man muss konzentriert bei der Sache bleiben und genug Stunden arbeiten. Im Ausbildungsprogramm des Unternehmens erfährt man darüber nicht besonders viel. Wenn die Neulinge wüssten, was auf sie zukommt, würden sie wahrscheinlich die Beine in die Hand nehmen, solange sie noch können.

Das Gute an der Taxibranche ist: Da die Fahrer das Unternehmen bezahlen und nicht umgekehrt, kann man praktisch nicht gefeuert werden. Es kommt schon mal vor, aber dann muss man wirklich sehr großen Mist gebaut haben. Nach einem der Taximythen, die man sich in Austin erzählt, soll es ein Fahrer doch tatsächlich fertiggebracht haben, einen Fahrgast zu überfahren, der gerade aus seinem Taxi gestiegen war. Er beging Fahrerflucht. Natürlich wurde er entlassen, aber das Unternehmen brauchte eine ganze Woche, bis es sich dazu durchringen konnte.

Diese Geschichte mag wahr sein oder nicht. Man erzählt sich

sehr viel, und manches muss wohl stimmen. Die Straßen sind gepflastert mit urbanen Mythen. Wichtig ist nur: Wenn Sie je Taxi gefahren sind, wissen Sie, dass es passiert sein *könnte*. Es ist eine sehr seltsame Branche.

Andererseits sind die meisten Branchen seltsam. Sobald man drinsteckt und sieht, was wirklich vor sich geht, fragt man sich, wie dabei je etwas Sinnvolles zustande kommen soll. Überall, wo ich bis jetzt gearbeitet habe, habe ich kolossalen Murks, krasse Inkompetenz und blanken Diebstahl mitbekommen. Beim Feierabendbier lachen alle darüber, und nie scheint sich wirklich etwas daran zu ändern. Wenn Sie je angestellt waren, wissen Sie: Die Arbeitswelt ist ein Zirkus. Und die Clowns sind die Direktoren.

Ich will Ihnen noch eine Taxifahrergeschichte erzählen: Eines späten Abends sollte ein Fahrer Stückgut vom Flughafen in ein Krankenhaus bringen. Es war ein Kühlbehälter, wie man sie zum Beispiel für Bier benutzt. Die Kurierfahrt war ziemlich lang, und er war müde, deshalb legte er zu Hause einen Zwischenstopp ein. Er wollte sich eine Mütze voll Schlaf gönnen und die Fahrt am nächsten Morgen fortsetzen. Es war ja schließlich nur Stückgut. – Sie haben es bestimmt schon erraten, in dem Kühlbehälter war ein Organ. Das Taxiunternehmen musste einen anderen Fahrer schicken, der ihn aufweckte, den Kühlbehälter mitnahm und ins Krankenhaus brachte. Das klingt verrückt, aber ich bin mir ziemlich sicher, dass es tatsächlich passiert ist. (Nein, das war nicht ich. Vielen Dank übrigens, dass Sie das gedacht haben.)

Während meiner Ausbildung sah ich mir ein 15-minütiges Video über den richtigen Umgang mit Kunden an. Hauptdarsteller war ein Taxifahrer, der so höflich war, dass man sich schon wieder darüber ärgerte. Er sah aus wie so eine bekloppte Figur von Richard Pryor in einem seiner frühen Filme. Er trug doch tatsächlich eine Krawatte. Anschließend ging ich mit einem erfahrenen Fahrer raus und fuhr während eines Teils seiner Schicht bei ihm mit, um die Grundregeln zu lernen. Mit quietschenden Reifen fuhr er vom Taxiplatz.

Und er trug keine Krawatte.

Auf der Dharma Road geht es uns natürlich nicht in erster Linie ums Geldverdienen. Wir machen uns auch nicht weiter Gedanken um die internen Abläufe in der Taxibranche. Eigentlich kommt es überhaupt nicht darauf an, was und wo wir arbeiten. Wie die meisten Menschen verbringen wir einen Großteil unseres Lebens bei der Arbeit. Deshalb wäre es gut, wenn wir noch etwas mehr davon hätten als den Monatslohn auf dem Konto. Auf der Dharma Road geht es uns um spirituelles Wachstum. Um Entwicklung. Sogar um Erleuchtung. Wir sind hier, um zu lernen, wie es auf den Straßen des Lebens zugeht und wie wir dafür sorgen können, dass es reibungsloser läuft. Wie unser Leben ein Ziel bekommt.

Wir sind hier, um unsere wahre Natur zu erleben.

So weit, so gut. Das reicht als Fahrerausbildung. Machen wir uns an die Arbeit.

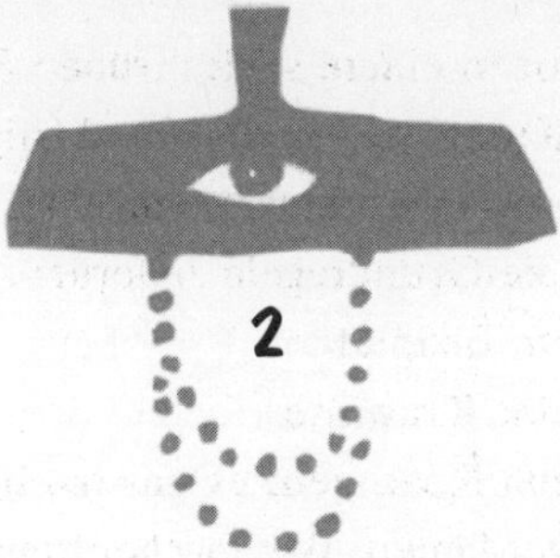

2

Diese leidende Welt

Es ist Dienstag, etwa um die Mittagszeit. Ich erhalte einen Ruf in eine AIDS-Praxis an einer Einkaufsmeile an der Interstate. Hier werden Patienten behandelt, die keine Krankenversicherung haben. Unter der Markise sucht eine schwarze Frau Schutz vor der Sonne. Sie sieht aus, als wäre sie um die 30, aber man kann es nicht genau sagen. Sie ist dünn – viel zu dünn für dieses Leben –, und sie weint. Ich fahre vor; sie steigt hinten ein. Sie braucht drei Anläufe, bis sie mir sagen kann, wohin sie möchte. »St. Davids« sagt sie mir schließlich, dann fängt sie wieder an zu weinen. Das St. Davids-Krankenhaus.

Es ist eine kurze Fahrt. Ein knapper Kilometer. Ein paar Minuten. Als ich am Eingang vorfahre, überreicht sie mir einen tränendurchnässten Krankentransportschein. Ich wünsche ihr alles Gute, aber ich glaube nicht, dass sie noch viel Gutes zu erwarten hat. Ich sehe ihr nach, wie sie durch die Glasschiebetür hineingeht – vielleicht zum letzten Mal. Beim Empfang bleibt sie stehen und wartet einen Moment. Sie wirkt verloren.

Während der nächsten paar Stunden klappere ich die Straßen ab. Dabei denke ich an die Frau und was sie wohl durchmachen muss. Sie wird ins Krankenhaus eingewiesen, muss sich Tests unterziehen, sieht die traurige Miene, mit der die Krankenschwestern sie anschauen. Sie hat Angst. Vielleicht ist sie allein. Womöglich stirbt sie auch allein.

Der Nachmittag zieht sich hin. Es ist heiß und wird zusehends heißer. Ich stehe an dritter Position auf dem Taxiplatz vor dem Omni-Hotel und trinke bitteren, lauwarmen Kaffee aus einem Styroporbecher. Ich denke darüber nach, wie mein Leben so läuft – ich mühe mich ab, über die Runden zu kommen, und an ein paar Ersparnisse, damit ich die Taxibranche hinter mir lassen und etwas Besseres machen kann, ist gar nicht zu denken. Ich schlafe nicht gut, und es fällt mir schwer, rechtzeitig aufzustehen. Ein Backenzahn fängt an, verrückt zu spielen, und seit ich versucht habe, einen zentnerschweren Koffer in den Kofferraum zu wuchten, habe ich Kreuzschmerzen. Wenn heute alles gut geht, stehe ich morgen wieder hier und mache wieder genau dasselbe. Wenn etwas schief geht, bin ich vielleicht gar nicht mehr da.

So sieht jetzt also mein Leben aus: 90 Stunden pro Woche in einem Taxi, möglichst viele Fahrten ergattern und mich durch den Verkehr kämpfen. So hatte ich mir das eigentlich nicht vorgestellt. Mein Leben sollte einen Sinn haben. Ich wollte etwas bewirken. Ich wollte die Welt vor sich selbst retten. Aber es kam anders.

Vielleicht hatten Sie auch einmal so einen Traum. Vielleicht hat sich Ihrer auch nicht erfüllt.

»Leben ist leiden«, sagte der Buddha, und er meinte das nicht im Scherz. Das ist nicht gerade die erhebende, aufmunternde Botschaft, die man von dem Mann erwarten würde, den man als Statue kennt, jenem pummeligem Kerl mit dem heiteren Lächeln und den freundlichen Augen. Leben ist leiden. Das war die erste

Erkenntnis des Buddha, jene Erkenntnis, aufgrund derer er ein ethisches und moralisches System, eine transformative Psychologie sowie Richtlinien für tiefgreifende spirituelle Entwicklung entworfen hat.

Alles beginnt mit dem Leiden.

Der Buddha wurde als Prinz in einem kleinen indischen Königreich geboren. Während seiner ersten 29 Lebensjahre wurde er von seinem ihn abgöttisch liebenden Vater vor den harten Realitäten des Lebens abgeschirmt. Er hielt sich hauptsächlich auf dem weitläufigen Palastgelände auf, lebte im Luxus und ließ sich jeden Wunsch von den Augen ablesen. Aber er spürte, dass das Leben mehr war als bloßer Genuss. Als er den Palast schließlich verließ und zum ersten Mal die reale Welt sah, war er zutiefst erschrocken darüber, wie schwierig und voller Mühsal das Leben der einfachen Leute war. Er sah einen Bettler, einen Kranken, einen alten Mann und einen Toten. Ihr bloßer Anblick veränderte ihn. Armut, Krankheit, Alter und Tod. Er wollte unbedingt verstehen, warum es im Leben so viel Leid gab, und er wollte lernen, wie es zu überwinden wäre. Er gab sein privilegiertes Dasein auf und wurde Wandermönch. Buddhas gesamte Lehre, alles, was er über die Natur des Menschen lernte, begann mit dieser ersten Frage.

Ich beobachte vier junge Männer, die untätig danebenstehen, während ein Hotelpage ihre Golftaschen in den Kofferraum einer weißen Stretchlimousine lädt. Sie sehen gut aus mit ihren BanLon-Shirts und Ray-Ban-Sonnenbrillen, gebräunt und fit und mehr oder weniger reich. Sicher fahren sie gleich in einen schicken Country Club, um eine Runde Golf zu spielen, ein paar Drinks zu nehmen, ein Essen zu genießen oder was immer sie möchten.

Sie sehen nicht aus, als hätten sie viel zu leiden.

Vielleicht brauchen sie von der Suche des Buddha nach Erkenntnis gar nichts zu wissen. Zumindest nicht heute.

Aber so wird es nicht immer sein. Es werden ihnen auch Schwierigkeiten im Leben begegnen. Nicht immer wird es nur Stretchlimousinen, Drinks im Country Club und Rib-Eye-Steaks auf der Terrasse geben. Heute könnte die Hochwassermarke ihres Lebens, der Tag, an den sie sich immer erinnern und nach dem sie sich oft zurücksehnen werden, erreicht sein. Schon morgen könnte alles schiefgehen und ihnen nichts bleiben als die Trauer über den Verlust all dessen, was sie einst besaßen. So etwas kann passieren.

Die meisten Menschen erleben allerdings keinen spektakulären Absturz. Das Leben geht wesentlich indirekter vor. Für die meisten Menschen besteht es aus einer Mischung aus guten und schlechten Zeiten. Und je besser die guten Zeiten waren, desto schwerer kommen einem die schlechten vor. Menschen, die es im Leben sehr leicht haben, werden verwöhnt. Sie lernen nie, mit Schwierigkeiten zurechtzukommen. Und sie glauben auch nicht, dass sie das je müssen. Denken Sie nur an Britney Spears, die von Weinkrämpfen geschüttelt wurde, weil ihr kleines Handtaschenhündchen auf ihr 10 000-Dollar-Kleid gekackt hatte. Oder an Paris Hilton, die nach ihrer Mutter schrie, als sie mit der Luxuslimousine ins Gefängnis gefahren wurde. Sie könnte ein paar Wochen in Darfur gebrauchen. Das würde ihren Blick sicher zurechtrücken. Oder sie könnte einmal versuchen, eine Zeitlang Taxi zu fahren, nur um zu sehen, wie das so ist.

Psychologen haben das Glück als soziales und kulturelles Phänomen untersucht. Zu ihrer Überraschung stellten sie fest, dass die Menschen heute nicht glücklicher sind als vor hundert oder zweihundert Jahren oder zu jeder anderen Zeit in der Geschichte. Depressionen nehmen ständig zu, und ein Ende ist nicht in Sicht. Der ganze materielle Fortschritt, den wir erzielt haben, hat nicht dazu geführt, dass wir glücklicher sind. Auch die Reichen sind nicht viel glücklicher als andere Menschen. Von den wirklich Notleidenden abgesehen, gibt es kaum einen Zusammenhang zwischen Wohlstand und Glück. Taxifahrer sind ungefähr so glücklich wie die Investmentbankersöhnchen, die sich für einen Tag Golf zum Club chauffieren lassen. Sie haben einfach nur anderes, worüber sie sich beklagen können. Und anderes, das sie zu schätzen wissen.

Denken Sie an Elvis. Einst war er der König der ganzen Welt. Er war der King. Wenn überhaupt jemand dem Leiden entkommen kann, dann hätte das doch eigentlich er sein sollen. Er hatte alles, was er sich nur wünschen konnte, und wenn er etwas Neues entdeckte, das er wollte, brauchte er nur mit dem Finger darauf zu zeigen, und schon hatte er es. Dennoch verwandelte sich sein Leben in eine Hölle der Leere und des Leidens und endete schließlich mit einer tödlichen Überdosis Drogen auf einer Toilette. Wenn schon Elvis in seinem Leben nicht glücklich werden konnte, gibt es dann für Normalbürger wie uns überhaupt Hoffnung?

Wenn ich nach Hause komme, schalte ich manchmal zur Entspannung den Fernseher ein und schaue mir eine jener Celebrityshows über das tragische Leben der Ikonen unserer Kultur an. (Was soll ich sagen? Ich komme um 3 Uhr morgens nach Hause und habe kein Kabelfernsehen.) Es ist immer dieselbe Litanei: Trunkenheit oder Drogenmissbrauch am Steuer, Essstörungen und heimlicher Liebeskummer. Märchenhochzeiten enden anscheinend allesamt in verbitterten Scheidungen. Wie viele der reichsten Männer und Frauen landen im Gefängnis, in Entziehungskliniken oder in beidem? Zu viele, als dass man sie zählen könnte. Oder sich überhaupt drum scheren sollte.

Und das sind die Reichen und Berühmten, diejenigen, denen der große Wurf gelungen ist. Die Celebritys. In einer vom Ruhm besessenen Kultur leiden sogar die Berühmten. Und alle anderen auch, nur dass sie nicht im Scheinwerferlicht stehen. Gehen Sie doch nur einmal in den nächsten großen Supermarkt oder schlendern die Einkaufsmeile in Ihrer Stadt entlang und schauen Sie sich die Leute dort genau an. Sind sie glücklich? Sind sie mit ihrem Leben zufrieden? Und Sie?

Das soll nicht heißen, dass das Leben nur aus Leiden besteht. Das tut es natürlich nicht. Es gibt tolle Höhenflüge und tiefe Abstürze und sehr viel dazwischen. Das Leben ist lang und macht teilweise sehr viel Spaß. Aber manches ist schwer auszuhalten. Oder das Leben ist kurz, das ist dann sogar noch härter. Wie Jim Morrison schon sagte: »Die Zukunft ist unsicher, und das Ende ist immer nah.« Er hatte recht. Er wandte sich dem Heroin zu, um sein Leiden zu lindern, und starb nach wenigen Jahren im Scheinwerferlicht und einem langsamen Rutsch in die Dunkelheit.

Wenn Sie im Taxi auf den Straßen unterwegs sind, sehen Sie sehr viel Leid. Sie begegnen älteren Fahrgästen, von denen einige am Hinüberdämmern sind, andere schon völlig weggetreten. Traurige, hoffnungslose Trinker torkeln herum und erzählen ihre Sorgen dem Taxifahrer, sobald der Barmann ihnen nicht mehr zuhört. Cracksüchtige sind um vier Uhr morgens unterwegs und hoffen, noch etwas aufzutreiben. Patienten kommen aus dem Krankenhaus nach Hause, müssen zum Arzt zur Behandlung gefahren werden und begeben sich von dort wieder ins

Krankenhaus zum Sterben. Menschen, die wissen, dass ihr Leben zu Ende geht. An manchen Tagen bricht es einem das Herz, auf dieser Welt zu leben.

Schon deprimiert? Das müssen Sie nicht. Es gibt einen Weg durch dieses Leid hindurch. Einen Weg, der nach oben führt. Wir kommen noch dazu.

Mittlerweile sitzen die Jungs vor dem Omni-Hotel in der Limousine. Sie schiebt sich aus der Einfahrt und fährt Richtung Golfplatz. Vielleicht regnet es da draußen ja heute nicht. Vielleicht haben sie ein wunderbares Spiel und krönen es mit einem perfekt zubereiteten Dinner mit Meeresfrüchten und exquisitem Fleisch im Clubhaus. Vielleicht geht ihr Leben ewig so weiter, ganz ohne Leiden. Ich hoffe es für sie. Aber ich bezweifle es. Statt aufs Grün könnten sie sich heute auch mit uns auf eine Reise zur Selbsterkenntnis begeben. Sie könnten etwas über ihre wahre Natur lernen und darüber, wie man sich über die Alltagssorgen erhebt. Eines Tages könnten sie alle Buddhas sein.

Vielleicht fangen sie ja morgen damit an.

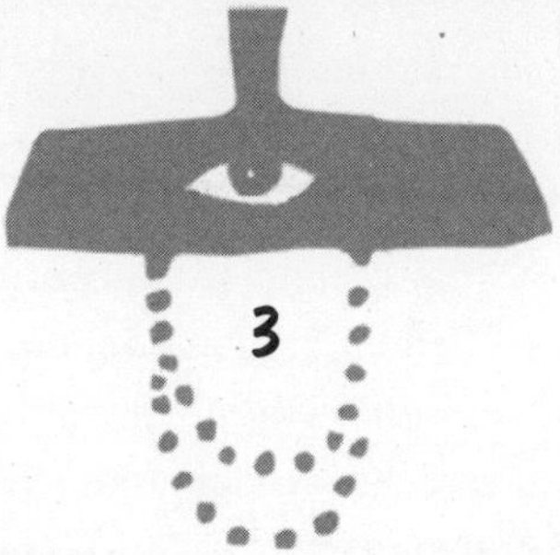

Die Sehnsucht nach Anhaftung

Ich bin auf der Rückfahrt von San Marcos, habe einen 50-Dollar-Schein in der Tasche und fühle mich großartig. Die Sonne scheint, sticht aber nicht. Im Radio läuft ein alter Road-Song von Johnny Cash. Ich war in Buda, Marble Falls, Pflugerville, Cedar Park … Ich habe vor, ein paar Funkfahrten anzunehmen, sobald ich in die Nähe von Austin komme, und danach schaue ich mal, was sich im Zentrum so machen lässt; vielleicht kann ich ja einen richtig tollen Tag draus machen. Für einen Taxifahrer ist das der Himmel auf Erden.

Links zieht eine Corvette an mir vorbei, mit 130 Sachen. Sie ist silberfarben, schlank und glatt und frisst die Autobahn förmlich in sich hinein. Ich kann mir gut vorstellen, wie der Fahrer in seinem Ledersitz sitzt, Musik mit Surroundsound hört oder was immer man in einer Corvette so hat und zusieht, wie der Highway an ihm vorüberfliegt. Ich wünschte, ich hätte eine Corvette.

Ich denke, er muss wohl einen Radarwarner haben. Ohne so etwas fährt hier draußen keiner 130. Ich habe auch schon daran gedacht, mir einen zuzulegen, aber das Taxiunternehmen sieht so etwas in seinen Taxis nicht gerne. Außerdem lässt mein Budget das sowieso nicht zu. Ich gebe ein bisschen mehr Gas und sehe zu, wie die Corvette auf der Straße davonzieht, mein Blick ist auf ihre Heckleuchten geheftet.

Ich wünschte, ich hätte einen Radarwarner, aber ich werde mir in nächster Zeit keinen kaufen können. Und von dem, was ich im Taxi verdiene, werde ich mir definitiv nie eine Corvette kaufen können. Auch nicht von dem, was ich wohl je bei irgendetwas anderem verdienen werde. Auf einmal kommt mir die 50-Dollar-Tour nach San Marcos gar nicht mehr wie ein so tolles Geschäft vor. Beim nächsten Halt an der Tankstelle ist das meiste sowieso wieder weg.

Schon fühle ich mich nicht mehr so großartig.

Der Buddha lehrte, dass wir leiden, weil wir uns nach dem sehnen, was wir nicht haben können. Egal, was wir haben, wir wollen immer noch mehr. Wir sind nie zufrieden. Immer gibt es noch etwas; etwas, mit dem unser Leben einfach perfekt wäre, wenn wir es nur hätten. Es lässt uns keine Ruhe, bis wir es endlich haben. Doch dann verlieren wir das Interesse daran und wollen etwas anderes. So geht es immer weiter, anscheinend ausweglos. Der Mann in der Corvette wünscht sich wahrscheinlich einen Ferrari. Oder ein Flugzeug. Und er ist mit seiner Corvette auch nicht glücklicher als ich mit meinem Taxi.

Ich hätte gerne einen Rolls Royce mit Taxiausstattung, ein schnelles Taxameter und eine unlimitierte Tankstellenkarte, aber das werde ich wahrscheinlich nie bekommen. Außerdem würde ich gerne mit Jennifer Aniston ausgehen, den Mount Everest besteigen und ein Heilmittel gegen den Krebs entdecken. Aber das wird nicht passieren. Nicht mir und nicht jetzt.

Die Leute fragen sich, wie es bei Elvis nur so schieflaufen konnte. Ich glaube, ich verstehe es. Er hatte es schwerer. Wir

Normalmenschen glauben meist, wir wären glücklicher, wenn wir nur ein bisschen mehr Geld hätten, ein besseres Auto, eine hübschere Freundin. Und wir versuchen es immer weiter. Letztendlich aber wusste Elvis, dass nichts von alledem ihn retten konnte. Bei allem, was er hatte, fühlte er sich innerlich immer noch leer. Er war so verzweifelt wie ein Junkie, der sich irgendwo in einer Gasse mit knirschenden Zähnen zusammenkrümmt. Er wollte etwas, das er nicht haben, ja, das er noch nicht einmal benennen konnte. Und er wusste, er würde es nie bekommen. Nicht die Tabletten haben ihn umgebracht. Es war die Leere. Die Tabletten haben ihm nur den Rest gegeben.

Mehr als alles andere fürchten wir den Verlust dessen, was wir bereits haben. Wir hängen an den Dingen, über die wir uns freuen, aber diese Dinge sind vergänglich. Flüchtig. Deshalb halten wir sie fest und immer fester, aber das funktioniert nicht. Alles ist ständig in Veränderung begriffen, und das, woran wir hängen, geht eines Tages verloren. Die Rock'n'Roller verlieren ihren Biss, ihre Platten verkaufen sich nicht mehr so gut, sie machen nur noch Oldie-Tourneen und fragen sich, wo das alles nur hin ist. Die Schönheiten verlieren ihren Glanz, und die Sportler werden langsamer. Das einzig Beständige ist die Veränderung. Nichts dauert ewig. Wir können nicht wieder nach Hause, egal woher wir kommen.

Die meisten Veränderungen im Leben verlaufen allerdings langsam und subtil. Wir bemerken sie nicht einmal. Aber eines kommt zum anderen.

Wenn man dauernd in Austin herumfährt, entwickelt man ein Gespür für die ständige Veränderung in der Umgebung. Wo man hinschaut, stehen Baukräne und Abrissbirnen. Fast scheint es, als hätte es sie schon immer gegeben. Ich wohne hier seit über

20 Jahren und habe das Gefühl, ich sei Stück für Stück in eine andere Stadt gezogen.

Als ich neu nach Austin gezogen war, gab es in der Nähe meiner Wohnung den sogenannten Beer Park. Ja genau, Beer Park. Wir sind hier in Texas, da sind die Leute so gestrickt. Dort standen Picknicktische, es gab eine Bahn zum Hufeisenwerfen und eine provisorische Bühne. Manchmal saßen Leute im Park und spielten Gitarre, sie klimperten einfach so zum Spaß ein bisschen darauf herum. Nach der Arbeit ging ich oft mit ein paar Freunden auf ein Roastbeefsandwich und ein Glas Bier dorthin. Sechs Monate lang ging das so. Dann kaufte die University of Texas das Grundstück, ließ alles abreißen und eine Wartungsanlage darauf bauen.

Unser Leben verändert sich schneller und zuverlässiger als jede Stadt. Freunde verlieren sich aus den Augen oder ziehen weg. Wir ziehen um, wechseln den Arbeitsplatz, treten einem Verein bei, setzen uns für etwas ein, verlieren das Interesse daran, verlieben und entlieben uns. Das ist nicht immer schlecht: Alle Menschen suchen die Abwechslung, die Veränderung, die das Leben interessanter macht. Manche Veränderungen sind zum Besseren, manche zum Schlechteren. Aber nur sehr wenig im Leben hält lange an. Und nichts ist von Dauer.

Nach der Lehre des Buddha haben die Ereignisse in unserem Leben keine eigene Existenz. Sie sind bloß vergänglich. Alles ist nur ein Kartenhaus. Alles entsteht und vergeht. Asche zu Asche, alles zerfällt. Unsere Welt besteht aus Schatten und Licht, sie ist nichts weiter als eine Show. Es macht Spaß, ihr zuzusehen, aber das ist auch schon alles.

Das Leid, das wir verspüren, wird nicht durch die Vergänglichkeit als solche ausgelöst. Vergänglichkeit ist nicht gut und nicht schlecht; sie liegt einfach in der Natur der Dinge. Es ist wie mit der Schwerkraft oder dem Benzinpreis oder den langen Taxischlangen am Flughafen. Das Problem ist unsere Angewohnheit, uns nach den Dingen zu sehnen, die wir nicht haben können, und an denen zu hängen, die nicht von Dauer sind. Wenn sie dann weg sind, spüren wir den Verlust schmerzlich.

Ich hänge an dem Taxi, das ich fahre, Nummer 119. Es ist ein ehemaliger Polizeiwagen mit einem riesigen V8-Motor, Hochleistungsbremsen und einer besonderen Federung, aber so gut gebaut, wie ein Auto nur sein kann. Ich verbringe mehr Zeit im Auto als zu Hause. Sehr viel mehr. Ich bin so viele Kilometer damit gefahren, dass ich das Gefühl habe, es ist eine Erweiterung meiner selbst, wie die Kleidung, die ich morgens anziehe. Manchmal muss es zur Inspektion, und ich muss einen Nachmittag lang einen anderen Wagen fahren. Darin fühle ich mich unwohl, nicht am richtigen Platz. Nichts fühlt sich stimmig an, und ich kann es nicht erwarten, bis ich mein normales Taxi wiederkriege. Aber Nr. 119 hat über 300 000 Kilometer auf dem Buckel, und im Getriebe vibriert etwas, das nicht vibrieren sollte. Es wird nicht ewig halten.

Wenn mein Taxi hinüber ist, bekomme ich ein anderes. Auch an das werde ich mich gewöhnen und bestimmt auch wieder an ihm hängen. Das ist in Ordnung so. Ich komme damit zurecht. Schließlich ist es nur ein Auto. Aber wenn wir zulassen, dass wir sehr an etwas hängen, was nicht von Dauer sein kann, dann führt das letzten Endes zu Leid. Wie alle Menschen schaue ich auf die guten Zeiten zurück, die ich erlebt habe, und wünsche, ich könnte dahin zurück und wieder so leben. Aber das kann ich nicht.

Im Buddhismus heißt es, vier Quellen des Leids seien unvermeidlich: Geburt, Krankheit, Alter und Tod. Geburt und Erwachsenwerden sind schmerzhaft, sowohl körperlich als auch seelisch. Krankheit, Alter und Tod sind für die meisten Menschen Quellen großen Leids, problematisch sind aber eigentlich nur unsere Reaktionen auf diese Veränderungen im Leben.

Das Leben beginnt mit Leiden. Aus der Wärme und Geborgenheit des Mutterleibs werden wir in eine unsichere und gefährliche Welt gedrängt, in der wir als Erstes nach Luft ringen. Weinen ist das Erste, was wir tun. Es ist gut, dass wir uns an unsere Geburt nicht erinnern können. Wir wären traumatisiert.

Das Alter kann man nur vermeiden, indem man vorher stirbt, daher ist das Alter also eigentlich etwas Gutes. Die älteren Menschen können sich glücklich schätzen, dass sie so lange gelebt haben. Aber es ist schwer, so darüber zu denken. Sie haben Schmerzen und Beschwerden und können vieles nicht mehr, was sie früher konnten. Das Alter ist schwer, weil wir so an unserer Jugend hängen. Wir erinnern uns daran, was wir damals alles konnten, wie schön es war, jung und stark zu sein, wie frisch und neu die Welt uns vorkam. Und das fehlt uns.

Wir hängen an unserer Gesundheit, solange wir sie haben, und wenn wir krank sind, leiden wir deshalb unter mehr als nur unseren Symptomen. Manche Menschen leiden jahrelang unter gesundheitlichen Problemen und haben sich an ein gewisses Maß Krankheit in ihrem Leben gewöhnt. Es scheint ihnen nicht mehr so viel auszumachen. Menschen, die das Glück hatten, den größten Teil ihres Lebens gesund zu sein, erleiden einen Schock, wenn sie krank werden. Ich bekomme alle paar Jahre mal eine Erkältung, und das war's. Vorerst. Wenn ich aber eine Erkältung habe, bin ich der ärmste Mensch auf der ganzen Welt. Ich bin jämmerlich. Ich quengele und klage, bis sie weg ist. Eines Tages wird es auch bei mir so weit sein, und ich werde richtig krank werden. Ich weiß jetzt schon, dass ich damit überhaupt nicht umgehen kann. So funktioniert Anhaftung.

Und dann gibt es noch den Tod. Wir wissen alle, dass er kommt, deshalb sollten wir ihn eigentlich leicht annehmen können, aber das können wir nicht. Wir hängen am Leben und wollen, dass es ewig weitergeht. Aber das tut es nicht, und Menschen, die dem Tod ins Auge sehen müssen, leiden wirklich sehr. Selbst dann, wenn sie es sich nicht anmerken lassen.

Als der Buddha anfing zu lehren, wurde er gefragt, woraus seine Lehre denn bestünde. Er antwortete: »Ich lehre das Leiden und das Ende des Leidens.« Heute, nach 2500 Jahren, lehrt der Buddha immer noch das Ende des Leidens. Er lehrt es uns.

Unser Leiden können wir beenden, wenn wir unsere Begierden loslassen und die Anhaftungen an die vergänglichen Ereignisse in unserem Leben aufgeben. Wenn wir lernen zu akzeptieren, dass nichts von Dauer ist, und die Dinge einfach als solche zu schätzen, ohne sie festhalten zu wollen, dann können wir ohne Leiden leben. Das ist die Grundlage der buddhistischen Praxis, der Einstieg zum Achtfachen Pfad, die Blaupause für ein Leben ohne Leiden.

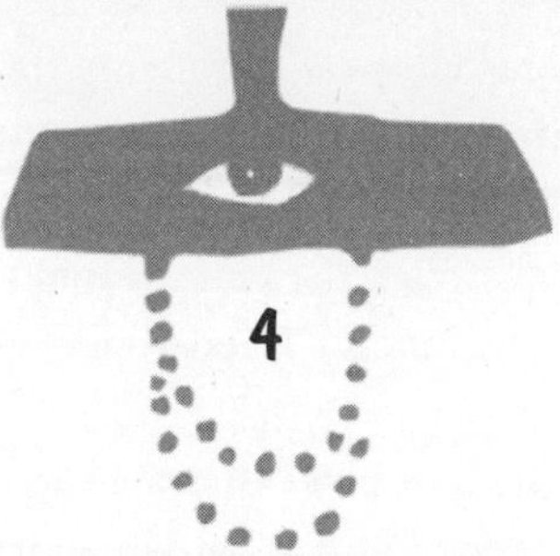

4

Die Achtfache Autobahn

In allem, was wir tun, brauchen wir Anleitung. Eine Richtung. Ich habe einen Bücherstapel mit Straßenatlas, Reiseführern und einer Taschenausgabe der Gelben Seiten neben mir auf dem Vordersitz liegen, damit ich mich in der Stadt zurechtfinde. Wohin ich auch muss, ich finde den Weg. Im Leben ist das schwerer. Für den Alltag gibt es keine Karten. Tag für Tag müssen wir wichtige, manchmal auch kritische Entscheidungen treffen. Es gibt immer Kreuzungen, an denen wir eine Richtung wählen müssen. Oder wie Yogi Berra gesagt hat: »Wenn du an eine Weggabelung kommst, nimm sie.« Es gibt viele Weggabelungen. Und weil wir alle nur Menschen sind, sind wir nicht besonders gut darin, den richtigen Weg zu wählen. Wir brauchen einen Führer, der uns weiterhilft. Diese Hilfe gibt es. Im Buddhismus heißt der einfachste Führer zur spirituellen Praxis der Achtfache Pfad.

Als Taxifahrer stelle ich mir den Achtfachen Pfad als Straßenkarte für die Seele vor. Ein spirituelles Assistenzsystem. Der koreanische Zen-Meister Seung Sahn beschreibt es mit einer anderen Metapher als »acht Medikamente für die grundlegenden

Krankheiten unseres Geistes«. Straßenkarte oder Medikament, Taxifahrer, Zen-Meister oder Psychiatriepatient – der Achtfache Pfad definiert die tägliche Praxis des Buddhismus. Und er beschreibt eine Lebensweise, die einfach funktioniert, ob das Ziel nun die Erleuchtung, innerer Friede oder simple Lebensfreude ist.

Die ursprüngliche Lehre des Buddha, die Lehre über das Leiden und das Ende des Leidens, ist bekannt als die Vier Edlen Wahrheiten. Die Erste Edle Wahrheit lautet schlicht, dass Leiden ein wesentlicher Teil des menschlichen Lebens ist. Die zweite lautet, dass Leiden die Folge unserer Begierden und unserer Anhaftung an vergängliche Dinge und Ereignisse im Leben ist. Die Dritte Edle Wahrheit lautet, dass es für das Problem des Leidens eine Lösung gibt. Die vierte ist die Praxis, die zum Ende des Leidens führen kann. Diese Praxis ist der Achtfache Pfad.

Die Vier Edlen Wahrheiten folgen einer alten indischen Denkfigur. Zuerst wird ein Problem benannt, dann die Ursache des Problems aufgeführt, dann wird gesagt, ob es eine Lösung gibt oder nicht, und schließlich wird diese Lösung genannt. Sie sind ein Diagnose- und Behandlungsplan für das menschliche Leben.

Ein Großteil des Dharma ist in Gestalt von Listen verfasst. Im alten Indien gab es keine Schrift, deshalb begann der Buddhismus als mündliche Überlieferung. Listen sind eine großartige Gedächtnisstütze, mit ihnen drückte man alles aus. Es gibt die Drei Kostbarkeiten, die Zehn Gewichtigen Gebote, die Fünf Skandhas, die Sechs (oder Zehn) Paramitas, die Zwölf Glieder der Kette Abhängigen Entstehens. Irgendwo gibt es im Dharma bestimmt auch eine Liste der Siebzehn Wirklich Wichtigen Listen. Diese Listen können ermüdend wirken, aber sie helfen, eine Reihe schwieriger Vorstellungen in eine verständliche Form zu bringen. Auch die Listen selbst lassen sich wiederum in ein Bezugssystem einordnen. Die Vier Edlen Wahrheiten führen zum Achtfachen Pfad, und die Schritte des Achtfachen Pfades führen zu weiteren Aspekten der Praxis, von denen wiederum viele ebenfalls in Listenform vermittelt werden.

Die Vier Edlen Wahrheiten sind der Ursprung des Buddhismus. Der Achtfache Pfad ist die Praxis, der Weg zur Erkenntnis. Zusammengenommen beschreiben die Schritte auf dem Pfad ein Leben, das dem spirituellen Wachstum und der spirituellen Entwicklung gewidmet ist. Die Schritte des Achtfachen Pfades sind:

1. Rechte Sichtweise
2. Rechtes Denken
3. Rechte Rede
4. Rechte Handlung
5. Rechter Lebenserwerb
6. Rechte Anstrengung
7. Rechte Achtsamkeit
8. Rechte Meditation

Die ersten beiden Schritte auf dem Achtfachen Pfad werden oft als die Weisheitsschritte bezeichnet. Im ersten Schritt, Rechte Sichtweise, geht es darum, Philosophie und Praxis des Buddhismus zu lernen und im Alltag anzuwenden. Das ist möglich über entsprechende Lektüre, den Besuch von Vorträgen und Dharma-Veranstaltungen und indem wir einfach auf dieser Welt leben und sehen, wie die Dinge ineinandergreifen. Die Lektüre von

Dharma Road ist ein kleiner zaghafter Anfang zu diesem ersten Schritt. Rechte Sichtweise bedeutet auch, nicht durch eigene Vorstellungen eingeschränkt zu sein oder, mit den Worten von Seung Sahn, »keine Vorstellungen zu haben«. Wir haben alle unsere eigenen Ansichten, und wir interpretieren neue Ideen auf der Grundlage unserer früheren Erfahrungen. Der erste Schritt besteht deshalb auch darin, unsere Vorstellungen abzulegen und den Dharma mit neuen Augen und einem klaren Geist zu studieren.

Der zweite Schritt, Rechtes Denken, wird auch als vollkommener Entschluss bezeichnet. Dies bedeutet, Weisheit zu nutzen, um wahre Erleuchtung zum Wohl aller Wesen und nicht zu irgendeinem persönlichen Vorteil zu erlangen. Er bedeutet außerdem, das Festhalten an unserer eigenen Meinung sowie Selbsttäuschungen aller Art zu vermeiden. Zusammengenommen vermitteln die beiden ersten Schritte auf dem Weg ein klares Gespür dafür, wie wichtig es ist, Weisheit zu erlangen, ohne an ihr festzuhalten.

Die nächsten drei Schritte, Rechte Rede, Rechte Handlung und Rechter Lebenserwerb, beziehen sich auf ein ethisch verantwortliches Leben. Die Ethik ist in der buddhistischen Praxis auch deshalb so wichtig, weil die spirituelle Praxis von einem reinen Gewissen abhängt. Man kann nicht vorwärtskommen, wenn man dabei gleichzeitig über die Schulter blickt und sich um Dinge sorgt, die man getan hat – und sich fragt, wann sie einen wohl einholen werden. Diese Schritte auf dem Pfad zu befolgen hilft, innere Konflikte und das ruinierte Karma zu vermeiden, das sie verursachen.

Die Grundidee der Rechten Rede ist es, uns durch unsere Wortwahl so auszudrücken, wie wir sein wollen. Das bedeutet, so zu sprechen, wie ein Buddha sprechen würde. Das wiederum bedeutet, unsere Worte so zu wählen, dass wir damit auch anderen und nicht nur uns selbst helfen. Es bedeutet, unsere Worte konstruktiv zu gebrauchen, Klatsch und Tratsch, grobe Ausdrücke und andere selbstsüchtige Rede zu meiden. Außerdem bedeutet es, die Wahrheit zu sagen, also nicht nur blanke Lügen, sondern auch Übertreibungen und Halbwahrheiten zu vermeiden.

Und es bedeutet, nicht aus dem Autofenster heraus die Sonntagsfahrer anzuschreien. Ein Buddha würde so nicht reden.

Rechte Handlung heißt, in unserem Alltag auf moralisch und ethisch verantwortliche Weise zu leben. Dies ist ein sehr allgemeiner Schritt, der in den verschiedenen Schulen des Buddhismus näher erläutert wird. Er bedeutet einfach, achtsam und konstruktiv zu handeln. Rechte Handlung führt zur Praxis des Mitgefühls, zum Beispiel in Form der liebenden Güte und des Bodhisattva-Ideals, sowie zu den Zehn Gewichtigen Geboten, die moralisches Handeln im Alltag definieren. Lama Surya Das fasst diesen Schritt so zusammen: »Andere so behandeln, wie du selbst behandelt werden möchtest.« Man kann ihn sich als die buddhistische Version der Goldenen Regel vorstellen.

Rechter Lebenserwerb hat besondere Bedeutung für alle Taxifahrer dieser Welt. Allgemein bedeutet Rechter Lebenserwerb, seinen Lebensunterhalt konstruktiv und ohne Schaden für andere zu verdienen. Wir können nicht alle in Berufen arbeiten, die anderen Menschen direkt ein besseres Leben bescheren, aber wir können uns alle darum bemühen, durch unsere Arbeit eine positive Wirkung zu erzielen. Das bedeutet, wir sollten versuchen, unsere Arbeitstage dazu zu nutzen, die Welt ein bisschen schöner zu machen. Und wir sollten sie als Grundlage für unser eigenes spirituelles Wachstums nutzen.

Angesichts der Bedeutung, die der Arbeit in der modernen Welt zukommt, wird der Rechte Lebenserwerb für uns alle noch wichtiger. Auf der Dharma Road achten wir ganz besonders darauf, wie Lebenserwerb und spirituelle Praxis sich gegenseitig stärken können. Und wenn uns das in einem Taxi gelingt, dann könnt auch all ihr Filmstars, Internet-Milliardäre und Geheimagentinnen Möglichkeiten finden, eure Jobs zur Grundlage eures persönlichen Wachstums zu machen.

Bei den letzten drei Schritten auf dem Achtfachen Pfad geht es um Meditation und die Entwicklung von Achtsamkeit. Dies ist die eigentliche spirituelle Arbeit des Buddhismus. Die Meditationspraxis ist die Grundlage des persönlichen Wachstums: Meditieren hilft, Achtsamkeit zu entwickeln, und mit größerer Achtsamkeit werden die anderen Schritte auf dem Weg leichter und selbstverständlicher. Wenn wir wiederum die anderen Schritte befolgen, wird unsere Meditationspraxis stärker. Der Achtfache Pfad ist eigentlich als ein Zyklus gedacht, bei dem die Schritte immer und immer wieder durchlaufen werden, und zwar in beliebiger Reihenfolge, wobei jeder Schritt die anderen intensiviert und jeder Zyklus die Praxis vertieft.

Schritt sechs, Rechte Anstrengung, bedeutet, sich dauerhaft zu bemühen, eine starke und wirkungsvolle Praxis zu entwickeln. Die buddhistische Praxis ist keine schwere Arbeit – es werden keine Gewichte gestemmt –, aber es erfordert Anstrengung und Hingabe, Tag für Tag dabeizubleiben. Es gibt immer Ablenkungen, Ausreden, warum man die Praxis vernachlässigt. Doch diese Ablenkungen müssen überwunden werden, wenn sich das Ganze zu mehr als einem bloßen Hobby entwickeln soll. Zunächst fällt es schwer, sich darauf einzulassen. Es braucht schon ein wenig Zuversicht, daran zu glauben, dass sich die Mühe eines Tages lohnen wird.

Rechte Achtsamkeit bedeutet, dass wir uns voll und ganz auf unsere tägliche Beschäftigung konzentrieren, unseren Geist nicht wandern lassen und uns nicht in Gedanken verlieren sollen. Das ist der schwerste Schritt von allen, denn er muss an jedem Tag in jedem Augenblick praktiziert werden, 24 Stunden am Tag, sieben Tage die Woche. Es ist schwer, aber die Entwicklung von Achtsamkeit ist der Schlüssel zum spirituellen Wachstum. Die Welt so zu sehen, wie sie wirklich ist, statt uns in unserer eigenen kleinen Weltsicht zu verfangen, erfordert jahrelange Praxis. Selbst die banalsten Tätigkeiten können als Gelegenheit zu spirituellem Wachstum genutzt werden, wenn wir sie mit einem offenen und aktiven Geist angehen. Wir sollten sie voll und ganz nutzen. Und wir sollten auch uns selbst gegenüber achtsam sein.

Der letzte Schritt ist Rechte Meditation. Meditation ist das wichtigste Instrument zur Entwicklung von Achtsamkeit und für Fortschritte auf dem Weg zur Erleuchtung. Die Grundtechniken lassen sich vielfach abwandeln, und es kann sehr hilfreich sein, sich näher damit zu beschäftigen. Natürlich behauptet jede Schule, dass ihre Techniken die rechten und die anderen, nun, sagen wir mal, weniger recht sind. Letzten Endes liegt es aber an uns selbst, eine Meditationspraxis zu entwickeln, die funktioniert. Und dabeizubleiben.

Der Achtfache Pfad besteht eher aus allgemeinen Richtlinien als aus strengen Regeln. Strenge Regeln stellen sich einem nur in den Weg. Die Ideen des Pfades sollen vielmehr gedeutet und in Alltagssituationen angewendet werden. Folgen Sie eher dem Geist des Achtfachen Pfades als den Buchstaben, das aber aufrichtig und mit ganzem Herzen. Flexibilität ist ein Schlüssel zur gesamten Praxis. Der Pfad ist derselbe für einen Taxifahrer im einundzwanzigsten wie für einen tibetischen Einsiedler im zehnten oder einen indischen *Arhat* im dritten vorchristlichen Jahrhundert. Die Anwendung macht's.

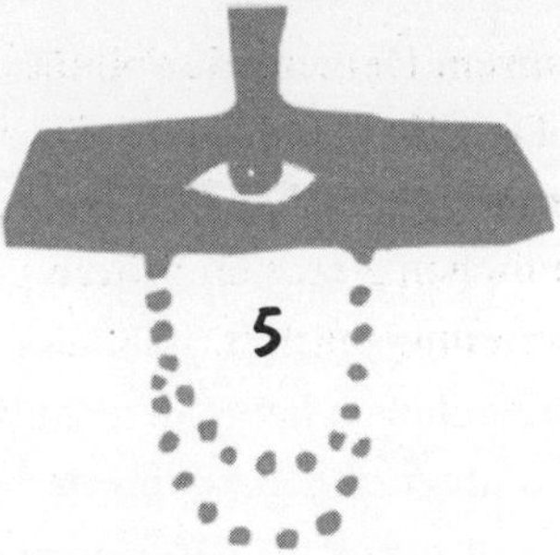

5

Anfängergeist

Was immer wir im Leben tun, wir müssen irgendwo anfangen. Wir alle sind manchmal Anfänger. Vielleicht sind wir neu im Zendo und versuchen herauszufinden, wie die Rituale ablaufen, ohne uns peinlich danebenzubenehmen. Mit der Zeit werden wir es erfahren, aber am Anfang ist alles ein wenig seltsam. Auch auf der Straße wissen die Taxineulinge eigentlich noch nicht so recht, was sie tun. Sie fahren herum, die halbe Zeit haben sie sich verfahren, die ganze Zeit sind sie verwirrt, aber sie versuchen, eine Arbeit zu lernen, die sich als weit schwieriger herausstellt, als sie gedacht haben. Manche macht das wütend, andere fühlen sich überfordert. Doch langweilig wird es keinem. Jede Schicht ist für sie ein Abenteuer und ein denkwürdiges Erlebnis. Und wenn die Schicht vorbei ist, gehen sie sie in Gedanken noch einmal durch und überlegen, was gut und was gar nicht gelaufen ist, was sie also nächstes Mal anders machen werden.

»Anfänger« ist das Schlimmste, was ein Taxifahrer über einen anderen sagen kann. Es bedeutet, er ist inkompetent und taugt nicht zum richtigen Taxifahrer. Über Funk hört man, wie die Zentrale einem Neuling erklärt, wie er die Funkcodes zu verwenden hat, oder ihn fragt, warum er die Fahrt nicht angenommen hat, die ihm vor einer halben Stunde zugeteilt wurde. Dann sitzen die alten Hasen in ihren Taxis und murmeln »Scheiß Anfänger!«.

Eine andere Bezeichnung ist »Frischfleisch«. Es ist ein hartes Geschäft, und mit Neulingen hat man nicht viel Mitgefühl.

Die alten Hasen unter den Taxifahrern meckern gerne über die Neulinge. Und sie meckern gerne über die Funker in der Zentrale, die Taxiunternehmen, den Verkehr, das Wetter und die Fahrgäste. Sie meckern über einander. Sie meckern über ihr Leben und wie die Dinge so laufen. Es sind wahre Meckerorgien. Und die Neulinge kriegen dabei mehr als ihr Fett weg.

Als ich anfing, gab ich mir große Mühe, am Funk keine peinlichen Fehler zu machen. Eine Zeitlang habe ich hauptsächlich am Flughafen und auf den Taxiplätzen vor den Hotels gearbeitet. Nachts war ich im Zentrum, stellte mich an der 6th Street in die Schlange und las die Betrunkenen auf. Funkfahrten nahm ich nur an, wenn ich mir sicher war, dass ich sie gleich erledigen konnte. Wenn ich mich verfahren hatte, dann fand ich mich wieder zurecht, ohne die Zentrale zu rufen. Und dabei ließ ich die ganze Zeit den Funk an, hörte zu, was gesagt und nicht gesagt wurde und was die Funker sauer machte. Es war mir wichtiger, den Respekt der anderen Fahrer zu gewinnen, als von Anfang an richtig Geld zu verdienen. Und ich habe gelernt. Es dauerte nicht allzu lange, und ich konnte mit dem Funk umgehen, ohne allzu sehr wie ein Anfänger zu klingen. Die anderen Fahrer fragten mich, wie lang ich schon Taxi fahre und waren überrascht, wenn ich sagte »Ach, ich bin noch Anfänger«.

Heute bin ich kein Neuling mehr, aber ich versuche, mir die Haltung zu bewahren, mit der ich angefangen habe, die Idee, dass ich eigentlich nicht besonders gut Bescheid weiß, wie es geht, dass ich aufmerksam sein und versuchen muss zu lernen, was ich nur kann. Wenn heute Fahrgäste mit mir plaudern wollen und mich fragen, wie lange ich schon fahre, dann sage ich: »Gerade mal ein paar Monate.« Nur um wach zu bleiben. Und ich versuche, meine Anfängerhaltung zu bewahren und die Rolle des neuen Fahrers zu spielen, für den sein Job immer noch aufregend ist. Das verstößt gegen meine Verpflichtung zur Rechten Rede, aber es ist nur eine klitzekleine Lüge, und sie hält mir immer vor Augen, was es bedeutet, Anfänger zu sein. Natürlich hat dieser kleine Kniff einen hübschen Nebeneffekt: Wenn ich etwas richtig Blödes mache, zum Beispiel falsch abbiege oder vergesse, das Taxameter anzuschalten, dann kann ich das auf bloße Unerfahrenheit schieben und muss es mir nicht als grobe Dummheit anrechnen.

Wenn ich im Taxi sitze, spreche ich normalerweise nicht über die Zen-Praxis, aber wenn die Leute eines meiner Bücher auf dem Sitz sehen und danach fragen, sage ich immer, ich sei erst Anfänger. Nicht, weil ich nicht darüber sprechen will – eigentlich macht mir das gar nichts aus –, sondern, weil ich meine Praxis nicht demonstrativ vor mir hertragen will. Ich möchte gar nicht erst anfangen, so zu tun, als wäre ich ein Zen-Meister und viel Aufhebens um meine Praxis machen. Oder um mich. Zen soll zu dem gehören, was ich im Inneren bin, nicht, was ich nach außen zeige.

Zu denken wie ein Neuling hat noch eine praktische Seite. Als ich mit dem Taxifahren anfing, hörte ich den alten Hasen zu, wenn sie über ihre Strategien sprachen. Dabei fiel mir auf, dass die meisten als Anfänger herausgefunden hatten, wie es geht und dann dabei geblieben waren. Aber die Zeiten ändern sich, und viele haben sich dem nicht mehr angepasst. Einer der schlechtesten Ratschläge, die ich je erhalten habe, kam von einem älteren Fahrer, der seit zwanzig Jahren mehr oder weniger ununterbrochen auf den Straßen unterwegs war. Er riet mir, auf keinen Fall bei den UT-Footballspielen zu fahren. Dabei gäbe es viel zu viel Ärger, meinte er, und die meisten Fahrten seien kurz. In der Woche darauf fuhr ich bei einem Spiel und nahm in drei Stunden 100 Dollar ein. Offensichtlich hatte sich etwas geändert. Die meisten alten Hasen saßen in diesen drei Stunden am Flughafen, spielten Karten und unterhielten sich über die dummen Anfänger, die beim Spiel fuhren. Sie hatten sich nicht angepasst.

Aber der wahre Nutzen des Anfängerdenkens ist gar nicht der praktische. Neulinge haben einfach mehr Spaß und machen mehr aus dem, was sie erleben. Die alten Hasen werden ausgebrannt und müde und haben überhaupt nicht mehr viel Freude daran.

Eine Kurzgeschichte von Thomas Wolfe trägt den Titel »Nur die Toten kennen Brooklyn«. Hinter dem Titel steckt die Vorstellung, Brooklyn sei so groß, dass man ein ganzes Leben bräuchte, wollte man es komplett kennenlernen. Austin ist so weiträumig, dass es wahrscheinlich noch sehr viel größer ist als Brooklyn. Ich kenne es nicht einmal zur Hälfte. Ein paar alte Hasen unter den Taxifahrern kennen fast alles, aber sie haben den Versuch aufgegeben, immer auf dem neuesten Stand zu bleiben. Alles zu wissen, was man nur wissen kann, klingt gut, selbst wenn es dabei nur um die Straßen einer Stadt geht. Es klingt allerdings gar nicht gut, wenn es bedeutet, dass man dadurch die Begeisterung verliert, die mit einer neuen Erfahrung verbunden ist. Und sehr viele alte Hasen wissen alles übers Taxifahren – oder zumindest glauben sie das.

Die Idee hinter dem Anfängergeist im Zen geht auf den verstorbenen Soto-Zen-Meister Shunryu Suzuki zurück. Suzuki Roshi kam 1958 aus Japan in die USA und gründete das San Francisco Zen Center sowie das Zen Mountain Center. Sein Buch *Zen-Geist, Anfänger-Geist* ist eine Inspiration für die Praxis des Soto-Zen in der gesamten westlichen Welt. Es ist eine Zusammenstellung seiner Dharma-Reden und so geordnet, dass sie eine umfassende Einführung in die Zen-Praxis geben. Es war das erste Buch über Zen, das ich gelesen habe, und es ist immer noch mein Lieblingsbuch.

In seiner Lehre entwickelte Suzuki Roshi das Konzept des Anfängergeistes. Dieser Geist ist offen und hellwach und nicht in festen Vorstellungen gefangen. Wenn wir diesen Anfängergeist verlieren, werden wir abgestumpft, unaufmerksam, träge. In einem seiner Beispiele sagt Suzuki Roshi, eine Sutra einmal zu rezitieren, könne eine sinnvolle Übung sein, sie aber zum zehnten Mal zu rezitieren nur noch lästige Pflicht. In der Zen-Praxis sollte das fünfhundertste Lesen so frisch und sinnvoll wie das erste sein. Wenn es nicht so ist, warum sollte man es dann überhaupt tun? Oder wie Suzuki Roshi es ausdrückte: »Im Anfängergeist gibt es viele Möglichkeiten; im Geist des Experten nur wenige.« Die Zen-Praxis hat zum Ziel, den Anfängergeist wiederzuentdecken und ihn im Alltag zu bewahren.

Seung Sahn verwendete in seiner Lehre ein ähnliches Konzept. Er betonte den »Weiß-nicht-Geist« – ein klarer, offener Geist, der vor dem Denken existiert, vor dem Wissen, vor den Meinungen. Wie der Anfängergeist ist auch der Weiß-nicht-Geist offen für Erfahrungen und frei von den festen Vorstellungen, die verhindern, dass wir die Wirklichkeit unmittelbar wahrnehmen.

Autofahren zu lernen, ist ein gutes Beispiel für das Anfängerdasein. Wie die meisten Amerikaner nahm ich in der Highschool Fahrstunden. Das war damals für uns alle ein wichtiger Schritt am Übergang zum Erwachsenwerden, und das ist es zweifellos bis heute. Ich lernte auf einem alten Pontiac, dem mit dem langen Radstand, den breiten Felgen und den bulligen Chromstoßstangen. Der Wagen war riesig und komplett aus schwerem Stahl, dabei sehr weich gefedert, sodass er in den Kurven schlingerte wie ein Boot, ein großes, fast unbeherrschbares, vorlastiges Boot. In meiner Highschool hatte der Wagen den Spitznamen Godzilla. Jede Fahrt in diesem Auto war ein gewaltiges Abenteuer.

Die Fahrstunden waren eine harte Erfahrung für mich. Ich war damals sechzehn und gab mir große Mühe, nicht nervös zu wirken, konnte es aber doch nicht ganz verbergen. Nach etwa zehnminütigem Üben auf dem Schulparkplatz wurde ich auf die Straße gelassen und hatte schon ordentlich zu kämpfen, den Wagen überhaupt in der Spur zu halten. Godzilla zog nach rechts, ich steuerte zu stark gegen, er zog nach links, und ich steuerte wieder zu stark gegen. An der Ampel trat ich entweder zu fest auf die Bremse und geriet ins Schlingern, oder ich gab zu wenig Druck und rollte in die Kreuzung hinein. Normalerweise wäre mir das schrecklich peinlich gewesen, aber so ging es allen. Dieses Monster zu fahren, war für alle eine Qual – und zugleich eine wunderbare Übung, denn danach war jedes andere Auto auf der Straße viel leichter zu fahren.

Doch die Fahrstunden haben auch viel Spaß gemacht. Wenn ich Godzilla fuhr, fühlte ich mich total lebendig. Meine Sinne wirkten wie erweitert, und mein Geist war hellwach. Ich nahm alles wahr, was um mich herum vor sich ging, das Donnern des

V8-Motors, das Schlingern des Wagens in den Kurven, den Gegenverkehr, das tiefe Luftholen des Fahrlehrers und seinen Fuß, der sich in Richtung des Bremspedals auf der Beifahrerseite schob – für alle Fälle.

Heute fahre ich durchschnittlich 300 Kilometer am Tag in einer Limousine, die sich im Vergleich zu jenem Stahlschiff wie eine Corvette anfühlt. Autofahren ist mir heute in Fleisch und Blut übergegangen. Ich brauche dabei kaum mehr zu denken, und meistens tue ich das auch nicht. Ich unterhalte mich mit einem Fahrgast, höre dem Funker in der Zentrale zu, nippe an einem Kaffee oder denke etwas ganz anderes. Paradoxerweise denke ich manchmal während des Fahrens über Achtsamkeit nach.

So geht es mit allem, was wir tun. Zuerst ist es aufregend, und es ist leicht, ganz darin aufzugehen. Aber nach einiger Zeit geht es einem in Fleisch und Blut über und wird zu einer lästigen Pflicht. Auch im Beruf kann es uns so ergehen: Zuerst ist alles neu und noch ein wenig kompliziert, und sogar nachts im Bett kommt es uns in den Sinn, und wir versuchen herauszufinden, wie was geht. Nach etwa einem Monat ist aber schon alles stinklangweilig, und wir können es nicht erwarten, nach Hause zu kommen. Meine Hobbys habe ich größtenteils wieder aufgegeben. Kaum dass ich ein wenig besser in etwas wurde, hatte ich das Interesse daran auch schon wieder verloren. Das ging mir nicht bei allem so, aber es ist generell ein Problem von mir. Auf lange Sicht ist es wichtig, aus der Erfahrung zu lernen und in allem, was man tut, eine gewisse Kunstfertigkeit zu entwickeln, wie die Buddhisten sagen; aber es ist ebenso wichtig, den Anfängergeist lebendig zu erhalten und selbst bei den allereinfachsten Alltagsdingen eine gewisse Begeisterung zu empfinden.

Wie beim Autofahren. Oder beim Taxifahren.

Auf vielen Gebieten können Menschen zwischen 20 und 30 am meisten leisten. Albert Einstein formulierte seine Relativitätstheorie mit 26. Seine wichtigen Arbeiten hat er samt und sonders verfasst, bevor er 40 war. Danach konnte er sich der neu aufkommenden Quantenmechanik nicht mehr anpassen. Zwar wird das üblicherweise dem Alter zugeschrieben, ein wichtiger Faktor ist aber auch die Aufgeschlossenheit und Begeisterung des Neulings. Der junge Einstein konnte die Widersprüche der klassischen Physik erkennen, weil er sich nicht wie andere Wissenschaftler durch vorgefasste Meinungen davon abhalten ließ. Der ältere Einstein interpretierte alles, was ihm begegnete, in den Begriffen seiner früheren Arbeiten. Doch für einige neue Probleme war das der falsche Ansatz. Aus irgendeinem Grund hatte er seine Anfängerhaltung verloren, seinen Weiß-nicht-Geist.

Das gilt auch für die Zen-Praxis selbst. Zuweilen kann sie langweilig werden, eine weitere Routineangelegenheit in einem Leben, in dem alles andere ohnehin Routine geworden ist. Sich die Praxis frisch und neu zu erhalten, gehört zu den größten Herausforderungen. Mich hat es mehr als einmal erwischt. Immer, wenn ich erste echte Fortschritte erziele, wird es mir langweilig, ich werde unzufrieden und erfinde Ausreden, um die Praxis aufzuschieben. Dann sage ich mir, ich muss am Morgen wieder früh auf der Straße sein, deshalb mache ich heute mein Zazen nicht. Am Ende meiner Schicht lasse ich die Praxis sausen und genehmige mir ein Glas Wein, mit dessen Hilfe ich sofort einschlafen kann. Wenn das passiert, kann ich mir meine Praxis nur frisch und neu erhalten, indem ich ihr mit neuer Begeisterung begegne und mich zwinge, gewissenhaft morgens und abends zu sitzen und mir das tagsüber fest vorzunehmen.

Anfänger zu sein, kostet sehr viel Mühe. Und noch mehr Mühe kostet es, Anfänger zu bleiben.

Ich bin hier draußen, unterwegs auf der Achtfachen Autobahn und denke, ich verstehe ein wenig vom Autofahren und von den Straßen. Ich bin ein paarmal um den Block gekommen, da muss ich doch unterwegs das eine oder andere gelernt haben. In Wahrheit aber bin ich als Taxifahrer ein Anfänger, nicht mehr. Aber auch nicht weniger. Manchmal denke ich, ich verstehe ein wenig vom Zen. Aber auch da bin ich in Wirklichkeit bloß ein Neuling. Ein Anfänger. Nicht mehr und nicht weniger.

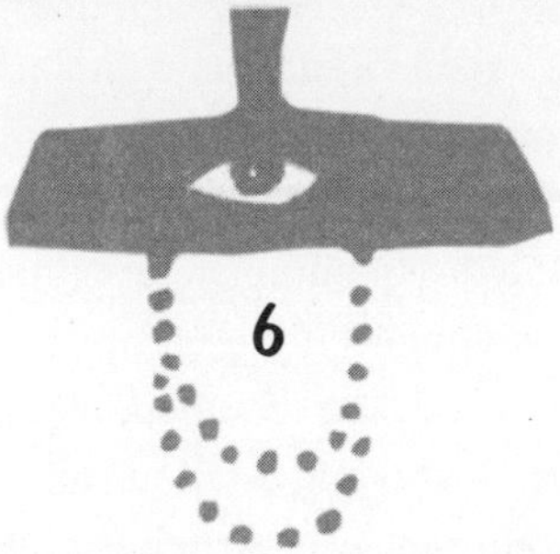

6

Reine Einstellungssache

Wenn Sie je Taxi fahren sollten, müssen Sie sich von vornherein eins zulegen: eine Einstellung. Unterhalten Sie sich öfter einmal mit Taxifahrern, werden Sie es hören: Alles reine Einstellungssache. Auf den Taxiplätzen am Flughafen bekommen Sie viel zu hören. Stundenlanges Autofahren, sich im Verkehr durchschlagen, die Kunden, die anderen Ärgernisse – die Fahrer müssen etwas tun, um sich bei Laune zu halten.

»Alles reine Einstellungssache«, sagen sie dann, »und ich hab die richtige.«

Damit wollen sie sagen: Pass bloß auf! Ich weiß, wie der Hase läuft! Sehr oft hört man den berühmten Satz von Robert De Niro aus dem Film *Taxi Driver*. »Redest du mit mir? Du ... laberst mich an? (Dramatische Pause) Ich bin der Einzige, der hier ist.« Manche Fahrer üben das vor dem Spiegel genau wie Travis Bickle, damit sie's drauf haben, wenn sie in die Situation kommen.

Aber das ist nicht die Einstellung, die wir uns zulegen wollen.

Tatsächlich haben wir alle bereits eine Einstellung, zu allem und jedem. Allem im Leben begegnen wir mit bestimmten Erwartungen, die wir auf der Grundlage unserer bisherigen Erfahrungen entwickelt haben. Manchmal können diese Erwartungen sich ins Negative wenden und uns das Leben unnötig schwer machen. Beim Taxifahren zeigen sich die Folgen schnell und drastisch. Menschen, die das Schlimmste erwarten, kriegen das normalerweise auch, wohingegen die Optimisten immer das Beste abbekommen. So läuft das anscheinend. Deshalb gewöhnt man sich am besten eine positive Einstellung an.

Eine wichtige Lehre im Tibetischen Buddhismus besagt, dass wir unsere Welt allein durch unser Denken gestalten. Unsere Gedanken bestimmen unsere Realität. Über die metaphysische Bedeutung dieser Aussage wurden bändeweise Bücher geschrieben, aber wir werden das jetzt nicht weiter vertiefen. Der gesunde Menschenverstand bastelt sich aus dieser Lehre die Alltagsversion, wonach höchst subjektiv ist, wie wir unsere Umwelt erleben. Wir reagieren auf den Eindruck, den wir uns von bestimmten Ereignissen machen, und den Wert, den wir ihnen beimessen, nicht auf die Realität als solche. Doch dieser Eindruck existiert nur in unserem Geist.

Nehmen wir zum Beispiel Albert Einsteins klassische Beschreibung der Relativität. Ein paar Sekunden auf der heißen Herdplatte kommen uns sehr lange vor. Eine zehnminütige Unterhaltung mit einem hübschen Mädchen hingegen sehr kurz. Natürlich ist an der Relativität noch mehr dran als das; das Entscheidende aber ist, dass unser Erleben der Realität tatsächlich subjektiv ist. Und relativ.

Nehmen wir nur einmal das Wetter. Das Wetter in Zentraltexas versetzt einen einfach immer wieder in Erstaunen. Im Sommer haben wir 38 Grad im Schatten. Am Nachmittag wird es so heiß, dass die Klimaanlagen in den Taxis nicht mehr mitkommen, es sei denn, sie parken im Schatten. Auf dem Parkplatz am Flughafen gibt es keinen Schatten. Dort können Sie Fahrer sehen, die kaltes Wasser über ihr Auto gießen, um die Hitze zu vertreiben, und die Fenster mit Kartons verbarrikadieren. An besonders schlimmen Tagen steht ein Fahrer mit dem Schlauch in der Ausfahrt des Parkplatzes und spritzt die Taxis ab, die zum Terminal fahren.

Bei klarem Himmel taucht einen das Sonnenlicht in ein tödliches Bad aus UV-Strahlung. Wenn der Wind sich legt, verdichten sich die Abgase, das Ozon steigt, und die abgestandene, reglose Luft hängt wie eine Glocke über der Stadt. Von Staubstürmen in Westtexas, Waldbränden in Guatemala und brennenden Reifendeponien im ganzen Südwesten ziehen gespenstische Wolkenschleier herein. Auf Dürreperioden, die sich über Monate hinziehen, folgen Regenfluten, die in wahren Sturzbächen niedergehen. Es gibt Tornados, die so stark sind, dass sie ganze Städte in Schutt und Asche legen können.

Außerdem ist Austin die Allergiehauptstadt der USA.

Wir lieben es.

Wenn man im August vor dem Flughafen wartet, kann man die Leute aus Chicago, New York und von überallher beobachten. Sie kommen aus dem Terminal, gehen zwei, drei Schritte, schauen sich dann um und fragen sich, wer denn wohl den Hochofen vor den Flughafen gestellt hat. Sie gehen zu den Taxis, ziehen ihr Jackett aus und lockern die Krawatte. Man kann förmlich zuschauen, wie sich auf ihren Hemden Schweißflecken bilden. Sie warten gar nicht erst hinter dem Taxi, bis der Fahrer das Gepäck im Kofferraum verstaut hat, sondern setzen sich schnurstracks auf den klimatisierten Rücksitz.

Leute von außerhalb, die am Flughafen ins Taxi steigen, fragen immer das Gleiche: »Ist es hier immer so heiß?«

»Heiß? O ja, man kann schon sagen, dass es heiß ist. Aber Sie hätten mal letzte Woche hier sein sollen. Da war es wirklich heiß. Heute ist es gar nicht so schlimm.« Ich habe gerade zwei Stunden in der Taxischlange gewartet und war die ganze Zeit draußen. Wenn mir die Hitze so viel ausmachen würde, wäre ich da hinten glatt ohnmächtig geworden. Die Hitze ist nämlich nicht das einzige Problem; es sind auch die eisigen Temperaturen im Flugzeug und im Terminal. Wenn die Klimaanlagen nur etwas weniger kalt eingestellt wären, hätten die Leute diese Probleme gar nicht. Aber das will ja keiner hören. Sie wollen hören, wie tapfer sie sind, dass sie mit diesen Bedingungen zurechtkommen.

Wer hier wohnt, gewöhnt sich an die Hitze. Man akklimatisiert sich. Und man begreift allmählich, dass Jammern alles nur noch schlimmer macht. Also trifft man ein paar Vorkehrungen, trinkt viel, bleibt aus der Sonne und dergleichen – und redet nicht weiter darüber.

Oder wie man im Zen sagt: Häng nicht am Wetter.

Die Einstellung, so sagt man, ist alles. Wenn Sie sich vom Wetter fertigmachen lassen wollen, wird Ihnen das gelingen. Dasselbe gilt für andere Hindernisse im Leben. Was immer Sie durchmachen müssen – vom Jammern wird es nicht besser. Tun Sie, was Sie können und lassen Sie dann los. Passen Sie sich den Umständen an, warten Sie nicht länger darauf, dass sich die Umstände Ihnen anpassen. Denn eines steht fest: Das werden sie nie tun.

Das ist eine gute Einstellung.

Als ich mich als Taxifahrer einstellen ließ, war ich auf dem absteigenden Ast. Davor hatte ich in anderen Berufen gearbeitet, mit denen ich mich hatte identifizieren können. Berufe und Arbeitsstellen, die mir Spaß gemacht haben. Eine Zeitlang habe ich geglaubt, ich könnte etwas in der Welt bewirken und vielleicht sogar ganz anständig davon leben. Dann erwies sich ein Job, in dem ich jahrelang mit Haut und Haaren aufgegangen war, als seelenzerfressender Trip ins Innerste der Hölle. Und am Ende war ich arbeitslos, ohne die geringste Aussicht auf irgendeine Stelle. Ich kämpfte, nur um mich über Wasser zu halten. Ich war entmutigt und desillusioniert. Das waren harte Zeiten für mich, aber ich wusste, ich durfte die Hoffnung nicht ganz sinken lassen, dass es auch wieder besser würde. Ich wusste, ich musste mir eine positive Einstellung bewahren, sonst würde alles nur noch schlimmer. So wie es mir damals ging, hätte es so oder so ausgehen können.

Dann fing ich an, Taxi zu fahren.

Gegen Ende meiner ersten Woche im Taxi nahm ich am Flughafen eine Familie auf und fuhr sie nach Bastrop – eine 30-Dollar-Fahrt. Das hellte meine Aussichten gleich deutlich auf, aber ich wusste, es war nur eine gute Fahrt und nicht mehr. Nachdem ich die Familie abgesetzt hatte, hielt ich an einer Barbecue-Station auf dem Highway nach Bastrop und genehmigte mir einen Rinderbrustteller mit allem Drum und Dran – sehr lecker. Ein richtiges texanisches Essen! Die Rückfahrt genoss ich in vollen Zügen. Allmählich fühlte ich mich in dem Auto wohl, das ich fuhr, ein relativ neues ehemaliges Polizeisonderfahrzeug, in dem das Fahren viel mehr Spaß machte als in dem Transporter, mit dem ich mich davor herumgeschlagen hatte. So betrachtet, ging es mir gar nicht so schlecht. Ich spürte, wie ein wenig von der Schwermut von mir abfiel, die mich in den letzten Monaten niedergedrückt hatte.

Wieder in Austin, kurvte ich einen Hügel hoch und fuhr zu

meiner Überraschung direkt in einen spektakulären Sonnenuntergang. Im Radio spielte der Lokalsender KGSR Sandy Dennys »Who Knows Where the Time Goes«, ein wunderbares Lied über Vergänglichkeit und Verlust – und ich war überwältigt von der Schönheit des Augenblicks. Mir traten die Tränen in die Augen, und mein Herz war zum ersten Mal seit Monaten wieder übervoll. Ich fuhr an den Straßenrand und bewahrte mir das Gefühl, solange ich konnte. Sonnenuntergänge und wunderbare Lieder sind nicht unbedingt selten, aber sie sind schnell vorbei, und man verpasst sie leicht. Oft sind wir viel zu sehr mit uns selbst beschäftigt, als dass wir sie überhaupt bemerken. So verpassen wir die Schönheit, die uns umgibt.

Hätte ich allerdings eine lausige Acht-Dollar-Fahrt zum Omni-Hotel gehabt, dann hätte ich diesen Moment natürlich auch verpasst. Doch dann hätte es andere Momente gegeben. Die gibt es immer, man muss sich ihnen nur öffnen. Man muss sie wahrnehmen.

Die Sommerhitze zu überstehen und solche besonderen Momente schätzen zu können, sind jedoch nicht die einzigen Gründe, warum man versuchen sollte, eine positive Einstellung zu bewahren. Selbst ein erfahrener Taxifahrer muss unbedingt darauf achten, bei Laune zu bleiben. Taxifahren ist eine nie versiegende Quelle der Irritationen und Ärgernisse. Versuchen Sie einmal, eine 16-Stunden-Schicht zu fahren, wenn sie wütend und niedergeschlagen sind. Das klappt nicht. Das übersteht man nur, wenn man lächelt und die Fahrt genießt, ganz egal wie viele Spurrillen die Straße hat.

Es ist wichtig, dem Alltag mit einer bestimmten Einstellung zu begegnen. Und wenn Sie sich schon eine zulegen wollen, dann am besten eine positive. Negative Einstellungen können einen förmlich auslaugen. Aber im Zen ist nicht alles Einstellungssache. Die eigene Einstellung ist nur ein Schritt hin zu etwas Größerem. In der Zen-Praxis ist die Einstellung nur eine neue Ablenkung. Wenn wir etwas über unsere wahre Natur erfahren wollen, müssen wir auch unsere Einstellungen loslassen. Sie sind nur Funktionen des Egos und des kleinen, verblendeten Denkens. Sogar eine positive Einstellung verhindert, dass wir die Welt so sehen, wie sie wirklich ist, und uns selbst so, wie wir wirklich sind. Wenn wir die Welt durch eine rosarote Brille betrachten, verpassen wir alle anderen Farben. Aus einem weiteren Blickwinkel sind die schweren und hässlichen Momente genauso wertvoll wie die wunderbaren Lieder und die prächtigen Sonnenuntergänge. Es fällt manchmal schwer, das einzusehen, aber es ist so.

Das gehört zum Großartigen am Taxifahren. Es gibt jede Menge schwere und hässliche Momente, die man wertschätzen kann.

Meditation und Achtsamkeitspraxis zielen darauf, die Einstellungen und Vorurteile zu klären, die unsere Wahrnehmung unserer Umwelt beeinflussen. Der Geist eines Buddha hat keinerlei Einstellung: Er ist lediglich ein Spiegel der Welt. Für einen Buddha sind Schlaglöcher nichts weiter als ein Bestandteil der Straße, und man braucht seine Einstellung nicht zu verändern, um mit ihnen fertigzuwerden. Im Zen versuchen wir deshalb, eine positive Einstellung zu bewahren, während wir zugleich unser Bedürfnis, überhaupt eine Einstellung zu haben, nach und nach ablegen.

Aber wir sind noch keine Buddhas. Wir sind bloß Neulinge auf diesem Gebiet. Wir versuchen, etwas über uns selbst zu lernen. Es ist ein guter Anfang, wenn wir unsere Reaktion auf die verschiedenen Situationen beobachten, die sich uns im Leben stellen – auf die guten wie die schlechten.

Wenn wir eine lange grüne Welle erwischen, dann freuen wir uns, auch wenn wir wissen, dass sich auf lange Sicht die grünen und die roten Wellen wieder ausgleichen. Wenn wir ein Schlagloch erwischen, können wir sagen: »Das ist bloß ein Schlagloch.« Oder wir können uns umdrehen und das Schlagloch anbrüllen. Wenn wir aufmerksam sind, werden wir meistens über unsere Reaktionen herzlich lachen können. Schließlich sind es ja wirklich nur grüne Ampeln und Schlaglöcher.

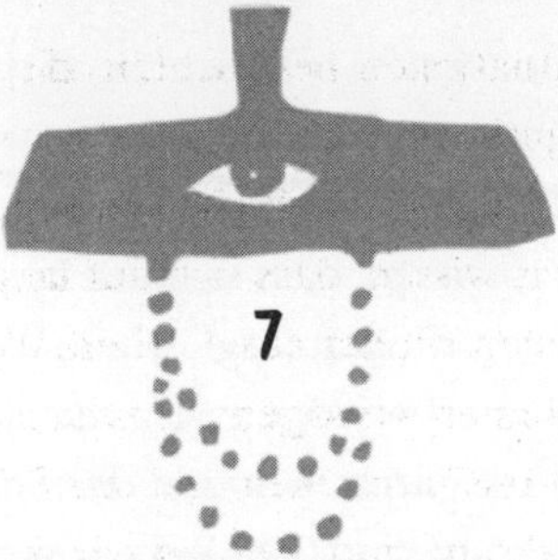

7

Auch Taxifahrer müssen mal gewartet werden

Die Achtfache Autobahn ist nicht leicht zu befahren. Die Straße ist lang, und es gibt Schlaglöcher und Fallstricke, Qualen, die man erdulden, und endlos viele Ablenkungen, die man überwinden muss. Diese Reise erfordert wahre Hingabe. Vor allem aber erfordert sie einen Fahrer, der die Kraft hat, auf der Straße zu bleiben, wenn alle anderen Fahrer das Handtuch geworfen und ihre Schlüssel zurückgegeben haben. Ob das Ziel nun kosmische Erleuchtung oder nur ein anständiges Leben ist, diese Autobahn ist ein Marathon. Sie ist keine schnelle Joggingrunde um den Block.

Wir haben uns auf einen langen Lauf eingelassen, und darauf müssen wir vorbereitet sein. Regelmäßige Wartung ist wichtig! Bei uns selbst und bei unserem Auto.

Es ist eine harte Straße für ein Arbeitstaxi. Selbst die robustesten Taxis halten nicht ewig. Sie kriegen ihre Abreibung auf der Straße, der Kilometerzähler geht rauf und die Leistung irgendwann runter. Ein typisches amerikanisches Taxi fährt etwa 113 000 Kilometer im Jahr. Und das sind keine leichten Kilometer. Taxifahrerkilometer. Hier haben die meisten Taxis als Streifenwagen der Polizei oder Teil anderer Fahrzeugflotten begonnen. Wenn sie etliche Kilometer auf dem Buckel haben, werden sie versteigert. Dann verpasst man ihnen einen gelben Anstrich und schickt sie erst richtig auf die Straße. Bis ein Taxi aus der Taxiflotte ausgemustert wird, hat es sehr wahrscheinlich den zweiten Motor und das dritte Getriebe. Eigentlich sollte es einen Friedhof für ausgemusterte Taxis geben, vielleicht einen Parkplatz irgendwo auf dem Land mit einer schönen Aussicht, wo die Taxis in der Sonne stehen und in Frieden ruhen können. Aber das gibt es nicht. Sie werden einfach auseinandergenommen, zusammengepresst und eingeschmolzen.

Für ein Taxi ist regelmäßige Wartung das A und O.

Aber nicht nur die Autos nutzen sich ab. Die Fahrer haben dieselben Kilometer auf dem Buckel und werden im Stadtverkehr ganz genauso verschlissen. Wenn man Woche für Woche 80 oder mehr Stunden arbeitet, bricht man leicht einmal zusammen oder es geht einem der Treibstoff aus. Die Fahrer müssen genauso gewartet werden wie die Taxis. Gesund zu bleiben gehört zum Taxifahren genauso dazu, wie die Straßen abzuklappern und mit den Leuten zurechtzukommen. Viele Taxifahrer sind stark übergewichtig, adipös oder dicht davor. Andere sind schrecklich dünn, das Gesicht nadelspitz, tiefe Ringe unter den Augen und überall hervorstehende Knochen. Sie sind das reinste Nervenbündel, immer in Eile, völlig im Stress, und nie nehmen sie sich Zeit für eine anständige Mahlzeit. Aber sie haben jede Menge Zeit für Zigaretten. Manche Fahrer – meistens die Neulinge – sind so weit in anständiger Verfassung. Sie machen das einfach noch nicht lange genug, als dass sie bereits ernste Schäden hätten davontragen können. Noch nicht.

Taxifahren ist kein gesunder Beruf. Man hat keinerlei körperliche Bewegung, abgesehen davon, dass man hin und wieder einen Koffer in den Kofferraum hievt oder auf einen Kaffee und ein süßes Stückchen in einen Supermarkt geht. Die Schichten sind lang, daher bleibt nicht viel Zeit für Sport im Freien. Und die meisten Fahrer essen in Drive-in-Burger-Ketten oder holen sich auf dem Nachhauseweg eine Pizza; schlechte Ernährung ist also die Regel. Sie trinken jede Menge Kaffee, um sich wach zu halten und können dann nicht schlafen, wenn sie nach Hause kommen. Außerdem ist da noch der Stress. Sehr viel Stress. Zusammengenommen ergibt das ein perfektes Rezept für ein kurzes, schweres Leben.

Kommt Ihnen das bekannt vor? Taxifahrer sind nicht die einzigen, die es schwer haben. Es ist eine internationale Epidemie und betrifft uns alle.

Auf der positiven Seite ist zu vermerken, dass die meisten Taxifahrer nicht trinken. Sie haben ja kaum Freizeit, und im Taxi verbietet sich das Trinken von selbst. Dasselbe gilt für Drogen. Aber sehr viele Fahrer sehen so aus, als könnten sie dringend einen freien Abend, ein ordentliches Glas Bourbon und einen fetten Joint gebrauchen. Und einen Salat.

Die Körperformen der Taxifahrer sind Sinnbilder für den Pfad der Maßlosigkeit und den der Askese. Der Buddha wuchs in einer Atmosphäre der Maßlosigkeit auf, in der das Schlemmen zum Leben einfach dazugehörte. Als er seinen spirituellen Weg begann, übte er sich in Selbstverleugnung, einschließlich rigorosen Fastens. Keines von beiden brachte ihm inneren Frieden. Deshalb entwickelte er schließlich den Mittelweg, einen gesunden, konstruktiven Pfad zwischen den destruktiven Extremen, denen er zuvor gefolgt war. Natürlich sind eine gesunde

Ernährung und Bewegung nur ein kleiner Teil von Buddhas Weg, aber sie sind wichtig. Im diabetischen Koma macht man wohl kaum große spirituelle Fortschritte.

Als ich mit dem Taxifahren anfing, war ich gut in Form. Ich trieb Sport, lief ein bisschen und ernährte mich vernünftig. Ich sah die anderen Fahrer, sah ihre Figur und dachte, so etwas könnte mir nicht passieren. Eine Zeitlang war das auch so. Aber dann ging es mit mir bergab. Ich aß Donuts zum Frühstück und trank den ganzen Tag billigen Kaffee; auf dem Nachhauseweg holte ich mir bei einem Drive-in einen Bacon-Cheeseburger und Pommes und aß das alles um drei Uhr morgens. Ich habe eigentlich nicht mehr gegessen als normalerweise auch, aber ich habe es nicht mehr verarbeitet. Plötzlich nahm ich zu. Nach ein paar Monaten hatte ich zehn Kilo zugelegt, und nichts davon waren Muskeln.

Ja genau, einen Bacon-Cheeseburger. Wir sind in Texas. Das ist der Staat, der Oprah ins Gefängnis werfen wollte, weil sie Rindfleisch schlechtredete. Vegetarier werden hier erschossen. Glaube ich zumindest. Ich bin kein Vegetarier, aber wenn ich es wäre, würde ich es nicht in der Öffentlichkeit sagen. Überraschenderweise war auch der Buddha kein Vegetarier. Er und seine Jünger erbettelten Essen von den Menschen in den Orten auf ihrem Weg und nahmen, was man ihnen gab. Viele Buddhisten sind zwar Vegetarier, aber es wird nicht verlangt. Verlangt wird aber, dass man sich des Opfers sehr bewusst ist, das die Tiere bringen, die wir essen.

Das Gewicht war nicht mein einziges Problem. Ich hatte schon mein ganzes Erwachsenenleben lang geraucht, und es hatte mir anscheinend nichts ausgemacht; jetzt rauchte ich mehr – eine nach jeder Fahrt – und wurde schon ganz nervös, sobald ich aus dem Wagen stieg. Von dem Stress auf der Straße litt ich unter

Kopfschmerzen und Schlaflosigkeit. Die Zen-Praxis hätte dagegen geholfen, aber auch die ließ ich ein wenig schleifen. Ich wusste, wenn ich diese Dinge nicht bald wieder gerade rückte, drohte mir Schlimmes.

Eines Tages schließlich gab das Taxi, das ich fuhr, den Geist auf, und ein anderes stand gerade nicht zur Verfügung. Daher musste ich ein paar Tage frei nehmen. Als es passierte, nahm mich ein anderer Fahrer mit ins Zentrum, von dort ging ich zu Fuß nach Hause. Es waren etwa drei Kilometer, eine Strecke, die ich bisher immer ohne Probleme hatte gehen können. Aber jetzt war ich fix und fertig. Nach der halben Strecke wollte ich mir ein Taxi rufen. Ich musste mich auf eine Bank setzen, um wieder zu Atem zu kommen. Als ich nach Hause kam, verbrachte ich den Rest des Tages auf der Couch und erholte mich von einem Spaziergang, der mir noch vor wenigen Monaten nicht das Geringste ausgemacht hätte.

Meine Aufmerksamkeit war geweckt. Ich fing mit einem Sportprogramm an, trainierte morgens und wechselte dabei zwischen drei Übungsfolgen ab, von denen jede etwa 15 Minuten dauerte. Nichts Dramatisches, aber es reichte, um die Abwärtsspirale, in die ich geraten war, umzudrehen. Ich schränkte meinen Kaffeekonsum ein. Meine Zigaretten legte ich erst ins Handschuhfach, dann in den Kofferraum und holte sie nur heraus, wenn ich wirklich eine brauchte. Ich aß weniger Pizza und achtete wieder auf meine Ernährung, auch wenn ich immer noch öfter in den Drive-ins war, als ich eigentlich sollte. Und wenn ich konnte, bewegte ich mich ein bisschen, meist ging ich ein paar Runden um den Parkplatz am Flughafen, einfach um das Blut ein bisschen in Bewegung zu bringen, oder ich joggte manchmal morgens ein paar Runden.

Sofort fühlte ich mich besser. Schließlich ging auch das Gewicht runter, und die Muskelspannung kehrte wieder. Ich rauchte noch weniger (inzwischen habe ich aufgehört) und zwang mich stärker, meine Zen-Praxis aufrechtzuerhalten. Ich setzte Zeiten für mein Zazen fest und ließ keine Ausreden mehr gelten, es ausfallen zu lassen. Das half mir auch in allen anderen Dingen. Wenn es einem ernsthaft darum geht, die Täuschungen zu überwinden und seine wahre Natur zu erkennen, gerät man wegen einer Pizza nicht mehr so sehr aus dem Häuschen.

Der Buddha wird manchmal in Statuen und anderen Kunstwerken als extrem übergewichtig dargestellt, wie ein pizzafixierter Taxifahrer. Wie er so auf seinem Kissen sitzt, sieht er aus, als sei er für den Rest seines Lebens festgewachsen, unfähig, seine Körpermasse in eine stehende Position zu heben. Er wirkt fröhlich, aber nicht unbedingt gesund. Das ist das Bild, das viele Menschen vom Buddha haben. Vor einiger Zeit sah ich in einem Schaufenster ein T-Shirt mit der Aufschrift: *Ich habe den Körper eines Gottes. Leider ist es Buddha.* Dieses Bild ist völlig falsch. Der Buddha sollte eine Verleumdungsklage anstrengen.

In seiner Jugend war der Buddha Sportler, ein Meisterbogenschütze. Als Wandermönch praktizierte er viele Jahre eine strenge Askese. Er hungerte, um seinen Körper zu schwächen, damit sein Geist sich vom Fleisch lösen konnte. Das war damals in Indien normal. Um ein Haar wäre er verhungert. Schließlich verwarf er den Pfad der Askese und begann, wieder normal zu essen. Nie wieder opferte er seine Gesundheit der spirituellen Entwicklung. Sein ganzes weiteres Leben zog er mit seinen Anhängern von Stadt zu Stadt und verbreitete seine Lehre. Übergewicht war nie ein Problem des Buddha oder seiner Anhänger. Sie ernährten sich gesund und hatten jede Menge Bewegung.

Der Buddha wurde 80 Jahre alt, dann starb er an einer Lebensmittelvergiftung, weil er verdorbenes Fleisch gegessen hatte. Er muss sich also körperlich fit gehalten haben. Und viele seiner Anhänger wurden sogar noch älter. Traditionell betreiben Buddhisten Yoga, Kampfkünste und andere Formen körperlicher Betätigung. Der Shaolin-Tempel, der in der Fernsehserie *Kung Fu* gezeigt wird, ist in Wirklichkeit ein chinesischer Tempel. Der Legende nach war er die Heimat von Bodhidharma, dem Begründer des Ch'an-Buddhismus. Er lehrte dort Körperübungen, die zur Grundlage der Kampfkunst der Shaolin wurden. Ein bestimmtes Maß an körperlicher Fitness war immer schon wichtiger Bestandteil des spirituellen Lebens.

Eine gute Gesundheit ist ein wichtiger Faktor für eine gesunde, positive Einstellung, weil Achtsamkeits- und Meditationspraxis davon abhängen. Die moderne ganzheitliche Medizin betont die Verbindung zwischen geistiger, körperlicher und spiritueller Entwicklung. Alles wirkt ineinander. Für die Fahrt auf der Dharma Road müssen wir uns aufrichtig Mühe geben, zusammen mit dem Denken und dem Geist auch den Körper weiterzuentwickeln.

Eine weitere Möglichkeit für Taxifahrer (und alle anderen auch), mit den Herausforderungen des Alltags fertigzuwerden, sind feste Tagespläne, durch die man ohne Burnout-Gefahr arbeiten kann. Dazu gehört unter anderem schlicht ein guter Nachtschlaf, aber damit ist es natürlich noch nicht getan.

In einem Zen-Kloster ist der Tagesablauf streng geregelt. Mit geringen Abweichungen stehen normalerweise alle um fünf Uhr morgens auf, haben dann eine Stunde für Zazen, eine halbe Stunde fürs Frühstück, dann weitere zwei Stunden für Zazen, wahrscheinlich mit ein oder zwei Phasen *Kinhin* oder Zazen im

Gehen, um den Kreislauf in Schwung zu halten. Danach eine Stunde Arbeit, anschließend wieder Zazen. Es gibt kurze Unterbrechungen, um auf die Toilette zu gehen, die mit Gongs und Holzklappern angekündigt werden. Diese Reglementierung ist wichtig, denn so können sich alle ganz auf ihr Tun konzentrieren, ohne sich Gedanken darüber machen zu müssen, was als Nächstes kommt und wann. Außerdem hält es die Ordnung im Kloster aufrecht und verhindert, dass das Klosterleben ins Chaos abgleitet.

Das Taxifahren eignet sich nicht für eine so strenge Tagesplanung. Man kann es eigentlich überhaupt nicht planen. Jeder Tag ist anders. Man bestimmt selbst, wann man anfängt und wann man nach Hause geht, aber das ist auch schon alles. Auf der Straße geht man dahin, wohin der Tag einen führt, und tut, was man kann, wann man es kann.

Dennoch sind feste Zeiten wichtig. Ich schlafe jede Nacht etwa gleich lang, etwa von drei Uhr morgens bis um zehn. Ich bin das gewohnt. Ich war noch nie ein Morgenmensch. Wenn ich aufstehe, trinke ich eine Tasse Kaffee, mache 15 Minuten Zazen, dann 15 Minuten Sport, dusche und ziehe mich an. Um elf bin ich zur Tür hinaus und sitze im Taxi. Am Wochenende bleibe ich nachts länger auf und schlafe dann zum Ausgleich eine halbe Stunde länger, aber der grundsätzliche Ablauf ändert sich nicht.

Meditation, Achtsamkeit, Ernährung, Bewegung und Struktur. Das könnte man als die fünf Grundlagen eines sinnvollen, gesunden Lebens am Steuer bezeichnen. Oder überall sonst. Die einzelnen Elemente beeinflussen sich gegenseitig, genau wie die Schritte auf dem Achtfachen Pfad. Aber es erfordert Entschlossenheit, überhaupt damit anzufangen. Nach jedem Neujahrstag fangen die Leute mit einer Diät und einem Bewegungsprogramm an, die sie gerade einmal ein paar Tage durchhalten und die mit einem Besuch in der nächsten Eisdiele (oder Konditorei) enden. Mit der Zeit kann die Zen-Praxis uns helfen, bessere Gewohnheiten zu entwickeln. Je mehr Achtsamkeit wir aufbauen, desto besser können wir die Begierden und Anhaftungen loslassen, die uns in allen Bereichen unseres Alltagslebens ein Bein stellen. Wie zum Beispiel die Kultserie im Fernsehen oder die Riesenpartypizza mit extra Käse, Salami, Schinken, Hamburger und noch mehr extra Käse. Diese Dinge verlieren mit der Zeit ihren Reiz, und es wird leichter, gesündere Gewohnheiten aufrechtzuerhalten. Aber die Zeit, mit einer gesünderen Ernährung zu beginnen, ist jetzt. Am Anfang ist es hart. Aber das Leben ist nun einmal hart. Gewöhnen Sie sich dran.

Hey, legen Sie sofort die Tortillachips weg! Bleiben Sie bei Ihrem Vorsatz.

Es ist Samstagabend. Vor einem Billigsupermarkt an der South Congress begegne ich einem Fahrer, den die meisten nur als »74« kennen. Das ist seine Taxinummer. Er sieht aus, wie Homer Simpson aussehen würde, wenn er sich gehen ließe. Er sagt, er sei seit 36 Stunden auf den Beinen, habe die ganze Zeit eine Fahrt nach der anderen gemacht und bleibe jetzt noch bis zum Morgen auf der Straße. Das Traurige daran ist, dass er auch noch stolz darauf ist. Er glaubt, dass er auf die Art viel Geld verdient, wo er doch in Wirklichkeit bloß eine mörderische Vierfachschicht arbeitet und dann zwei Tage ausfällt, um sich davon zu erholen. Und da er während eines Großteils seiner Schicht völlig ausgelaugt ist, kriegt er nicht besonders viel auf die Reihe. Die meisten Fahrer, die das probieren, werden entweder schlauer oder hören auf. Er macht das jetzt schon eine ganze Weile so, und anscheinend wird er nicht schlauer.

Während er mir das erzählt, zieht er Nachochips durch eine riesige Schale Mikrowellenkäsesoße und spült sie mit einer Cola im 1-Liter-Becher hinunter. Das kann nicht gesund sein.

74 grinst mich an und fragt: »Hey, willste auch 'n paar Chips?«

8

Aufmerksamkeit, Aufmerksamkeit, Aufmerksamkeit

Ich stehe auf dem Parkplatz vor dem Omni-Hotel, warte darauf, dass etwas passiert und denke über Achtsamkeit nach. Die Zen-Praxis lässt sich in zwei Worten zusammenfassen: Pass auf! Oder: Wach auf! Die ganze Meditation, die Gebote, die Koans, alles ist darauf angelegt, den Geist zu befreien, damit er die Welt so wahrnehmen kann, wie sie wirklich ist. Wenn wir das tun, können wir unsere Anhaftungen und unsere Täuschungen als das erkennen, was sie wirklich sind. Und dann können wir unsere wahre Natur erkennen und uns über unser Leiden erheben. Die totale, völlige Achtsamkeit nennt man Erleuchtung. So habe ich es zumindest gehört. Ich bin noch nicht so weit. Wirklich, ich habe noch einen weiten Weg vor mir.

Hier draußen in der 8th Street arbeiten die Leute, die auf dem Gehweg unterwegs sind, ganz und gar nicht auf irgendeine Erleuchtung hin. Jeder hat ein Handy, einen iPod, eine Zeitung oder etwas anderes in der Hand, womit er oder sie sich beschäftigt. Die Welt, in der sie leben, nehmen sie kaum wahr. Ein Kind geht vorbei, vielleicht 13, beide Hände sind mit einem Videospiel beschäftigt, eine Frau drückt endlos Knöpfe an irgendeinem Computerschnickschnack, so einer Art Organizer. Die Leute verschicken SMS, laden Sachen herunter und gucken sich *Desperate Housewives* auf Zwei-Zoll-Bildschirmen an. Vor der Ausfahrt des Omni ist da, wo die Autos den Gehweg queren, eine kleine Schwelle eingelassen, nur gut zwei Zentimeter hoch. Die Hälfte der Leute stolpert über diese Schwelle, dreht sich dann nach ihr um und wirft ihr einen bösen Blick zu. Ganz offensichtlich denken die Leute, die Schwelle sei schuld daran, dass sie darüber gestolpert sind. Gäbe es eine zweite Schwelle, würden sie auch noch über die stolpern, während sie die erste wütend anstarren.

Im Zen ist Achtsamkeit kein Hilfsmittel, um gut durch den Tag zu kommen. Achtsam zu sein, heißt, die Welt so zu sehen, wie sie wirklich ist, von Augenblick zu Augenblick. Es bedeutet, Ablenkungen zu vermeiden und sich bewusst zu sein, was wirklich geschieht, während wir unser Leben leben. Und es bedeutet auch, uns in jedem Augenblick unserer selbst bewusst zu sein und zu verstehen, welchen Platz wir in der Welt einnehmen.

Zur Zeit des Buddha gab es keine Handys und keine tragbaren Streaming-Videos. Achtsamkeit zu entwickeln, war damals schwer. Heute ist es noch schwerer. Immer gibt es etwas zu tun, ständig erfordert etwas unsere Aufmerksamkeit. Im Handy stauen sich die verpassten Anrufe, Terminänderungen müssen in den Organizer eingetragen werden. Wir smsen und downloaden. Auf der Xbox bereiten die Gorgonzollas eine Invasion vor, und jemand muss doch die Verteidigungsstreitkräfte anführen. Irgendwas gibt es immer. Der Geräuschpegel steigt ständig, aber keiner scheint zu merken, dass es bloß Geräusche sind. Ständige Ablenkung ist Bestandteil des modernen Lebens.

Aber nicht alle Ablenkung kommt von außen. Unser Verstand ist ständig in Aktion und springt von Gedanke zu Gedanke. Von diesen Gedanken haben die meisten nichts mit dem zu tun, was in diesem Augenblick in unserem Leben gerade vor sich geht. Sie sind nur Geräusche. Wie das Rauschen im Taxifunk, das verhindert, dass wir hören, was wirklich los ist. Die Zen-Praxis ist als Hilfe gedacht, die inneren und äußeren Ablenkungen zu überwinden und zu etwas Tieferem und Sinnvollerem zu gelangen.

Während ich darüber nachdenke, schaue ich auf die andere Straßenseite und sehe, wie eine Frau zwischen den geparkten Wagen hervorkommt. In ihrer Tasche kramt sie nach ihren Schlüsseln. Sie tritt auf die Fahrbahn, unmittelbar vor einen herannahenden Mercedes, dessen Fahrer sich hinter dunkel getönten Scheiben versteckt und nicht sehr aufmerksam ist …

Er sieht sie und weicht in einer Überreaktion ein wenig weiter auf die nächste Spur aus, als nötig wäre. Dabei schneidet er einem verbeulten Transporter den Weg ab, dessen Fahrer aus dem Fenster einer Frau in einem Sommerkleid auf dem Gehweg nachschaut …

Der Mann in dem Transporter sieht den Mercedes gerade noch rechtzeitig, weicht ein wenig aus, fährt vorbei, dreht sich dann um, zeigt dem Fahrer den Stinkefinger und formt mit dem Mund ein paar Obszönitäten in seine Richtung …

Er sieht nicht, wie die Ampel an der Ecke zur Brazos erst gelb und dann rot wird, und als er es sieht, steigt er voll auf die Bremse, gerät ins Schleudern und schlittert über die Kreuzung, überquert sie vollständig, schneidet dabei auf drei Fahrspuren dem Verkehr den Weg ab und scheucht ein Dutzend unglückselige Fußgänger auf dem gegenüberliegenden Überweg auseinander, die alle auf die Ampel starren, die *Walk* zeigt, und dann losgehen, ohne nach rechts und links zu schauen.

Der Laster kommt mitten auf dem Fußgängerüberweg zum Stehen. Jeder starrt jeden böse an und geht dann weiter, schnurstracks auf die nächste brenzlige Situation zu, die vielleicht schon einen Block weiter wartet.

Es ist, als schaute ich eine Actionfolge der Simpsons in 3D, nur dass die Fahrer echte SUVs mit schlecht gewarteten Bremsen haben. Und es sieht nicht halb so lustig aus, wie wenn Marge Homer in die Garage scheucht.

Ich stehe immer noch vor dem Omni, und ich denke immer noch über Achtsamkeit nach. In unserer modernen Welt gibt es so viele Ablenkungen, dass die Leute vergessen, sich auf etwas so Einfaches wie Autofahren oder das Überqueren der Straße zu konzentrieren. In diesem Moment geht ein Mann mit einem Ghettoblaster vorbei und lässt alle Leute in einem Umkreis von zehn Blocks an seinem Musikgeschmack teilhaben. Zwei Frauen in Neckholder-Bustiers stolzieren auf dem Gehweg an mir vorüber; sie sehen aus wie Zwillinge. Vorne an der Ecke steht ein Mann, der sich Reklametafeln umgebunden hat und vor einer drohenden Alieninvasion warnt. Oder vielleicht geht es auch nur um ein neues Restaurant. Heutzutage ist der Unterschied kaum noch zu erkennen. Hinter mir höre ich lautes Pfeifen, eine Hupe dröhnt und jemand brüllt: »Hey Taxi, weiter geht's. Wird's heut noch?« O ja. Der meint wohl mich. Ich habe wohl gerade nicht aufgepasst. Ironie des Schicksals.

Achtsamkeit ist nicht bloß ein Schritt auf dem Weg zur Erleuchtung – sie ist der Schlüssel, um unseren Alltag zu überstehen. Die Zen-Praxis ist nicht dazu da, uns zu persönlichem Erfolg zu verhelfen. Zen ist kein Selbsthilfekurs. Hier geht es nicht um *Reich werden mit Zazen* oder *Zen für Hypothekenbanker*. Aber hinter *Dharma Road* steht auch die Idee, dass Achtsamkeit im Alltag sehr nützlich sein kann. Und wenn der praktische Nutzen der Übungen im Zen uns dazu motivieren kann, mehr für eine konsequente Praxis zu tun, dann ist das auch in Ordnung.

Achtsamkeit zu entwickeln ist ein Fulltime-Job.

Im klassischen Zen werden Künste wie Bogenschießen, Kampfkünste, Gärtnern, Kalligrafie oder die Teezeremonie in eine Achtsamkeitsübung verwandelt. Dasselbe kann man auch mit simplen Alltagstätigkeiten machen, zum Beispiel Spülen, Kochen oder Autofahren. Rituale werden in Zen-Klöstern immer achtsam ausgeführt, ebenso die Arbeitsphasen, die die Zazen-Sitzungen unterbrechen, um alles auf dem Laufenden zu halten. Wird eine Aufgabe achtsam erfüllt, gibt es keine Ablenkungen, weder innerlich noch äußerlich. Die innere Stimme, der Strom des normalen Bewusstseins, kommt eine Zeitlang zum Erliegen. Wenn der Kalligraf ganz in seinem Schreiben aufgeht oder der Fahrer eins wird mit der Straße, das ist Achtsamkeit.

Wenn wir uns voll und ganz auf das konzentrieren, was wir tun, fällt alles andere weg. Sorgen lösen sich einfach auf. Die Zeit scheint schneller zu vergehen. Wir gehen auf in unserer Schnitzarbeit oder dem Gitarrenspiel, und plötzlich merken wir, dass Stunden vergangen sind und dass es uns so gut geht wie schon lange nicht mehr. Das ist Achtsamkeit.

Es ist wie beim Sex. Wenn man völlig darin aufgeht, versinkt die Welt um einen herum. Nichts ist wichtig, nur das, was man in diesem Augenblick tut. Die Gedanken wandern überhaupt nicht ab. Wenn doch, hat man etwas falsch gemacht.

Nehmen wir mal das Autofahren. Alle Fahrer haben meistens den inneren Autopiloten eingeschaltet: Routinehandlungen wie das Auto gerade in der Spur zu halten, werden fast unbewusst ausgeführt. Wirklich aufgepasst wird nur dann, wenn etwas Wichtiges zu tun ist. Auf der Autobahn erfordert es nicht viel, den Wagen in der Spur und die normale Geschwindigkeit beizubehalten. So können Stunden vergehen, in denen die Gedanken einfach ziellos umherwandern. Das Fahren in der Stadt ist da schon anspruchsvoller, aber auch das erfordert nur gelegentlich Aufmerksamkeit.

Der erste Schritt zum achtsamen Autofahren besteht im Vermeiden von Ablenkungen. Handys und der Funk aus der Zentrale lenken ab. Auch Fahrgäste lenken ab. Aber ohne sie kann ich nun einmal nicht Taxi fahren. Die Straßenszene ist voller Ablenkungen. Und die Gedanken selber sind Ablenkungen. Wer tagträumend am Steuer sitzt, fährt nicht achtsam. Ohne Ablenkungen werden die einzelnen Handlungen beim Autofahren – Lenken, Bremsen und so weiter – automatisch, reflexhaft ausgeführt und müssen normalerweise nicht bewusst gesteuert werden. Sogar auf die Umgebung zu achten – der regelmäßige Blick in den Rückspiegel zum Beispiel – macht man automatisch, es wird zur Gewohnheit, zum selbstverständlichen Teil des Autofahrens.

Dies ist ein Beispiel für das Zen-Konzept des *Mushin* oder *Nichtdenkens*, die Vorstellung, dass der beschäftigte, abgelenkte Verstand in unsere alltäglichen Verrichtungen eingreift und mehr schadet als nützt. Sogar der Gedanke an das, was wir tun, verhindert, dass wir die Welt so wahrnehmen, wie sie wirklich ist, und auf natürliche Weise darauf reagieren. Die Lösung lautet, die Ablenkungen aus dem Weg zu räumen und das Denken natürlich ablaufen zu lassen.

Es gibt einen wunderbaren *Far-Side*-Cartoon, der das Konzept des Nichtdenkens illustriert: Ein nervös dreinblickender Mann sitzt im hinteren Bereich eines Orchesters und hält zwei riesige Becken. Der Schweiß rinnt ihm in Strömen übers Gesicht. Er denkt: »Dieses Mal vermassle ich es nicht. Dieses Mal nicht, dieses Mal nicht …« Und darunter heißt es: »Rodney vermasselt's.«

In Eugen Herrigels Klassiker *Zen in der Kunst des Bogenschießens* lernt der Autor das Bogenschießen, indem er sein Bedürfnis loslässt, den Flug des Pfeils zu kontrollieren. Während seiner gesamten Ausbildung versucht er herauszufinden, was schiefläuft, warum er das Ziel nicht treffen kann. Seine Frustration wächst. Schon will er sich geschlagen geben. Doch dann, als er nicht mehr an seine Technik denkt und den Pfeil einfach ohne bewusstes Denken abschießt, meistert er die Kunst.

Es ist genau, wie es in der Nike-Werbung heißt: »Just do it.«

Bei der Achtsamkeit geht es nicht nur darum, sich auf die Umwelt zu konzentrieren. Wir müssen uns auch auf uns selbst konzentrieren. Ablenkungen kann man einzig und allein dadurch überwinden, dass man sich ihrer bewusst wird. Normalerweise merken wir noch nicht einmal, wann wir abgelenkt sind. Wir schlittern von Ablenkung zu Ablenkung, ohne zu realisieren, was wir tun. Wir reihen uns in die Taxischlange am Flughafen ein und merken auf einmal, dass wir unterwegs gar nicht aufgepasst haben und uns kaum noch daran erinnern können, was passiert ist, seit wir das Stadtzentrum verlassen haben. Wir haben uns unseren Tagträumen hingegeben. Ein wichtiger Schritt bei der Entwicklung von Achtsamkeit ist es, uns bewusster zu werden, was wir tun und von Moment zu Moment zu denken. Nur so werden wir besser. Mit der Zeit merken wir, wenn Tagträume kommen und können sie dann schnell und leicht wieder loslassen.

Wenn ich im Taxi unterwegs bin und einfach so herumfahre, konzentriere ich mich manchmal auf jede einzelne Handlung, die ich gerade vollziehe, ich spüre den Druck auf dem Bremspedal, das Einschlagen und Zurücksurren des Lenkrads. Das alles geschieht normalerweise unbewusst, aber es kann eine sehr interessante Übung sein, die Aufmerksamkeit darauf zu lenken. Ebenso ist es mit dem Beobachten des Straßenverkehrs. Manchmal übe ich bewusst, meine Aufmerksamkeit zwischen den Spiegeln und der Straße vor mir hin und her zu lenken und dabei gelegentlich rechts und links zu schauen, obwohl es da eigentlich gar nichts zu sehen gibt. So kann ich eine nützliche Gewohnheit herausbilden, die zu einer besseren Wahrnehmung der Straße und des Verkehrsflusses führt.

Das sind allerdings Übungen, die man nur hin und wieder und für kurze Zeit machen sollte, und das auch nur dann, wenn es gefahrlos möglich ist. Sie können helfen, mit der Gewohnheit des abgelenkten Fahrens, in die wir alle verfallen, zu brechen. Doch wenn ich fahre, mache ich eigentlich gar keine Übungen. Ich fahre einfach, aber wie bei allen anderen Tätigkeiten auch versuche ich, mir bewusst zu sein, was ich tue, wach zu sein, nicht als Übung oder gar Sicherheitsmaßnahme, sondern weil man am besten alles so macht. Es ist nur Autofahren; es ist nichts Besonderes. Um es sinngemäß mit dem Buddha zu sagen: »Wenn ich fahre, weiß ich, dass ich fahre.«

Der vietnamesische Zen-Meister Thich Nhat Hanh weist darauf hin, dass wir uns beim Fahren normalerweise auf unser Ziel konzentrieren und nicht auf die Reise selbst. Er schlägt vor, rote Ampeln und Stoppschilder wie Tempelglocken zu nutzen, nämlich als Erinnerung daran, die Aufmerksamkeit wieder auf die Gegenwart zu konzentrieren und einfach die Fahrt zu genießen.

Er sagt, die rote Ampel sei unser Freund, weil sie uns in die Gegenwart zurückrufe. Ein schöner Gedanke, allerdings ist eine rote Ampel definitiv nicht der Freund der Taxifahrer.

Fahren bei schlechtem Wetter erfordert eine besondere Stufe der Achtsamkeit. Ich bin während eines Gewitters unterwegs, es ist der erste Regen seit Wochen. Auf der Fahrbahn bildet sich ein Ölfilm, in dichten Schleiern peitscht der Regen über die Straße und raubt mir die Sicht. Autos fahren rechts ran, sie kommen nicht mehr weiter. Mein Fahrgast sagt: »Halten Sie nicht an. Meine Schicht beginnt in einer Viertelstunde, und ich kann es mir wirklich nicht erlauben, schon wieder zu spät zu kommen.« Ich beuge mich vor und konzentriere mich auf die Straße, fahre gerade einmal dreißig und gehe völlig in dem auf, was ich vor mir sehe. Als wir an unserem Ziel ankommen, bin ich beinahe überrascht, dass wir schon da sind. Das ist Achtsamkeit.

Ein viel simpleres Beispiel für Achtsamkeit ist die hochwichtige Selbstbedienungswaschanlagenaktion. Autowaschen ist mühsam, selbst wenn man es nur hin und wieder macht. Aber wenn man es jeden Abend nach einer 12-Stunden-Schicht am Lenkrad tun muss, wird es zur nervtötenden, stinklangweiligen Routine. Allzu leicht wandern die Gedanken ab, während ich mit der Bürste über den Dreck wische und ihn doch nicht richtig entferne, dann mit dem Stab ums Auto gehe und es besprühe, ohne es ordentlich abzuspülen. Ich denke an meine Schicht, denke, ich hätte mehr Funkfahrten annehmen sollen, denke … Dann stelle ich das Wasser ab, und verschlafen werfe ich noch ein paar Münzen nach und bin sauer auf mich selber, weil ich unkonzentriert war. Und schon bin ich wieder abgelenkt, weil ich mir Vorwürfe mache.

Sehr leicht passiert es auch, dass man alles zu hastig macht, nur um möglichst bald fertig zu werden. Dann schludere ich und mache Fehler, ich übersehe den Schmutzfleck am unteren Rand der Hintertür, vergesse das komplette Dach. Am Ende muss ich alles noch mal machen, verfluche mich für meine Schlamperei und bin schon wieder unkonzentriert.

Die Autowaschanlage ist hervorragend, weil man sofort Feedback bekommt. Wenn ich konzentriert bei der Sache bin, kann ich die Arbeit für acht 25-Cent-Münzen gründlich erledigen. Wenn ich nicht konzentriert bin, muss ich entweder mehr Münzen einwerfen oder bei der Abfahrt aus der Taxizentrale am Morgen den Anschiss wegen eines schmutzigen Wagens in Kauf nehmen. Natürlich geht es eigentlich nicht ums Geld. Auch nicht um die Zeit. Nicht einmal um das, was in der Taxizentrale passiert. Es geht einzig und allein darum, meinem unstrukturierten Leben ein wenig Struktur zu geben und zu wissen, wann ich meine Gedanken abwandern lasse.

Um Achtsamkeit zu üben, braucht man kein Taxi. Es muss auch gar nicht kompliziert sein. Ein anderes Beispiel für diese Praxis ist es, einfach eine einzelne Rosine mit voller Aufmerksamkeit zu essen. Betrachten Sie die Rosine zunächst eingehend. Lassen Sie sich dabei Zeit. Studieren Sie ihre Farbe, ihre Struktur, die Muster an ihrer Oberfläche. Bewegen Sie sie zwischen Ihren Fingern hin und her, um ihre Haut zu spüren. Drücken Sie sie sanft. Schnuppern Sie daran: Sie ist nicht geruchlos. Legen Sie sie dann auf Ihre Zunge und bewegen sie im Mund hin und her, spüren Sie, wie sie dabei wärmer und weicher wird. Beißen Sie einmal darauf und spüren Sie, wie der süße Saft auf Ihre Zunge tröpfelt. Beißen Sie noch ein paarmal darauf und kauen sie dann. Spüren Sie dabei, wie sie aufbricht und ihr Geschmack sich im ganzen Mund verteilt. Und zum Schluss schlucken Sie

sie. So gegessen, wird eine Rosine zu einem Wunder der sinnlichen Wahrnehmung, zu einer Offenbarung.[1]

Wenn wir uns eine ganze Handvoll Rosinen reinstopfen und kaum zerkaut hinunterschlingen, verpassen wir das alles. Die meisten Erfahrungen stopfen wir in uns hinein, während wir mit den Gedanken ganz woanders sind. In jedem Augenblick bietet sich die Gelegenheit, Achtsamkeit zu üben. Eine Rosine essen. Den Abwasch machen. Öl- und Wasserstand prüfen, einen Reifen wechseln. Was immer sich gerade anbietet. Unser Leben steckt voller simpler Alltagstätigkeiten. Wir können sie als Achtsamkeitsübung oder geistlos ausführen. Es liegt an uns.

1 Diese Übung ist dem Buch *Der achtsame Weg durch die Depression* von Mark Williams, John Teasdale, Zindel Segal und John Kabat-Zinn, Arbor-Verlag 2009, entliehen.

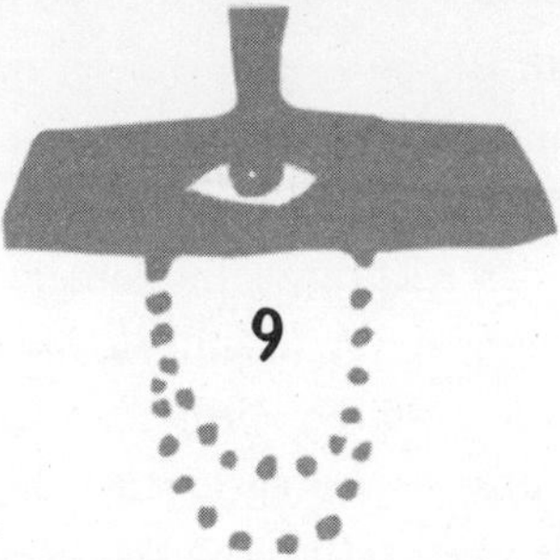

9

Sitzen, nicht denken

Morgens stehe ich etwa um 9.30 Uhr oder 10 Uhr auf, je nachdem, wann ich in der Nacht nach Hause gekommen bin. Ich trinke Kaffee, dusche und gieße die Blumen. Der gleiche Ablauf wie bei allen Menschen. Ein wenig später als bei den meisten, aber mir kommt es nicht so vor. Danach verbringe ich 15 oder 20 Minuten auf einem Kissen und leere meinen Geist. Ich meditiere. Bereite mich auf den Tag vor.

Im Laufe des Tages steige ich zwischendurch aus dem Taxi und setze mich ein paar Minuten auf eine Bank. In dieser Zeit lasse ich einfach alles los, danach gehe ich wieder an die Arbeit.

Wenn ich im Taxi an einer Ampel warten muss, atme ich manchmal einfach ein paar Mal tief ein und lasse den Atem langsam wieder herausströmen. Ich spüre, wie mit dem ausströmenden Atem auch die Spannung von mir abfällt. Das alles ist Meditation.

Normalerweise würde man Meditation nicht mit Taxifahren in Verbindung bringen. Man kann sich nur schwer vorstellen, wie Travis Bickle auf der Pritsche in seinem gemieteten Zimmer einen tiefen *Samadhi*-Zustand erreichen sollte. Das ist ungefähr so, wie wenn Keith Richards eine Bibelgruppe leitete. Es wäre möglich, aber man rechnet nicht unbedingt damit. Obwohl es Travis wahrscheinlich gutgetan hätte. Keith übrigens auch.

Meditation ist das wichtigste Instrument in der Werkzeugkiste zur Entwicklung von Achtsamkeit. Sie hilft, den Geist aus seinem üblichen abgelenkten Zustand zu befreien und öffnet ihn für die Fülle unseres Alltagslebens. Sie ist wie eine reinigende Ruhe für den Geist. Ein Resetknopf für die Seele. Sie ist das Herz der Zen-Praxis.

Das Wort *Zen* ist der japanische Begriff für »Meditation«. Die Zen-Praxis ist ihrer Natur nach Meditationspraxis. Alle buddhistischen Schulen lehren, wie wichtig es ist, die Gebote zu befolgen, die Sutras zu lernen, Mitgefühl für andere und Achtsamkeit durch Meditation zu entwickeln, doch im Zen wird der Schwerpunkt unmittelbar auf die Meditation gelegt. Sie ist das zentrale Element jeder Zen-Praxis, von einem mühseligen Taxifahrer-Zen wie meinem bis zum höchst disziplinierten Zen im Kloster.

Als Siddharta sich unter einen einfachen Feigenbaum setzte und gelobte, sitzen zu bleiben, bis er erleuchtet wäre, war es intensive Meditation, durch die es ihm gelang, die Ketten der Konditionierung zu durchbrechen und die Welt so wahrzunehmen, wie sie wirklich ist. Trotz der Bedeutung der Meditation für seine eigene Entwicklung war der Buddha nicht in erster Linie Meditationslehrer. In seiner Welt war Meditation allgemein üblich, und es wäre ihm wahrscheinlich nie in den Sinn gekommen, dass die Menschen mehr brauchen könnten als ein paar grundlegende Anweisungen. Heute lehren sehr viele verschiedene Schulen (beinahe jeder spirituellen und religiösen Richtung) ein breites Spektrum unterschiedlicher Meditationsarten.

Die Erleuchtung des Buddha ist das prägende Ereignis in der

Geschichte des Buddhismus. Zen versucht, dieses Ereignis durch eine verfeinerte Version des Ansatzes des Buddha allen Menschen zugänglich zu machen. Die Form der Meditation, die im Zen verwendet wird, heißt *Zazen*, das ist Japanisch für »sitzende Meditation«. Sie ist so einfach wie Atmen und zugleich mit das Schwierigste, das es gibt. Zazen ist eine Methode, den Geist zur Ruhe zu bringen, während man zugleich vollkommen wach und bewusst bleibt. Die Praxis des Zazen hat viele praktische Vorteile. Sie hilft dem Geist, sich besser auf Alltagstätigkeiten zu konzentrieren. Sie kann Gelassenheit und innere Ruhe fördern, den Blick für das Alltagsleben weiten und zu einer verbesserten persönlichen Effizienz verhelfen. Außerdem ist sie erwiesenermaßen der Weg zur Erleuchtung.

Aber Zazen wird nicht auf ein bestimmtes Ziel hin praktiziert. Es ist kein Selbsthilfeprogramm, um ein besserer Taxifahrer oder ein besserer Mensch zu werden. Oder womöglich sogar ein Buddha. Zazen zu üben sollte an sich schon lohnend sein. Es sollte genügen. Shunryu Suzuki sagte, dass Zazen selbst Erleuchtung und über diese einfache Praxis hinaus nichts mehr zu gewinnen ist.

Mit Hilfe der folgenden wenigen Anweisungen sollte jeder mit einer einfachen Zen-Praxis beginnen können, wobei es am besten ist, sich einen Lehrer oder eine Lehrerin zu suchen, wenn diese Möglichkeit besteht.

Zazen sollte in einem ruhigen Zimmer bei sanfter, stetiger Beleuchtung praktiziert werden. Verwenden Sie keine Kerzen, denn die flackern. Tragen Sie locker sitzende, bequeme Kleidung. Versuchen Sie, Ablenkungen zu vermeiden. Wählen Sie eine Zeit, zu der Sie voraussichtlich nicht gestört werden. Schicken Sie den Hund raus und hängen Sie das Telefon ab.

Der erste Schritt im Zazen ist das Einnehmen einer bequemen und stabilen Haltung. In der Zen-Praxis wird sehr viel Wert auf die Haltung gelegt. Eine schlechte Haltung führt zu Ablenkungen. Der Körper fällt in sich zusammen oder schwankt, die Muskeln schmerzen, Nachlässigkeit setzt ein. Deshalb beginnt gutes Zazen mit einer guten Haltung. Ist der Körper stabil, wird der Geist folgen.

Der vollständige Lotussitz wird allen anderen Positionen vorgezogen. Setzen Sie sich mit verschränkten Beinen auf ein Kissen (ein sogenanntes *Zafu*), wobei der rechte Fuß auf dem linken Oberschenkel und der linke Fuß auf dem rechten Oberschenkel ruht. Der Rücken ist gerade, der Kopf erhoben, das Kinn eingezogen. Diese Haltung ist sehr stabil, sehr im Gleichgewicht und kann lange Zeit beibehalten werden.

Ich kann keinen vollständigen Lotussitz. Nicht einmal annähernd. Ich glaube, ich kenne niemanden, der das kann. Wenn ich versuche, mich in irgendeine Form von Lotussitz zu verrenken, führt das immer zu lächerlichen und manchmal auch schmerzhaften Folgen. Meine Beine lassen sich einfach nicht so hinbiegen. Ich sitze in der *Seiza*-Position, einer knienden Haltung, bei der die Knie ein wenig gespreizt sind und der Po auf dem Zafu ruht. Statt des Zafu kann auch eine kleine Bank verwendet werden. Diese Haltung ist nicht ideal, aber sehr bequem und stabil und führt nicht zu ernsten körperlichen Verletzungen. Wenn Sie mögen, können Sie ja Yoga machen, damit Ihre Beine beweglicher werden.

Manche Menschen können auch nicht in der Seiza-Haltung sitzen. Wer Rückenbeschwerden oder andere gesundheitliche Probleme hat, kann diese Position nicht halten. In diesen Fällen wird empfohlen, so aufrecht wie möglich auf einem Stuhl zu sitzen. Menschen mit starken gesundheitlichen Beeinträchtigungen haben lange Zazen-Phasen einhalten können, indem sie flach auf dem Rücken lagen, wobei das wirklich nur eine allerletzte Zuflucht ist. Haltung ist zwar wichtig, dennoch gilt, dass Zazen in beliebiger Haltung immer noch besser ist als gar kein Zazen. Denken Sie daran, im Zazen sitzt nicht Ihr Körper, sondern Ihr Geist.

Eine Haltung, die man aber unbedingt vermeiden sollte, ist das konventionelle Sitzen mit übereinandergeschlagenen Beinen, wobei sich die Schienbeine kreuzen und beide Fersen auf dem Boden ruhen. Diese Haltung ist instabil, lenkt ab und wird auf lange Sicht unbequem.

In jeder Haltung bleiben die Schultern gerade, die Arme hängen locker neben dem Körper. Die Hände werden über dem Nabel in eine Position gelegt, die man als das kosmische *Mudra* bezeichnet. Halten Sie dazu beide Hände mit den Handflächen nach oben, wobei die Finger der linken Hand auf denen der rechten ruhen. Die Daumen werden so gehalten, dass ihre Spitzen sich berühren und ein Oval entsteht. Das Mudra sollte mit Sorgfalt gebildet werden, ist es aber geformt, bleiben die Hände ganz entspannt.

Beim Soto-Zen-Stil sitzt man mit dem Gesicht vor einer leeren Wand. (Ich praktiziere mehr oder weniger Soto-Zen.) In der Rinzai-Schule sitzt man in derselben Haltung, jedoch mit dem Gesicht zur Mitte des Raumes. In beiden Fällen sollten die Augen halb geschlossen – und halb offen –, der Blick leicht nach unten gerichtet sein.

Machen Sie sich aber wegen dieser Einzelheiten nicht zu viele Gedanken. Man kann sehr gut anfangen, indem man mit gefalteten Händen auf einem Küchenstuhl sitzt. Das ist einfach und geradlinig. Haltung und Umgebung sind wichtig, aber am wichtigsten ist, dass man überhaupt anfängt – und sich dann bemüht, es immer besser zu machen. Der Rest ergibt sich ganz von selbst. Ich habe Zazen schon auf einem Zeitungsstapel und auf einem in die Hülle gestopften Schlafsack gemacht. In der Taxischlange am Flughafen halte ich kurze Zazen-Sitzungen auf dem Vordersitz meines Wagens. Nutzen Sie, was Sie haben, und machen Sie das Beste daraus. Sorgen Sie dafür, dass es für Sie funktioniert. Denken Sie daran, Rechte Anstrengung ist einer der Schritte auf dem Achtfachen Pfad. Rechte Ausrüstung dagegen nicht.

Ist die Haltung eingenommen, richtet man seine Aufmerksamkeit auf den Atem. Atmen Sie normal und zählen Sie die Atemzüge immer beim Ausatmen: eins, zwei, drei ... bis zehn. Danach beginnen Sie wieder von vorne. Wenn Gedanken entstehen, lassen Sie sie einfach gehen, ohne sie festzuhalten. So leicht das klingt, so schwer ist es in Wirklichkeit. Gedanken tauchen ständig auf, und es ist nicht einfach, sie loszulassen. Man weiß nicht mehr, wie weit man schon gezählt hat, und fängt wieder von vorne an. Jetzt juckt es irgendwo, ein Auto fährt vorbei. Vergessen zu zählen, wieder von vorne anfangen. Jetzt meldet sich ein Schmerz in einem Knie, in die Haltung schleicht sich der Schlendrian. Wieder aufrichten. Wie viele Atemzüge? Wieder von vorne anfangen. So kann das eine ganze Weile gehen, und als Anfänger kommt man beim Zählen vielleicht nicht über drei oder vier hinaus. Das ist bereits eine Lektion für sich. Der Geist hat seinen eigenen Kopf. Er ist nicht ausschließlich Ihr Geist. Es erfordert Geduld und Durchhaltevermögen, ihn zur Ruhe zu bringen.

Meditation ist wie Angeln. Es gibt eine feine Grenze zwischen Zazen und bloßem Herumsitzen und Nichtstun. Es ist wichtig, konzentriert und wach zu bleiben. Lassen Sie sich nicht ablenken und vor allem: Nicken Sie nicht ein. Mit etwas Übung wird alles leichter, aber Tagträumen und Einnicken sind nicht Üben, sondern einfach bloß Tagträumen und Einnicken.

Es gibt ein paar Tricks, die helfen, den Geist bei der Sache zu halten. Wenn ich auf dem Kissen meine Haltung eingenommen habe, beginne ich meistens, indem ich tief einatme, den Atem einen Herzschlag lang anhalte und dann sehr langsam durch gespitzte Lippen ausatme, wie beim Pfeifen, nur ohne Ton. Das wiederhole ich noch zwei Mal, dann atme ich wieder normal. Man nennt das Strohhalmatmung. Sie gibt der Sitzung einen klaren Beginn und hilft, die Aufmerksamkeit schnell darauf zu konzentrieren. Wenn meine Gedanken während des Zazen abwandern, atme ich tief ein und lasse den Atem anschließend langsam in kleinen Stößen durch gespitzte Lippen entweichen. Das wiederhole ich noch zwei Mal, dann mache ich mit der Meditation weiter. Das ist der Bambusatem. Er zwingt den Geist, sich wieder auf den Atem zu konzentrieren.

Normalerweise atmet man ein, dann aus, macht eine kleine Pause und fängt dann wieder von vorne an. Eine Pause nach dem Einatmen zwingt den Geist, sich wieder auf den Atem zu konzentrieren. Solche Tricks können helfen, länger konzentriert zu bleiben. Aber es sind nur Tricks. Die wahre Praxis bedeutet, lange Zeit konzentriert zu bleiben, ohne auf Tricks zurückzugreifen.

Auch das Zählen ist nur ein Trick. Nach einiger Zeit stören die Zahlen, und Zazen wird leichter, wenn man nicht zählt. Man kann die Zählerei sehr gut zum Beispiel dadurch überwinden, dass man immer kleinere Intervalle wählt. Schließlich zählt man nur noch bis eins. Danach fällt das Zählen völlig weg. Das nennt man *Shikantaza*, »einfach sitzen«.

Gedanken entstehen und verschwinden wieder, wir sitzen einfach nur und beobachten sie, lassen sie los. Währenddessen fangen wir an, uns selber ein wenig besser zu verstehen. Wir spüren, wie die Gedanken in unserem Inneren kreisen. Wir entwickeln ein Gespür dafür, was unser Geist so macht.

Es ist üblich, sich am Ende einer Sitzung drei Mal zu verbeugen. Diese Verbeugung ist eine Geste gegenüber dem Buddha und der Welt, eine Methode, das Ego loszulassen. Verbeugen Sie sich tief aus der Taille heraus und halten Sie die Hände weiter im Mudra. Verbeugen Sie sich mit Überzeugung, mit ganzem Geist und ganzem Körper. Auf diese Weise schließt man die Sitzung auch eleganter ab, als wenn man nur aufsteht und den Raum verlässt.

Legen Sie am besten eine regelmäßige Zeit für Zazen fest, eine Zeit, in der Sie nicht gestört werden. Ich sitze 15 Minuten am Morgen und dann noch einmal zehn oder 15 Minuten, bevor ich ins Bett gehe. Manchmal mache ich ein paar Minuten lang Zazen im Taxi oder auf einer Bank auf dem Gehweg, wenn es gerade nicht viel zu tun gibt. Einmal wöchentlich, normalerweise am Samstagnachmittag, nehme ich mir zusätzlich Zeit für Zazen, etwa eine halbe Stunde oder etwas mehr. Welchen Zeitplan Sie sich machen, ist nicht so wichtig wie die Tatsache, dass Sie sich überhaupt einen machen, dass es eine regelmäßige, konstante Praxis und die innere Verpflichtung gibt, diese Praxis aufrechtzuerhalten.

Mit etwas Übung kann man einen Zustand tiefer Konzentration, das sogenannte *Samadhi,* erreichen, in dem der Geist ruhig und ungestört, aber zugleich hellwach ist. Das wahre Ziel der Praxis ist es, im Alltag eine Art aktives Samadhi aufrechtzuerhalten. Die Folge ist ein achtsames, bewusstes Wahrnehmen, wie sich unser Leben entwickelt, und ein Gespür für das, was wir tun, wenn wir unsere gewöhnlichen Alltagstätigkeiten verrichten, auf die wir normalerweise kaum achten.

Im *Kompass des Buddhismus* veranschaulicht Seung Sahn die Hingabe, die zur Zen-Praxis gehört, am Bild einer Katze, die eine Maus jagt. Die Katze scheucht die Maus in ein Loch und wartet dann darauf, dass sie herauskommt. Während sie wartet, hat die Katze keinen anderen Gedanken als den an die Maus in dem Loch, keine Ablenkung von ihrem Ziel. Ihre Augen sind weit offen, ihr Schwanz zuckt, ihr Fell sträubt sich. Sie sitzt wie eine gespannte Feder, jederzeit bereit zuzuschlagen. Eine Stunde vergeht, zwei Stunden. Wenn die Maus auftaucht, ist die Katze bereit. Zazen ist genauso, nur ohne Maus. Diese Konzentration wird erweitert, bis sie die ganze Welt einschließt.

Der Schlüssel zum Aufbau einer starken Zen-Praxis ist das ständige Bemühen, Meditation und Achtsamkeit in den Tagesablauf einzufügen. Meine Praxis ist das Beste, was ich bei meinen Arbeitszeiten und sonstigen Einschränkungen hinbekommen kann. In gewisser Weise wäre es besser, mein jetziges Leben aufzugeben und in ein Kloster zu gehen oder in eine abgelegene Höhle im Himalaya zu ziehen. Aber das wird nicht passieren. In der heutigen Welt müssen die meisten Menschen eine Praxis entwickeln, die zu ihren übrigen Aktivitäten passt. Das ist in Ordnung. Der Schlüssel liegt im Bemühen, zu tun, was man kann, solange man es kann, und von da aus weiterzumachen.

10

Halt inne und rieche den Kaffee

Der Buddhismus steckt voller Psychologie. Er ist wie Dr. Sommer für Erwachsene. Eine beunruhigend große Zahl von Büchern über den Buddhismus wurde von Psychotherapeuten geschrieben. Das gibt zu denken. Dessen ungeachtet ist das Bemühen um eine positive Einstellung nur der Anfang einer erfolgreichen Praxis. Wir haben Jahre darauf verwendet, eine komplexe Persönlichkeit voller Konflikte und Täuschungen zu entwickeln, die unserer wahren Natur im Wege steht. Deshalb müssen wir in einem bestimmten Maß an uns arbeiten, um echtes Wachstum zu ermöglichen. Und das möchten wir erreichen, ohne jahrelang Therapie zu machen. Weil wir dazu einfach viel zu viel zu tun haben.

Ein wichtiger Bestandteil der Praxis ist die Entwicklung persönlicher Eigenschaften, die spirituelle Fortschritte überhaupt erst erlauben. Inneres Wachstum ist der Kern der buddhistischen Praxis. Die persönlichen Eigenschaften, die spirituelles Wachstum fördern, werden als die *Paramitas* oder »Vollkommenheiten« bezeichnet. Die ursprünglichen Sechs Paramitas sind:

1. Großzügigkeit: Anhaftungen vermeiden und unser Leben zum Wohle anderer führen.
2. Verhalten: Die Gebote zu Moral und Ethik mit Leben erfüllen und sich nicht bloß an die Regeln halten.
3. Geduld: Die Dinge so annehmen, wie sie kommen, und Fortschritte machen, egal wie langsam.
4. Anstrengung: Die Praxis an die erste Stelle setzen und sie entgegen allen Hindernissen aufrechterhalten.
5. Meditation: An der Vertiefung und Stärkung der Meditationspraxis arbeiten.
6. Weisheit: Ständig aus der Erfahrung lernen und in der Erkenntnis wachsen.

Die Paramitas beziehen sich auf die Gebote und die Schritte des Achtfachen Pfades. Alles wirkt ineinander. Auf dem Pfad wird Rechtes Handeln als das Befolgen der Gebote definiert. Anstrengung, Meditation und Weisheit der Paramitas stimmen direkt mit Schritten auf dem Achtfachen Pfad überein. Bei den Schritten auf dem Pfad geht es um ein bestimmtes Verhalten: Sie sagen, wie wir handeln sollen. Bei den Paramitas geht es um den Charakter. Sie sagen, wer wir sein wollen.

Zusammengenommen beschreiben die Paramitas den Charakter des Bodhisattva, dessen Ziel es ist, durch spirituelle Praxis alle Wesen von ihrem Leiden zu befreien. Dieser Grad der Selbstlosigkeit ist das Ideal aller Formen der Mahayana-Praxis. Dazu gehören der Tibetische und der Ch'an-Buddhismus ebenso wie Zen. Die Bodhisattva-Gelübde werden in Tempeln und Zentren der ganzen Welt gesprochen. Zum Bodhisattva-Ideal gehört auch der Verzicht auf völlige Erleuchtung, bis alle Wesen gerettet sind. Der Bodhisattva wird nicht versuchen, dem

Rad von Leben und Tod zu entkommen, sondern immer wieder in dieses Leben voller Leiden zurückkehren, um anderen zu helfen. Im weitesten Sinne ist jeder ein Bodhisattva, der seinen Fuß auf den Pfad der Erleuchtung gesetzt hat. Sogar ohne die Gelübde. Allein schon, indem Sie Dharma Road lesen, sind Sie ein Bodhisattva geworden. Herzlichen Glückwunsch. Jetzt können Sie anfangen, alle Wesen zu retten.

Manche Traditionen kennen zehn Paramitas, ein Beispiel dafür, wie eine Liste verändert wurde, damit sie ins Dezimalsystem passt. Nicht immer stimmen die Listen überein. Zu den Eigenschaften, die zu den ursprünglichen sechs hinzugefügt wurden, gehören unter anderem Entsagung, Wahrhaftigkeit, Gelassenheit, Bestreben, selbstlose Liebe (*Metta*) und Wissen. Das sind alles wunderbare Eigenschaften, aber an sechs haben wir wahrscheinlich schon genug zu arbeiten.

Ich arbeite an der Paramita Geduld. Geduld zu entwickeln, ist für mich eine Herausforderung. Und was für eine. Ich bin von Natur aus kein geduldiger Mensch. Das war ich noch nie. Ich hasse es, wenn man mich warten lässt oder ich in der Schlange stehen muss. Ich ziehe keine Nummer. Ich genieße die Musik nicht, bis am Telefon ein Mitarbeiter frei ist. Ich kann formulargläubige Leute, die immer alles erst mit den Kollegen besprechen müssen, nicht ausstehen. Ich bin von meinem Temperament her absolut ungeeignet für jeden Beamtenjob sowie für alles andere, das kein Gaspedal hat, mit dem man es beschleunigen kann. Sofortige Belohnung dauert mir viel zu lang. Was die spirituelle Praxis anbelangt, möchte ich bitte schön heute noch erleuchtet sein, und ich möchte, dass die anderen Wesen gefälligst voranmachen mit dem Programm, damit wir Ende der Woche alle dem Rad von Leben und Tod entkommen können.

Ich weiß, dass ich ruhiger werden muss, wenn ich Fortschritte machen will, und dass ich Geduld und Durchhaltevermögen entwickeln muss. Ich gebe mir Mühe, aber leicht fällt es mir nicht.

Ungeduld kann bei einem Taxifahrer eine Tugend sein. Da draußen muss man auf Zack sein, wenn man seinen Lebensunterhalt verdienen will. Aber sie kann einen auch in Schwierigkeiten bringen. Sie kann zu Magengeschwüren, hohem Blutdruck, Wutanfällen und schrottreifen Taxis führen. Ich weiß das, und ich tue, was ich kann. Ich bemühe mich sehr, mich zusammenzureißen, wenn ich fahre, aber in Wirklichkeit möchte ich unbedingt vorankommen, egal wo ich bin und was ich tue.

Ich stehe in einer Bioladenkette an der Kaffeetheke und verwöhne mich mit einem extra großen Kolumbianischen zum Mitnehmen. Ich brauche nur noch ein bisschen Sahne und Zucker. Das sollte nur eine Sekunde dauern, aber vor mir ist eine Frau, die die ganze Armada an bereitstehenden Süßungsmitteln eingehend studiert. Sie gibt einen Schuss Sojamilch in ihren Kaffee, schüttet vorsichtig ein bisschen unraffinierten Zucker aus dem Streuer hinein, rührt zwanzig Mal um und nimmt dann bedächtig einen Schluck. Nicht ganz zufrieden, fügt sie noch einen viel kleineren Schuss Sojamilch hinzu, rührt zwanzig Mal um und nimmt einen weiteren Schluck. Jetzt greift sie ganz, ganz vorsichtig zum Zuckerstreuer, schüttet nur ein paar Körnchen in den Kaffee, rührt zwanzig Mal um und nimmt noch einen Schluck.

Das ist der Grund, warum ich das Pfefferspray im Auto lasse, wenn ich aus dem Taxi steige. Das ist der Grund, warum ich finde, dass versteckte Handfeuerwaffen nicht legal sein sollten (in Texas sind sie es). Ich atme tief durch und versuche, an etwas Fröhliches zu denken.

Als sie noch einmal zum Zuckerstreuer greift, nehme ich

einen tiefen, reinigenden Atemzug, halte den Atem einen Augenblick lang an und atme dann langsam in kleinen Stößen aus, der Bambusatem. Das macht man im Zen, statt bis zehn zu zählen. Ich konzentriere mich darauf, wie sich die Luft anfühlt, die über meine Zunge und meine Lippen strömt, lasse los und beruhige mich.

Lassen Sie mich hier ein wenig abschweifen: Wäre diese Frau nicht besser dran, wenn sie ihre Einstellung änderte, sich dem Geschmack des Kaffees öffnete und ihn so genießen könnte, wie er ist, statt ihn so lange abzuschmecken, bis er exakt so ist, wie sie ihn mag? Zumindest wäre er dann noch heiß.

Jetzt hat sie den Zimtstreuer entdeckt. Sie besieht ihn sich genau, schüttet dann ein klein wenig über ihren Kaffee, sehr vorsichtig – und rührt wieder zwanzig Mal um. Ich praktiziere noch einmal die Bambusatmung und spüre, wie ich mich entspanne, mich den Düften der Bäckerei öffne, den Geräuschen der Menschen, die an mir vorbeigehen, den Beach Boys in der Musikanlage des Ladens, die »God Only Knows« singen. Einen Moment lang gehe ich in der Harmonie auf. Wenn ich mir nicht diesen Moment Zeit genommen hätte, hätte ich das verpasst. Jetzt nimmt sie wieder einen Schluck und versucht den Kaffee hundertprozentig hinzubekommen, während mein Kaffee in meiner Hand kalt wird, weil die Papptasse nicht genügend isoliert ist. Inzwischen ärgere ich mich darüber und atme nochmal im Bambusstil, nur um das zu überstehen.

Schließlich ist sie zufrieden und geht, schenkt mir ein kleines Lächeln und eine gemurmelte Entschuldigung, die sie eigentlich gar nicht ernst meint. Ich schütte Sahne und Zucker in meinen Kaffee, setze den Deckel drauf und stelle mich an der Schnellkasse an. Vor mir streitet man sich über ein Gemüse, von dem keiner weiß, was es ist, dann stellt jemand einen Scheck aus, ein Ausweis muss überprüft werden, und wieder jemand anderer hat das Maximum von zehn Artikeln bei weitem überschritten. Inzwischen mache ich so oft die Bambusatmung, dass ich hyperventiliere. Als ich endlich aus dem Laden komme, habe ich lauwarmen Kaffee und beginnende Kopfschmerzen. Es ist elf Uhr morgens, und ich werde die nächsten 15 Stunden auf den Straßen unterwegs sein.

Geduld steht auf der Liste der Eigenschaften, die man bei einem Taxifahrer erwartet, nicht sehr weit oben. Für mich ist sie sehr schwierig zu erreichen, und um ehrlich zu sein, Taxifahren hilft nicht gerade dabei. Wenn ich in der Schlange stehe, denke ich an die Fahrten, die mir flöten gehen, und das macht mich ganz verrückt. Natürlich gibt es eine ganz einfache Lösung. Wenn ich nie aus dem Taxi steigen würde, würde ich auch keine Fahrt verpassen. Ich kann mir sehr lebhaft vorstellen, wie ich das versuche. Aber dann würde ich die Paramita Geduld nie entwickeln.

Man braucht eine Perspektive, um den Tag zu überstehen. Ich muss akzeptieren, dass man im Leben Kompromisse machen muss. Wenn ich bei der Bioladenkette einen Kaffee zum Mitnehmen will, dann dauert das ein Weilchen. Ich könnte es woanders versuchen, wo es schneller geht, aber die kochen morgens um sechs ein Dutzend Kannen und lassen sie dann den ganzen Tag stehen. In null Komma nichts sind sie ungenießbar. Aber an ihrer Kaffeetheke bildet sich keine Schlange.

Auf der Straße wird es noch schwieriger. Ich bin auf der Interstate unterwegs, mit einem Mal wird der Verkehr immer zähflüssiger, und ich stecke hilflos in einer wahren Blechlawine fest. Dann fängt der Funker an, Fahrten anzubieten, und ich kann keine einzige annehmen, weil ich nicht weiß, wann ich die Fahrgäste abholen kann. Als der Verkehr wieder fließt, macht der Funker eine Zigarettenpause; ich bekomme also eine Zeitlang keine Fahrt. Das ist der Grund, warum so viele Taxifahrer ihre Schlüssel in den Gully werfen und sich aus dem Staub machen.

Wenn ich mich im Verkehr so umschaue, sehe ich die anderen Fahrer, die in ihren Autos ebenfalls unter Dampf stehen und einander böse Blicke zuwerfen, während sie SMS schreiben, die Zeitung lesen und darauf warten, dass es weitergeht. Alle kommen zu spät zu irgendetwas, und das gefällt keinem. Es ist hart für alle.

Das Leben steckt voller Kompromisse. Warte in der Schlange auf eine anständige Tasse Kaffee oder verzichte darauf. Nimm die Interstate und hoffe, dass es mit dem Verkehr vorangeht, oder nimm die Landstraße und fahre von vornherein langsamer. Lass es darauf ankommen. Wir können nichts daran ändern. Wir können uns nur daran gewöhnen. Die Paramitas zielen auf die Entwicklung persönlicher Eigenschaften als Schritt zum spirituellen Wachstum, nicht als Methode, das Leben erträglicher zu machen. Natürlich gibt es eigentlich gar keinen Unterschied zwischen Alltagsleben und Zen-Praxis. Deshalb ist Geduld am Steuer und in anderen Alltagssituationen ebenso sehr Teil der Praxis wie Sutra-Lesen oder Zazen-Sitzen. Ich werde nicht auf einen Rutsch im Eiltempo zur Buddhaschaft gelangen, so lieb mir das auch wäre. Es wird seine Zeit brauchen, und ich werde das akzeptieren und mir weiterhin Mühe geben müssen. Denn ich habe nicht vor aufzugeben.

Deshalb könnte ich eigentlich auch gleich langsamer machen und die Reise genießen.

Die Frustrationen des täglichen Lebens lassen sich kaum vermeiden, ohne dass man sich in ein Kloster oder in die Klapsmühle begibt, und die meisten Menschen werden wohl weder das eine noch das andere tun. Aber wir können versuchen, die emotionalen Anhaftungen zu vermeiden, die uns so viele Probleme bereiten. Wenn wir Zen praktizieren wollen, müssen wir ein bisschen Drama im Leben loslassen. Die Praxis gibt uns die Möglichkeit, über unsere Anhaftungen hinauszublicken und die Dinge so zu nehmen, wie sie sind. Ich erinnere mich an ein Buch über die Zen-Praxis, in dem die alltäglichen Ereignisse als das Bühnenbild unseres Lebens bezeichnet werden. Es ist interaktiv, aber es ist ein Bühnenbild. Wir sollten versuchen, das Bühnenbild zu schätzen, ohne uns davon verrückt machen zu lassen. Das erfordert Übung. Und – Ironie des Schicksals – Geduld.

11

Bodenhaftung

Taxifahren ist wie eine Folge der *Simpsons*. Man schaut zu, wie Homer Ned Flanders' Haus in Klopapier wickelt, um ihm irgendetwas heimzuzahlen, und geht in die Küche, um sich ein Bier zu holen. Oder eine leckere Tasse Kräutertee. Wenn man wiederkommt, sitzt Homer in einer Weltraumkugel und umrundet den Mond. Und man fragt sich: *Hoppla, was ist jetzt los? Wie ist der denn dahin gekommen?*

Manchmal ist es auch wie bei einer bipolaren Störung. Man fährt gemächlich dahin, holt eine Fahrt nach der anderen rein, und plötzlich läuft es eine Zeitlang grottenschlecht. So geht es auf und ab, den ganzen Tag. Die meisten Fahrgäste sind nett – normale Leute – aber manche sind ätzende Idioten. Manchmal fließt der Verkehr flüssig dahin, dann wieder gerät er ins Stocken oder kommt völlig zum Erliegen. Wenn es gut läuft, weiß man, dass das nicht so bleibt. Wenn es schiefläuft, weiß man, dass auch das nicht so bleiben kann. Es ist ein Leben in ständiger Veränderung. Man kann nur versuchen, einigermaßen im Lot zu bleiben, während es an einem vorüberfließt.

Eigentlich ist es so wie alles andere in diesem Leben auch.

Es ist Freitagmorgen, ungefähr zehn. Ich bin heute ein bisschen früher auf der Straße und arbeite im Zentrum. Heute will ich ein wenig Druck machen, es soll ein richtig guter Tag werden. Ich habe in letzter Zeit ein wenig nachgelassen, aber damit ist jetzt Schluss. Heute bin ich ein Samurai-Taxifahrer, ein echter Straßenkrieger. Mir stellt sich heute keiner in den Weg. Ich fahre am Hotel Four Seasons vor und nehme drei Frauen auf, die zur Highland Mall wollen, um ein bisschen zu shoppen. Danach nehme ich vor dem Lions zwei Männer auf und bringe sie zur Firmenzentrale von Dell. Im Anschluss mache ich eine Funkfahrt zum Seton Northwest Hospital, von wo ich einen Patienten auf Krankentransportschein nach Hause fahre; er wohnt weiter nördlich. Ich bin jetzt etwa 20 Minuten vom Stadtzentrum entfernt. Fünf Minuten später kriege ich eine Funkfahrt zur Lakeline Mall. Zwei Männer mit Koffern steigen ein und sagen: »Wir fahren zum Hyatt.«

Das ist im Zentrum.

Genau so sollte Taxifahren sein. Ohne Umschweife. Bring jemanden an sein Ziel und nimm gleich wieder jemand Neues auf. Bei jeder Fahrt kommt das Taxameter ordentlich in Schwung. Keine Fahrten bloß bis zur nächsten Kreuzung. Kein langwieriges Warten vor einem Supermarkt, bis endlich was passiert. Ich weiß, das bleibt nicht so. Das tut es nie.

Ich halte an einer Ampel auf dem Research Boulevard und schaue mich um. Auf einem leeren Parkplatz einen halben Block weiter steht eine Werbetafel einer Firma, die Medikamententests durchführt und um Testpersonen wirbt. Auf der Tafel steht: *Wurde bei Ihnen Schizophrenie diagnostiziert?* Ich stehe an der Ampel, schaue das Schild an und denke: *Noch nicht.*

Als ich die Männer am Hyatt absetze, stehen dort vier Taxis

und warten. Ich denke mir, ich fahre ein bisschen herum und gucke, wie es auf den anderen Taxiplätzen so aussieht. Ich winke den Fahrern zu und fahre Richtung Ausfahrt. Und schon wendet sich das Blatt. Kaum bin ich aus der Ausfahrt des Hyatt gebogen, erscheint ein Polizeiwagen im Rückspiegel. Das Blaulicht geht an und blinkt wie verrückt. Ich fahre kaum 10 km/h, also definitiv nicht zu schnell. Ich habe auch niemandem die Vorfahrt genommen. Ich bin erst etwa 15 Meter auf der Barton Springs Road unterwegs, und für etwas, was ich auf dem Parkplatz des Hyatt verbrochen habe, kann er mich ja wohl nicht drankriegen. Zumindest glaube ich nicht, dass er das kann. Ganz sicher bin ich mir allerdings nicht. Vielleicht, so denke ich unvernünftigerweise, will er bloß vorbei. Ach ja, das kommt immer wieder mal vor. Ich biege auf einen Parkplatz ab, und er kommt hinter mir her.

Er steigt aus und kommt zu mir, wirft einen Blick auf meinen Führerschein, meinen Taxischein und den Kfz-Schein vom Taxi. Er dramatisiert das Ganze ein bisschen und tut so, als habe er einen Verdacht. Eingehend studiert er den Versicherungsnachweis, der an der Windschutzscheibe klebt. Er ist ein ganz junger Kerl mit einer richtig dunklen Hochglanzsonnenbrille, ganz in Polizeipose. Er gibt mir die Papiere zurück.

»Sir«, sagt er mit Polizeistimme, freundlich, aber nicht wirklich gesprächsbereit, »haben Sie gemerkt, dass Sie Ihren Sicherheitsgurt nicht angelegt hatten?«

Mein Sicherheitsgurt? Ich denke schnell nach. So schnell ich unter diesen Umständen kann. Ich bin ein bisschen verunsichert. Habe ich's gemerkt? Was? Plötzlich komme ich mir gar nicht mehr so schlau vor. »Nun ja, dort hinten... hab grad ein paar Herren abgeladen und, äh ja, da hab ich ihn wohl nicht wieder angelegt. Aber ich wollte es gerade.«

»Sie mussten also aus dem Wagen steigen, deshalb war Ihr Gurt nicht angelegt?«

Ich versuche immer noch, schnell nachzudenken. Vielleicht hat er mich ja am Hyatt gesehen, dann weiß er, wenn ich lüge. Vielleicht aber auch nicht. In einer solchen Situation lügt man fast automatisch; jeder schwindelt Verkehrspolizisten an. Das weiß er auch. Den ganzen Morgen schon hat er sich halbherzige Ausreden angehört. Meine sind auch nicht besser als die aller anderen. Aber mittlerweile gibt es natürlich noch ein Problem. Ich habe so lange über eine Frage nachgedacht, auf die es eigentlich nur ein simples Ja oder Nein gibt, dass jetzt alles, was ich sage, wie eine Lüge klingt. Und außerdem, sollten Buddhisten nicht die Wahrheit sagen? Ist das nicht der Knackpunkt der Rechten Rede?

»Nein, ich bin nicht aus dem Auto gestiegen. Ich habe mich einfach nur umgedreht und ein paar Sekunden lang mit ihnen gesprochen. Dazu habe ich den Sicherheitsgurt gelöst. Ich denke, danach ist es mir einfach entgangen.« Was der Wahrheit ausreichend nahe kommt. In Wirklichkeit habe ich seit der Fahrschule keinen Sicherheitsgurt mehr angelegt.

»Sir, wissen Sie, dass Sie eine um 50 % höhere Chance haben, einen Unfall zu überleben, wenn Sie den Sicherheitsgurt anlegen?«

»Ja, das weiß ich. Nun ja, nicht das mit den 50 %, aber ich weiß, dass ich den Sicherheitsgurt anlegen sollte. Ich werde versuchen, mich daran zu halten.« Ich schaue ihn hoffnungsvoll an, aber er hat bereits den Knöllchenblock aufgeschlagen und seinen Stift gezückt. »Kriege ich jetzt einen Eintrag im Verkehrsregister?«, frage ich schwach. Ich glaube, noch so eine dämliche Schulung im defensiven Fahren, um einen Strafzettel wieder wettzumachen, halte ich nicht aus. Beim dritten oder vierten Mal ist das einfach nicht mehr witzig.

»Nein Sir, das ist keine Verkehrsbehinderung, deshalb kriegen Sie keinen Eintrag.« Er zeigt mir das Knöllchen, erklärt mir die Adresse des Amtsgerichts, was bei einem Taxifahrer wie mir wirklich reichlich überflüssig ist, und sagt, ich hätte drei Wochen Zahlungsfrist.

Dann stelle ich ihm noch eine wichtige Frage: »Wie viel wird mich das kosten?«

»Ich weiß nicht, wie viel Bußgeld da drauf steht. Ich stelle nur die Strafzettel aus. Wenn es nach mir ginge, würde ich ja viel lieber Verbrecher jagen, aber heute bin ich nun mal zur Verkehrskontrolle eingeteilt, also mache ich eben das. Denken Sie daran, Sicherheitsgurte können Leben retten.« Er lächelt zu mir herunter, dreht sich um, schaut dann noch einmal über die Schulter und ruft: »Einen schönen Tag noch«. Vielleicht meint er's sarkastisch. Ich weiß es nicht.

Ich sitze auf dem Parkplatz, starre den Strafzettel an und fühle mich, als wäre ich vom Hulk umgenietet worden. Meine Gedanken rasen. Das ist nun übrig geblieben von dem Samurai-Taxifahrer, ausgenommen und zerlegt wird er in der Sonne liegengelassen, damit sich die Geier an ihm den Bauch vollschlagen können. Man hat sich mir in den Weg gestellt. Jetzt bin ich der Mann ohne Plan, der Rebell ohne einen blassen Schimmer. Dieser Bulle schreibt den ganzen Tag lang Knöllchen wegen nicht angelegter Sicherheitsgurte, und er weiß nicht einmal, wie viel man dafür zahlen muss? Jetzt mach aber mal halblang. Wenn es eine halbwegs vernünftige Summe wäre, würde er es mir bestimmt sagen. Das wird richtig übel. Schon ist mein tolles Wochenende im Eimer. Ich werde mich bis Montag total ranhalten müssen, damit ich das Knöllchen bezahlen kann. Was kostet die Welt, am Arsch! Es ist noch nicht einmal Mittag, und schon hat die Welt mich am Arsch.

Ich bin am Boden zerstört. Ich brauche ganze fünf Minuten, nur um vom Parkplatz runter und wieder auf die Straße zu kommen. Schließlich fahre ich wieder zurück zum Four Seasons und stelle mich auf den Platz hinter den anderen vier Taxis. Plötzlich sieht um mich herum alles rabenschwarz aus. Neben mir rollt eine Pferdekutsche heran. Das Pferd bleibt stehen und äpfelt auf den Gehweg. Dann wendet es den Kopf in meine Richtung und lacht mich aus.

Nun ja, vielleicht lacht es doch nicht. Vielleicht wiehert es ja bloß, aber aus meiner Warte wirkt es so, als lache es mich aus, und das stinkt mir. Ich könnte es würgen, aber es ist ziemlich groß. Es trabt wieder an. Ich steige aus dem Taxi, setze mich auf eine Steinbank und denke über das Geld nach, das ich gerade zum Fenster hinausgeworfen habe, und frage mich, was zur Hölle ich hier eigentlich verloren habe. Gerade so gut könnte ich am Flughafen stehen und da draußen darauf warten, dass irgendwas passiert. Oder mir einen weniger stressigen Job suchen. Taxifahrer sind bekannt dafür, dass sie manchmal ihr Taxi einfach stehen lassen, mit steckendem Zündschlüssel und laufendem Motor, einfach nach Hause gehen und nie wiederkommen. Ich kenne das Gefühl.

Ich weiß, dass Sie jetzt denken: *Und dieser Kerl will Zen-Buddhist sein? Er meditiert, weitet seinen Blick für die Welt und kann alles richtig einordnen?* Sie denken, ich bin nur noch einen halben Schritt von der Einweisung in die Klapse entfernt. Aber so ist das Taxifahren. Wenn Sie ruhiger werden und ein besinnlicheres Leben führen wollen, dann versuchen Sie's mal mit Taxifahren. Wenn Sie hier Ihren Gleichmut bewahren können, kann Ihnen nichts mehr etwas anhaben.

Würde ich ein normales Leben führen, wäre ich garantiert der gelöste Friedensbotschafter vom Planeten der Glückseligkeit. Das ruhige Auge des Sturms. Mr Gelassenheit. Aber ich führe kein normales Leben. Ich bin Taxifahrer. Meistens bin ich kurz vor dem Überschnappen.

Ich mache ein paar reinigende Atemzüge. Sehr tiefe. Ich frage mich: Was würde der Buddha tun? Nun ja, der würde wahrscheinlich gar nicht erst zulassen, dass er seinen Lebensunterhalt mit einem so aussichtslosen Scheißjob bestreiten muss. Ich fühle mich wie ein Haufen zertrampelter Hundescheiße. Aber ich versuche es weiter: Was würde der Buddha tun?

Er wäre wahrscheinlich so schlau, seinen Sicherheitsgurt anzulegen. Das würde er tun.

Nach einer Weile fällt mir der klischeehafte Satz ein: Wenn das Leben dir Zitronen gibt, mach Zitronenbaiserkuchen daraus. Oder so ähnlich. Hinter jeder Wolke lacht die Sonne. Es kotzt mich an. Ich war nicht immer so. Die ganze Achtsamkeits- und Meditationspraxis – und mir fällt nichts Besseres ein als kitschige Postersprüche.

Dann kommt mir ein Gedanke. Ich spüre, wie sich meine Ansicht verändert. Plötzlich schmecke ich etwas von dem Baiserkuchen, sehe die Sonne durch die Wolken schimmern. Die ganze Sache hat vielleicht auch etwas Gutes. Wenn ich es nur zulasse. Es stimmt ja, ich fahre 300 Kilometer am Tag im Stadtverkehr und zwischen riesigen Sattelzügen auf der Interstate, bin von Sonntagsfahrern mit den übelsten Ausreden auf der ganzen Welt umgeben. Meistens bin ich völlig gestresst und total in Eile. Und ich habe noch nie meinen Sicherheitsgurt angelegt. Selbst als ich, nachdem ich fünf Minuten lang das Knöllchen wegen des nicht angelegten Sicherheitsgurtes angestarrt hatte, von dem Parkplatz heruntergefahren bin, habe ich mich nicht angeschnallt. Ich war in meinem ganzen Leben noch nie in einen Unfall verwickelt, aber wenn ich Taxi fahre, stehen meine Chancen schlecht, dass das so bleibt. Und wie der Mann gesagt hat: Sicherheitsgurte können wirklich Leben retten. Vielleicht könnte ich meines retten.

Jetzt geht es mir besser. Ich bin um 100 Dollar oder mehr ärmer (wie sich herausstellen sollte, waren es 150), aber ich habe einen neuen Plan. Ab heute werde ich immer meinen Sicherheitsgurt anlegen, und eines Tages werde ich mir für dieses Geld das Leben retten.

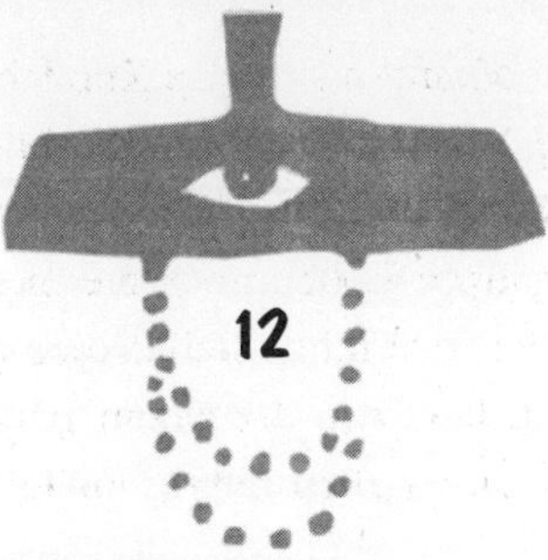

12

Un-Un-Un-Un…

In der klassischen Sitcom *Taxi* gibt es eine wunderbare Szene. Louie, der Chef, gespielt von Danny DeVito, zeigt einem neuen Fahrer die Zentrale und erklärt ihm, wie alles so vor sich geht. Ein paar Fahrer – wahrscheinlich Alex, Tony und Elaine, vielleicht noch Bobby – sitzen herum, spielen Karten und warten darauf, dass etwas passiert. In der Sendung sitzen die Fahrer sowieso oft in der Zentrale. Und spielen sehr oft Karten. So geht es in der Taxibranche eigentlich gar nicht zu, aber wenn sie einfach kämen, in ihre Taxis stiegen und davonführen, ließe sich daraus wohl kaum eine Fernsehserie machen.

Louie erklärt dem Neuling: »Ein Wort möchte ich in dieser Zentrale niemals, absolut niemals hören.« Er schaut zu den Fahrern hinüber. »Hey, ihr Verlierer«, sagt er, »wie heißt das Wort, das ich in meiner Zentrale nie hören will?«

Die Fahrer zucken nur mit den Schultern und verdrehen die Augen. Sie wissen gar nicht, wovon er spricht. Es ist ihnen auch egal.

»Siehst du«, sagt Louie zu dem Neuling. »Siehst du das? Die wissen alle, dass sie das Wort in meiner Zentrale nicht auszusprechen haben.«

Das Wort heißt *Unfall.*

Oder wie Louie sagt: »Un-Un-Un-Un…«. Er kann das Wort in der Zentrale noch nicht einmal aussprechen.

Außer erschossen zu werden, ist ein Unfall das Schlimmste, was einem Taxifahrer passieren kann. Sogar ein winziger Blechschaden kann das ganze Leben verändern. Erstens sind Sie dran und müssen die Reparatur bezahlen. Und die ist nie billig. Taxis sind zwar gut versichert, aber normalerweise sehen die Policen einen Selbstbehalt von 1000 Dollar vor. Und anscheinend kosten Reparaturen immer knapp diesen Tausender. Sie sind also um 1000 Dollar ärmer, was in der Taxibranche eine Menge Geld ist. Und Sie sind arbeitslos, zumindest bis Ihr Taxi aus der Werkstatt kommt oder Sie ein anderes bekommen können.

An einem durchschnittlichen Tag sterben in den USA 122 Menschen bei Verkehrsunfällen. Das ist, als würde täglich ein Flugzeug abstürzen. An manchen Tagen ist es eine kleine Reisemaschine, an anderen hingegen – zum Beispiel am 4. Juli oder an Silvester – ist es eine ausgebuchte 747. Unter Amerikanern zwischen vier und 34 Jahren sind Verkehrsunfälle die Todesursache Nummer 1. Und das sind nur die Verkehrstoten. Weitaus mehr Menschen werden verletzt, manche schwer, manche mit lebenslangen Beeinträchtigungen.

Es gibt zwei Hauptursachen für Unfälle: Fahrfehler und reiner Zufall.

Studien haben gezeigt, dass durch Unaufmerksamkeit verursachte Fahrfehler an 80 % aller Autounfälle zumindest teilweise schuld sind. Darunter fallen auch Trunkenheit am Steuer und Übermüdung. Handytelefonate während des Fahrens sind erwiesenermaßen genauso gefährlich wie Alkohol. (Achten Sie auf Betrunkene mit Handys – die sind absolut tödlich.) Und das ist noch nicht alles. Am Steuer essen die Leute, unterhalten sich, bringen Frisur und Make-up in Ordnung, rasieren sich (mit einem Elektrorasierer, hoffe ich zumindest), suchen andere Radiosender, spielen mit dem mailfähigen Kamerahandy herum und begucken sich die Landschaft, die am Seitenfenster vorüberzieht. Außerdem sind sie meistens in Tagträumen versunken und denken nicht im Geringsten an das, was sie gerade tun. Weil einem beim Autofahren so vieles in Fleisch und Blut übergeht, wird es leicht zur Gewohnheit. Das ist das Gefährliche daran.

Besseres Autofahren kann eine angenehme Nebenwirkung der Zen-Praxis sein. Wenn wir die Ablenkungen reduzieren und mit Achtsamkeit und Konzentration fahren, sind wir auf der Straße einfach effektiver. Und sicherer. Wenn sichereres Autofahren zu etwas mehr Motivation für eine regelmäßige Zen-Praxis verhelfen kann, dann umso besser. Hauptsache, es funktioniert. Aber selbst wenn Sie nicht auf mehr Selbsterkenntnis hinarbeiten, ist es sinnvoll, auf der Straße konzentriert zu bleiben. Streichen Sie das letzte Bier. Schalten Sie das Handy ein Weilchen aus. Und wenn Sie müde sind, gehen Sie nach Hause. Am besten, Sie nehmen ein Taxi.

Aber ganz gleich, wie achtsam der Fahrer ist, es gibt immer noch den Zufall. Manchmal platzt beim Überholen ein Reifen, oder ein Reh rennt auf die Fahrbahn und bleibt plötzlich stehen. Oder ein alkoholisierter Fahrer in einem Schwerlaster verliert die Kontrolle über sein Fahrzeug und gerät auf die Gegenfahrbahn. Mit 140 Sachen. Manchmal kann man dann als Autofahrer nur die Augen schließen und sich wünschen, man läge zu Hause im Bett. Niemand ist wirklich sicher.

Die Welt ist gefährlich. Nicht nur der Verkehr. Guten Menschen passieren schlimme Dinge. Das Leben ist voller Schlaglöcher. Wir gehen zu einer Routineuntersuchung und leiden dann den Rest unseres Lebens an düsterer Stimmung und einer unheilbaren Krankheit. Wir können zur Tür eines Zendo herausgehen und von einem herabfallenden Satellitenteil erschlagen werden. Oder wir werden von den zufälligen Ereignissen unseres ganz normalen Alltagslebens gebeutelt, heute heruntergezogen und morgen schon wieder in höchste Höhen gehoben. Wir können nichts daran ändern. Es ist die reine Willkür. Es ist das Leben, das wir haben, und wir müssen das Beste daraus machen. Wir können unsere Umwelt nicht kontrollieren, um sie völlig sicher zu machen. Aber wir können vernünftige Vorkehrungen treffen. Und wir können an uns selbst etwas ändern, an der Art, wie wir mit der Willkürlichkeit des Alltags umgehen. Wenn etwas schiefläuft, zeigt die Art, wie wir damit umgehen, wie wir wirklich sind. Aus welchem Holz wir geschnitzt sind.

Der Zen-Lehrer Ezra Bayda und seine Frau litten unter einer Immunerkrankung, ausgelöst durch eine Verseuchung mit DDT, das in ihren in jahrelanger, mühevoller Arbeit angelegten Biogarten gesickert war. Es war eine schreckliche Tortur für beide. Angesichts dieser grausamen Ironie des Schicksals wären viele Menschen wohl in Verzweiflung verfallen. Aber nach langem Kampf konnten die beiden sich erholen und ihre Torturen als Lernerfahrung nutzen. Zentrales Element von Baydas Lehren war seit jeher, anderen zu helfen, wenn sie in ihrem Leben zu kämpfen hatten.

Das Leben besteht aus einer Abfolge von Zufällen. Es gibt gute – einschließlich der Tatsache, dass wir überhaupt am Leben sind – und lebensvernichtende Katastrophen. Es ist wichtig, dass wir für unsere Sicherheit tun, was wir können. Wir müssen das Schicksal nicht herausfordern. Wir können sicher und achtsam fahren und die Ablenkungen vermeiden, die so viel Unheil auf den Straßen anrichten. Wir können uns einen gesunden Lebensstil aneignen. Wir können uns im Alltag so vorsichtig wie möglich verhalten. Aber wenn alles schiefläuft, müssen wir auch damit fertigwerden. Die Art, wie wir auf die Unfälle in unserem Leben reagieren, ist wichtiger als die Unfälle selbst. Und wir haben es besser in der Hand.

13

Stadtverkehr

Wenn Sie Achtsamkeit entwickeln wollen, haben Sie mehrere Möglichkeiten. Erstens, Sie können ins Kloster gehen. Das ist die klassische Methode. Seit Jahrtausenden lassen Suchende ihr altes Leben hinter sich und beginnen ein neues Leben der Kontemplation und Meditation. Stück für Stück legen sie die Schichten der Täuschung ab, die verhindert haben, dass sie die Welt so sehen konnten, wie sie wirklich ist. Diese Methode hat sich immer und immer wieder bewährt.

Eine andere Möglichkeit ist, zwölf bis sechzehn Stunden täglich auf den Straßen Ihrer Stadt zu verbringen, mit dem Verkehr mitzufließen und zu beobachten, was alles so vor sich geht. Achtsamkeit zu praktizieren. Diese Methode ist nicht durch jahrtausendealte Erfahrung belegt. Sie ist bloß ein Abenteuer.

In der spirituellen Praxis geht es nicht immer nur um stille Kontemplation. Die Kampfkünste basieren zum großen Teil auf Achtsamkeitsübungen. Das Ziel ist, auch unter extremen Bedingungen einen klaren Kopf zu bewahren und auf Handlungen zu reagieren, ohne sich ablenken zu lassen. Das ist Taxifahren. Auf den Straßen der Stadt konzentriert bei der Sache zu sein und ohne stecken zu bleiben von Ort zu Ort zu kommen. Das ist wie ein Jackie-Chan-Film, nur eben im Verkehr.

Die Neulinge halten sich für richtig gute Autofahrer. Für Könige der Straße. Sie glauben, sie bräuchten nur das Gaspedal bis zum Anschlag durchzudrücken und so zu lassen, bis sie entweder angekommen oder irgendwo dagegengekracht sind. Doch dann bleiben sie im Verkehr stecken, verfangen sich im Labyrinth der Einbahnstraßen und vierspurigen Kreuzungen, und über kurz oder lang merken sie, dass zum Taxifahren mehr gehört, als Lenkrad und Gaspedal bedienen zu können. Echte Taxifahrer lernen, sich auf richtigen Straßen und im richtigen Verkehr zu bewegen. Sie planen im Voraus, reagieren auf die Verkehrsbedingungen, wie sie sich stellen, und wappnen sich gegen mögliche Verzögerungen.

Es ist alles eine Frage der Konzentration. Der Achtsamkeit. Wenn die Ampel grün wird und Sie stehen bleiben, weil Sie an den Knöpfen Ihres Radios herumspielen, müssen Sie wohl mit durchdrehenden Reifen starten. Wenn Sie sich nicht beizeiten richtig einordnen, sondern Ihnen das erst einfällt, wenn Sie die Straße, in die Sie einbiegen wollen, bereits erreicht haben, werden Sie zum Verkehrshindernis für alle anderen. Fahren Sie das nächste Mal doch mit dem Bus. Oder rufen Sie ein Taxi.

Man hört Geschichten über die rasanten Fahrer, die permanent auf die Tube drücken. Ich habe eine am Flughafen aufgeschnappt. Ein Fahrgast erzählte mir, er sei selber acht Monate lang Taxi gefahren und habe in der Zeit 14 Verwarnungen kassiert. Dann sei er gefeuert worden. Er sagte mir, er habe da noch einen Strafzettel vergessen, den er fürs Fahren auf dem Gehweg bekommen habe. Und dann meinte er noch – er wolle mir ja nur helfen –, ich würde zu langsam fahren. Auf die Art würde ich nie zu Geld kommen.

Als ich mit dem Taxifahren anfing, sagte mir ein Fahrer mit breitem Grinsen: »Wenn du schnell genug fährst, können Sie die Taxinummer nicht sehen und dich nicht anzeigen.« Er war ein uriger Kerl, und es hat immer Spaß gemacht, mit ihm zusammen zu sein. Nur Taxifahrer war er nicht besonders lang.

Autofahren in der Stadt ist eine Frage der richtigen Strategie, und Taxifahrer entwickeln mit der Zeit ein paar gute Ideen, wie man durchkommt, ohne Strafzettel und Unfälle zu riskieren.

Gute Planung ist im Stadtverkehr entscheidend. Überlegen Sie sich bereits, bevor Sie losfahren, welche Route Sie nehmen wollen und berücksichtigen Sie dabei die Nadelöhre und anderen Verzögerungen, auf die Sie wahrscheinlich stoßen werden. Beachten Sie das Verkehrsaufkommen und wie es sich im Laufe des Tages verändert. Im Berufsverkehr verwandeln sich die Hauptverkehrsadern förmlich in Parkplätze, wohingegen die Straßen durch die Wohnviertel nur ein paar Blocks nebendran fast vollkommen frei sind. Seien Sie flexibel. Wenn Ihre Route nicht gut ist, suchen Sie Alternativen. Wenn Sie sehen, dass es sechs Blocks weiter vorne schwierig wird, warten Sie nicht, bis Sie dort sind, bevor Sie sich eine neue Route überlegen. Und denken Sie an Seitensträßchen und Parkplätze, wenn Sie dadurch einem Stau entkommen können. Aber fahren Sie nie auf dem Gehweg.

Halten Sie Ausschau nach Bussen, Paketautos, nach allem, was die Fahrbahn blockieren könnte. Meiden Sie Fahrradfahrer. Achten Sie auf die Ampeln an den Querstraßen vor Ihnen, dann wissen Sie ungefähr, wann Ihre Ampel umschaltet. Fahren Sie rasch an, wenn die Ampel grün wird. Wenn Sie an einer roten Ampel rechts abbiegen wollen und sehen den grünen Pfeil, dann fahren Sie los und bleiben nicht stehen.

Klingt einfach, oder?

Natürlich ist es einfach. Es geht ja auch ums Taxifahren und nicht um chinesische Quantenmechanik.

Ich weiß, jetzt sind Sie enttäuscht. Das ist alles gesunder Menschenverstand. Sie dachten, es gäbe einen speziellen Taxifahrerzauber, mit dessen Hilfe Sie auch im dichtesten Berufsverkehr in Minutenschnelle einmal quer durch die Stadt kämen. Sie glaubten, es gäbe ein großes Geheimnis, das alle Taxifahrer kennen und keiner sonst herausbekommen kann. Doch es ist ganz einfach: Planen Sie Ihre Route und bleiben Sie nicht hinter Paketautos stecken. Das haben Sie schon gewusst.

Aber genau das ist der Punkt. Es gibt keinen Zauber, kein geheimes Wissen. Es gibt nur Achtsamkeit. Natürlich wissen Sie genug, um nicht hinter einem Paketauto herzotteln zu müssen. Aber fällt es Ihnen schon auf, wenn es noch drei Blocks vor Ihnen ist? Denken Sie dann schon daran, die Fahrbahn zu wechseln? Oder warten Sie, bis Sie dahinter anhalten müssen, und verfluchen dann den Fahrer, wenn er mit einem Arm voller Pakete und einem breiten Grinsen aus dem Wagen steigt? Sie können nicht so weit vorausdenken, wenn Sie mit dem Handy telefonieren oder darüber nachdenken, was Sie Ihrem Freund hätten sagen sollen, als er Ihnen zum Geburtstag Karten für ein Monstertruckrennen geschenkt hat. Sie können nicht so weit vorausdenken, wenn Sie nicht aufmerksam sind.

Es ist alles eine Frage der Konzentration. Der Achtsamkeit. Sie können sich Taxifahren als langes Kampfsportabenteuer vorstellen. Sie kämpfen gegen die bösen Sonntagsfahrer. Die versuchen, Sie langsamer zu machen, Sie einzukeilen, Sie von Ihrer Route abzubringen. Aber das lassen Sie nicht zu. Sie sehen schon aus drei Blocks Entfernung, was die vorhaben, und planen voraus. Sie sind zu schnell für die. Sie fließen durch den Verkehr. Und nichts kann Sie aufhalten.

Alles reine Achtsamkeit.

Das Fahren im Stadtverkehr kann man wirklich nicht auf ein paar simple Regeln reduzieren. Nichts im Leben ist so einfach. Der Schlüssel zum Fahren im Stadtverkehr ist ein offener und wacher Geist, ein Bewusstsein für alles, was um Sie herum vor sich geht. Für einen Taxifahrer ist Achtsamkeit auf der Straße schlicht die beste Art, seinen Job zu machen. Auf der Straße muss man produktiv sein, sonst kommt man auf keinen grünen Zweig. Aber Achtsamkeitspraxis ist auch eine Möglichkeit, die Arbeit für sein inneres Wachstum zu nutzen. Mit der Zeit stellt sich die Konzentration ganz von selber ein. Sie setzen sich ans Steuer, rollen auf die Straße, und schon ist sie da. Und wenn Sie nicht fahren, ist sie immer noch da. Konzentration.

Klosterleben oder Taxifahren sind eigentlich keine Alternative. Jede Tätigkeit ist geeignet. Egal, was Sie tun, Sie können es nutzen, um Ihre Konzentration zu verbessern und sich Achtsamkeit anzugewöhnen. Das wird Ihrer Arbeit guttun – und letztendlich auch Ihnen selbst.

14

Was ich mag

Ein zentrales Element des Zen-Buddhismus ist die Idee, dass das Selbst, das wir als feststehend und unveränderlich empfinden, eine Illusion ist. Wir betrachten uns als Individuen, die sich voneinander und von ihrer Umwelt unterscheiden. Wenn man dem jedoch auf den Grund geht, ist das Selbst nichts als eine Ansammlung von Täuschungen.

Der große Lehrer Dogen Zenji, der Zen in China studiert und dann nach Japan gebracht hat, beschrieb diesen Aspekt des Zen in einem der bekanntesten Abschnitte aus dem Zen-Kanon: »Den Buddha-Weg ergründen heißt, sich selbst ergründen. Sich selbst ergründen heißt, sich selbst vergessen. Sich selbst vergessen heißt, eins mit den zehntausend Dingen sein.« Mit anderen Worten, das Selbst zu ergründen heißt zu erkennen, dass unsere übliche Vorstellung davon nur eine Illusion ist. Sobald wir dies erkannt haben, ist es leicht, unsere Anhaftungen loszulassen und in wahrer Freiheit zu leben.

Unsere Vorlieben und Abneigungen sind ein ausgezeichnetes Beispiel dafür. Unsere Persönlichkeit besteht zum Teil aus langen Listen von Dingen, die wir mögen, die wir nicht mögen und die uns egal sind. Wir hängen daran und glauben, sie machten uns aus. Das tun sie nicht.

Ich höre sehr gerne Musik. Ich bin mit Rock'n'Roll aufgewachsen. Heute höre ich meistens Jazz. Auf der Rückfahrt von einer langen Tour, die mich aus der Stadt herausgeführt hat, gerate ich manchmal in eine Jazzsendung im Radio und lächle auf dem gesamten Rückweg. Ich mag alles, vom Klaviersolo bis zur Bigband und das meiste von dem dazwischen. Ich bin riesengroßer Coltrane-Fan. Dieser Avantgarde-Jazz, den alle hassen? Ich liebe ihn. Ich höre Blues, Reggae, Folk, Country und sogar Zydeco. Das alles liebe ich. Aber ich mag keinen Hip-Hop, keine Opern und das ganze Zeug, das heute als Pop durchgeht. Klassische Musik kann ich hören, aber sie hat mich nie besonders interessiert. Das alles ist nicht gut und nicht schlecht. Gut und schlecht sind nur Etiketten, die wir unseren Erfahrungen aufdrücken. Sie sind etwas Zusätzliches. Manche Dinge gefallen uns, andere nicht. Das ist alles. Was uns gefällt, sagt viel über unser Leben, unsere Erfahrungen. Es sagt aber nicht viel über Musik, Kunst, Literatur oder alles andere. Ich mag Schokoladenmilch. Ich mag Kaffee. Ich mag keine Softdrinks, außer Ginger Ale und Root Beer. Die mag ich.

Ich mag keinen Fisch. Nicht nur das, ich kann Fisch nicht ausstehen. Als ich klein war, drei oder vier Jahre alt, nahm meine Mutter mich regelmäßig mit in den Lebensmittelladen am Ort. Dort standen wir vor der Fischtheke, und sie unterhielt sich mit dem Metzger. Unter der Theke – direkt auf meiner Augenhöhe – stand der Hummerbehälter. Ich beobachtete die Hummer, die am Boden des Behälters im Sand saßen und mit ihren Scheren winkten. Für mich waren das Meeresungeheuer, die unbedingt aus dem Behälter heraus und mich mit ihren Scheren kneifen wollten. Ich hatte schreckliche Angst und wollte nichts wie weg. Zugleich wollte ich mich aber auch nicht wie ein Baby aufführen. In der Luft lag starker Fischgeruch, und natürlich habe ich das eine mit dem anderen verbunden. Geschmack und Geruch von Fisch drehen mir noch heute den Magen um.

Das ist eine meiner frühesten Erinnerungen. Ich hatte sie völlig vergessen, bis sie mir viele Jahre später als Erwachsener wieder in den Sinn kam. Tief in meinem Unterbewusstsein liegen weitere, noch frühere Erinnerungen und Assoziationen begraben. Sie beeinflussen mich noch immer. Ich mag dieses und jenes nicht. Meistens habe ich keine Ahnung, warum.

Fisch und Meeresfrüchte sind nicht gut und nicht schlecht. Sie sind sehr nahrhaft, das ist gut. Und man muss auf den Quecksilbergehalt achten, das ist schlecht. Aber der Geschmack ist einfach so, wie er ist. Er ist nicht gut oder schlecht. Ich mag ihn nicht. Das ist alles.

Wir versehen alle unsere Erfahrungen mit einem Etikett. Ob wir sie für gut oder schlecht halten, hängt zum größten Teil von Dingen ab, die weit zurück liegen und an die wir uns nicht einmal mehr erinnern können. An diesen Etiketten orientieren wir uns im Leben. Aber diese Etiketten machen uns nicht eigentlich aus. Sie sind nur Ablenkungen, die verhindern, dass wir die Welt so annehmen, wie sie wirklich ist, und uns so sehen, wie wir wirklich sind. Wir sind mehr als unsere Vorlieben und Abneigungen, unsere Etiketten.

Dasselbe machen wir mit den Menschen, denen wir begegnen. Ständig beurteilen wir andere. Menschen steigen ins Taxi, und in Sekundenschnelle schätzen wir sie ein. Meistens stützt sich unser Urteil auf sehr wenig. Wir mögen es nicht, wie sich jemand kleidet, wie er einen Schritt auf die Straße tritt, wenn er das Taxi herbeiwinkt, wie er die Tür zuknallt, wenn er einsteigt. Er sagt etwas, und wir kriegen es in den falschen Hals, oder wir mögen seinen Tonfall nicht. Vielleicht sind wir gerade schlechter Stimmung und gehen gleich vom Schlimmsten aus. Oder wir sind bester Stimmung, und alle, die ins Taxi steigen, erscheinen uns nett, ganz egal, wie sie gekleidet sind oder wie sie reden. In Wirklichkeit aber haben wir keine Ahnung, wie die Leute wirklich sind, bevor wir sie kennenlernen. Und selbst dann sagt unsere Meinung wahrscheinlich mehr über unsere Stimmung und unsere Vorurteile als über sie. Oder über uns, wie wir tief im Innersten wirklich sind.

Wie die meisten Menschen habe ich eine Meinung zu allem und jedem. Zum Glück habe ich damit immer recht. Ich bin mir ziemlich sicher, dass ich früher hin und wieder auch einmal eine falsche Meinung vertreten haben muss, aber mir fällt einfach keine ein. Einmal dachte ich, ich hätte bei irgendetwas unrecht gehabt, aber da habe ich mich getäuscht.

Es ist in Ordnung, Meinungen, Vorlieben und Abneigungen zu haben. Wir müssen unsere Urteilskraft nach besten Kräften nutzen, wenn wir auf dieser Welt bestehen wollen. Wir müssen uns entschließen, was wir tun und wie wir leben wollen. Es ist nichts dabei, wenn uns eine bestimmte Art von Musik gefällt und eine andere nicht. Oder wenn uns ein Bacon-Cheeseburger lieber ist als ein Teller geräucherter Lachs. Wenn wir diese Welt ein wenig besser machen wollen, müssen wir uns Meinungen über die Welt bilden und danach handeln. Aber wir hängen an unseren Meinungen gerade so, wie wir auch an unserem übrigen Besitz hängen. Ich habe Fahrer gesehen, bei denen fast die Fäuste geflogen wären im Streit darüber, welches Auto besser fürs Taxifahren geeignet ist, der Ford Crown Vic oder der Chevrolet Impala.

Im Zen gibt es ein Koan: Was war dein ursprüngliches Gesicht, das Gesicht, das du hattest, bevor du geboren wurdest? Will heißen: Was ist deine wahre Natur, die Natur, die du hattest, bevor du Erfahrungen und Meinungen, Vorlieben und Abneigungen aufgehäuft hast? Bevor du zu der Person verbogen wurdest, die du heute bist? Wo ist diese wahre Natur hin? Die Antwort lautet: Sie ist immer noch da, tief im Inneren, überdeckt von Vorstellungen und Meinungen. Das ist Buddha-Natur. *Tathagata*. Großer Geist, Anfänger-Geist. Nennen Sie es Seele, wenn Sie mögen. Zen-Praxis ist ein Prozess, alles zu durchschauen, was nur vorübergehend Bestand hat, und zu lernen, die Umwelt mit klaren Augen und einem offenen Geist wahrzunehmen. Die Welt so zu sehen, wie sie wirklich ist, ohne einen Filter aus Täuschungen und festen Vorstellungen. Und zu lernen, sich selbst ebenso zu sehen.

Natürlich ist Zen keine Methode, um unsere Persönlichkeit auszuradieren. Unsere Vorlieben und Abneigungen werden uns ein Leben lang erhalten bleiben. Dasselbe gilt für unsere Charaktereigenschaften, egal ob »gut« oder »schlecht«. Manche großen Zen-Meister waren launisch und schwierig, andere hingegen freundlich und nahbar. Wir haben alle unsere individuellen Ansichten. Das ändert sich nie. Aber der launische Zen-Meister weiß, dass er launisch ist. Er ist sich dessen bewusst. Wahrscheinlich lacht er sogar gelegentlich über sich. Er weiß, dass das nur sein »Affenverstand« ist, eine Wolke, die sich vor das Licht seines wahren Selbst schiebt.

15

Zeit zum Putzen

Es ist Morgen. Ich bin im Haus unterwegs und mache mich fertig für den Tag. Nach dem Zazen fühle ich mich hellwach, offen und frisch. Ich freue mich darauf, hinauszugehen und es mit der Welt aufzunehmen. Auf dem Weg zur Tür stolpere ich über einen Pizzakarton, der auf dem Wohnzimmerboden liegt.

Ich versuche, mich zu erinnern, wann ich das letzte Mal Pizza gegessen habe. Das ist schon eine ganze Weile her.

Der Wohnzimmerboden ist übersät mit Essensverpackungen und Zeitungen. Im Schlafzimmer liegen überall Kleider verstreut. Die Küche sieht nicht allzu schlimm aus, aber das liegt auch nur daran, dass ich eigentlich nie koche. Auf dem Tisch stapelt sich die Werbepost, und eine kleine Delle markiert die Stelle, an der ich meine Kaffeetasse abgestellt habe. Wo ich auch hinsehe, ist etwas, das ich hätte wegwerfen oder aufwischen sollen, aber nicht weggeworfen oder aufgewischt habe. Und überall liegt Staub, sogar auf dem Müll. Ich wohne an einer unbefestigten Straße neben den Bahngleisen, daher gibt es bei mir immer viel Staub.

Wäre Martha Stewart hier, sie bekäme sofort einen psychotischen Zusammenbruch, direkt auf dem Wohnzimmerboden, zwischen den Pizzakartons und den Burgerschachteln. Aber machen Sie sich keine Gedanken wegen Martha – sie kommt ohnehin nicht.

Schon gut, ich habe eine Ausrede für die Unordnung zu Hause. Ich arbeite 90 Stunden in der Woche. Da habe ich keine Zeit, die Wohnung sauber zu halten.

In Wirklichkeit war ich nie gut in Haushaltsdingen. Ich habe mir einfach nie etwas daraus gemacht. Ich mache sauber, wenn es schlimm genug aussieht oder wenn jemand mich besuchen kommt, aber mir selber ist es egal, ob ich mich in meinen Saftgläsern spiegeln kann. Dafür habe ich einen Spiegel.

Ich weiß, dass es an der Zeit ist, mich darum zu kümmern. Nicht heute, weil es schon 20 vor elf ist und ich zur Taxifirma und meinen Dienst antreten muss. Aber bald.

Zur Zen-Praxis gehört auch, sein Leben zu vereinfachen, simple Abläufe zu erstellen und sie achtsam auszuführen. Den Boden zu fegen oder den Müll rauszubringen, sollte Routine sein. Wird es immer gleich erledigt, sammelt sich nichts an, was später problematisch werden könnte.

Wenn wir so leben, trennen wir uns von den unwichtigen Dingen, die unser Leben nur zumüllen. Das fällt mir schwer. Ich neige dazu, mich auf die Dinge zu konzentrieren, die wirklich sofort erledigt werden müssen, und den Rest für später aufzuheben. Man könnte sagen, ich setze zu starke Prioritäten. Und ich schiebe Dinge auf, die im Moment nicht wichtig scheinen. Staubwischen zum Beispiel. Staub macht mir eigentlich nichts aus, also hebe ich mir das Wischen für später auf. Außerdem mache ich aus einfachen Aufgaben gleich ein riesengroßes, lebensveränderndes Projekt, für das ich nicht im Entferntesten Zeit habe.

Statt den Bambus im Garten einfach zurückzuschneiden, plane ich eine aufwendige Gartengestaltung, einschließlich eines hübschen Zen-Wasserfalls, der aus einer Zisterne gespeist wird, die Regenwasser sammelt und filtert ... Sie verstehen.

Ein weiteres Problem ist, dass ich nichts wegwerfen kann. Im Schuppen bewahre ich tausend Dinge auf, weil ich denke, ich könnte sie eines Tages bestimmt noch gebrauchen. Dort stapeln sich Kisten, in die ich schon jahrelang nicht mehr hineingeschaut habe. Dort steht ein kaputter Rasenmäher, den ich immer mal reparieren wollte, dabei habe ich gar keinen Rasen. Außerdem steht da eine alte Klimaanlage, deren Ventilatormotor durchgeschmort ist und die daraufhin einfach ihren Geist aufgegeben hat. Bücher liegen herum, die ich vor Jahren gekauft habe, weil ich dachte, dass ich etwas über die Kultur der amerikanischen Ureinwohner oder die Chaostheorie wissen wollte. Ich würde wirklich gern mehr darüber wissen, aber wiederum auch nicht so sehr, dass ich 400-seitige Bücher darüber lesen wollte, während ich am Flughafen auf Fahrgäste warte. Ich weiß, dass mein Schuppen nicht gerade voller Schätze steckt, aber ich kann anscheinend auch nichts wegwerfen. Vielleicht habe ich da eine gewisse Anhaftung.

Wenn ich aber wirklich einmal etwas Bestimmtes suche, kann ich es komischerweise nie finden.

Mein Leben steckt voller derartigem Müll. Bei mir gibt es mehr als alte Pizzakartons, kaputte Geräte und ungelesene Bücher. Diese Dinge sind nur die Symptome von etwas Tieferliegendem. Man könnte sagen, ich trage bestimmte Themen mit mir herum, und es ist schwer, sie loszulassen. Ich weiß, ich sollte das, und ich versuche es auch, aber es fällt mir sehr schwer. Wir haben alle unser Päckchen, das wir mit uns herumtragen. Loslassen kann schwer sein, aber man kann auch nur schwer Fortschritte machen, wenn man an der Vergangenheit festhält.

Ich gehe nach draußen, und mir fällt auf, dass das Unkraut allmählich den gesamten Vorgarten erobert. Auch das habe ich vor mir hergeschoben. Eigentlich sollte ich jeden Morgen fünf bis zehn Minuten mit der Heckenschere herumgehen und das Unkraut Stück für Stück zurückschneiden. Das ist gar nicht so schwer. Ich könnte alles auf einen Haufen zusammenrechen und es zu Mulch verrotten lassen. Danach könnte ich mit dem Garten hinterm Haus weitermachen und den Bambus zurückschneiden. Der Garten ist wirklich nicht groß. Ich sollte ihn eigentlich in Ordnung halten können. Und das werde ich auch. Nicht heute, denn jetzt ist es Viertel vor elf, und ich muss los. Aber bald.

Das alles ist nur eine Metapher. Nun ja, nicht alles, das Haus ist wirklich ein Saustall. Suzuki Roshi sagt, wenn wir praktizieren, sollten wir Großputz in unserem Geist machen. Wir sollten alles nach draußen tragen, es sauber machen und uns fragen, ob wir es wirklich brauchen. Wenn nicht, sollten wir es einfach wegwerfen. Wenn ja, sollten wir es wieder hineintragen und uns darum kümmern. Den Verstandesmüll rauszubringen und das geistige Unkraut zurückzuschneiden, sind wichtige Bestandteile der Zen-Praxis. Suzuki Roshi sagt auch, dass wir für unser geistiges Unkraut dankbar sein sollten. Das Unkraut auszureißen, stärkt die Pflanze. Wenn wir wach und achtsam sind und auf den Müll und das Unkraut achten, lernen wir etwas über uns selbst und kommen unserer wahren Natur näher. Außerdem – müssten wir uns nicht mit diesem metaphorischen Unkraut und dem sinnbildlichen Müll herumschlagen, würden wir einfach nur herumfahren und hätten nicht viel zu tun.

Zum Wegräumen des Mülls gehört auch zu verhindern, dass

sich mehr Müll ansammelt. In der Zen-Praxis wird alles vereinfacht. Im Zendo tragen alle Schwarz. Das lenkt andere nicht ab und zieht keine Aufmerksamkeit auf sich. Im Zendo macht sich niemand Gedanken darüber, wie seine Kleider aussehen. Buddhisten rasieren sich außerdem häufig den Kopf oder tragen das Haar ganz kurz. Zen ist eine spirituelle Reise, keine Modenschau.

Diese Vorstellung kennt man nicht nur im Zen. Der Philosoph Ludwig Wittgenstein hatte lauter identische schwarze Anzüge, weiße Hemden und schwarze Krawatten im Schrank. Er dachte große Gedanken. Da wollte er keine Energie auf die Frage verschwenden, was er anziehen sollte. Deshalb trug er einfach jeden Tag dasselbe. Ich kann nicht entscheiden, ob das Zen oder verrückt ist. Vielleicht ein wenig von beidem.

Im Zendo sprechen alle leise und meistens über die Praxis, wenn überhaupt gesprochen wird. In einem Zendo gibt es nicht viel zu sagen. Das meiste, worüber wir im Alltag sprechen, erscheint in dieser Umgebung trivial. Die Mahlzeiten sind einfach. Es geht nicht darum, ein Gourmetmahl zuzubereiten, sondern das einfache Essen so zu genießen, wie es ist.

Zendos werden außerdem sehr sauber gehalten.

Ich brauche einen geistigen Großputz, genau wie Suzuki Roshi sagt. Ich muss alles heraustragen, was mich belastet, es mir genau ansehen und dann eine Entscheidung treffen. Ist das etwas, was für das Leben, das ich heute führe, noch von Bedeutung ist? Kann ich es brauchen? Oder ist es nur nutzloser Müll, der mich erdrückt? Ich vermute mal, dass ich staunen würde, wie vieles ich nicht mehr brauche.

Genau das mache ich, Stückchen für Stückchen. Darum geht es im Zen. Wenn ich morgens auf meinem Kissen sitze, kommen

Gedanken auf und verblassen. Die meisten sind einfach Müll, und ich lasse sie los. Manche kommen anscheinend sehr oft. Aber eigentlich sind sie nur Werbepost auf dem Küchentisch, Unkraut, das die Blumen überwuchert. Ich brauche sie nicht. Und mit der Zeit wird mir klar, dass die meisten Gedanken – nicht nur beim Zazen – nur Müll sind. Vielleicht sind sie das in gewisser Weise sogar alle.

Taxifahren hat auch den Vorteil, dass es einen dazu zwingt, sein Leben zu entrümpeln. Wenn man so viele Stunden arbeitet und sich dabei darauf konzentrieren muss, was man tut, vergisst man komplette Lebensbereiche. Wenn man dann doch einmal an sie denkt, wird einem klar, dass sie gar nicht so wichtig waren, wie man immer geglaubt hat. Oder man stellt fest, dass einem bestimmte Dinge doch etwas bedeutet haben. Dann kann man sich statt auf all die anderen nun auf sie konzentrieren. Es gilt, ein Gleichgewicht zu wahren. Sein Leben zu vereinfachen, bedeutet nicht, es komplett aufzugeben. Das Leben sollte einfach und unvermüllt sein, nicht leer.

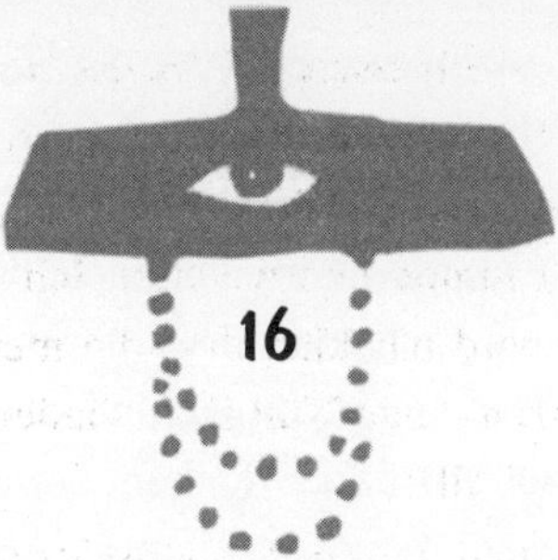

16

Das Mondlicht angeln

Im Leben ist es wichtig, Ziele zu haben. Sie geben uns eine Richtung vor und schenken Motivation. Wenn ich einen Fahrgast aufnehme, frage ich als Erstes: »Wohin möchten Sie?« Jetzt haben wir ein Ziel, eine Richtung. Ich weiß, wohin ich gehe. Ich nehme mir einen Moment Zeit, um mir die beste Fahrstrecke zu überlegen. Dann denke ich nicht mehr an das Ziel und fahre los.

Im Zen ist das Ziel spirituelles Wachstum, das zur Erleuchtung führen kann. Aber in der alltäglichen Praxis wird dieses Ziel hintangestellt. Ziele sind eine Zugabe. Sie lenken uns vom achtsamen Leben ab. Im Zen geht es darum, im Moment zu leben, und zwar von Augenblick zu Augenblick, den ganzen Tag lang. Und am nächsten Tag wieder und am darauffolgenden auch. Im Zen geht es um den Prozess des Lebens, nicht um das Ergebnis.

»Hab dein Ziel immer fest im Blick«, sagt man. Aber das ist nicht richtig. Es ist ein schlechter Rat, für Taxifahrer ebenso wie für Bodhisattvas. Wenn Sie den Blick fest aufs Ziel gerichtet halten, können Sie sich nicht auf den Schritt konzentrieren, den Sie gerade tun, und dieser Schritt ist das, was zählt. Mit fest aufs Ziel geheftetem Blick stolpern Sie. Oder Sie fahren gegen einen Laternenpfahl. Richten Sie den Blick auf die Straße.

Beim Taxifahren ist das Ziel ganz einfach. Machen Sie so viele Fahrten für so viel Geld wie nur möglich, bevor Sie erschöpft sind. Kommen Sie am nächsten Tag wieder und machen das gleiche noch einmal. Das klingt simpel, und das ist es auch. Aber wenn Sie die ganze Zeit daran denken, kommen Sie nicht viel zum Fahren.

Sobald Sie das Ziel kennen, müssen Sie nicht mehr daran denken und können sich stattdessen auf die stündlichen, minütlichen, augenblicklichen Aufgaben konzentrieren, die zum Ziel führen. Das Ziel, Ihre Fahrgäste zu ihrem Bestimmungsort zu bringen, und das, als Taxifahrer produktiv zu sein, sind in Wirklichkeit ein und dasselbe. Beide erreicht man Schritt für Schritt. Und die meisten Schritte sind gleich. Wenn Sie dies wissen, können Sie Ihre Schritte achtsam gehen, ohne sich vom Ziel ablenken zu lassen.

So funktioniert Zen.

Jeden Morgen rechne ich bei meiner ersten Tasse Kaffee das Geld zusammen, das ich am Vortag eingenommen habe. Ich addiere die Fahrpreise von meinem Fahrtenblatt (einschließlich Trinkgeld) und ziehe die Ausgaben für Taxi-Leasing, Benzin und Autowaschen davon ab. Das ist mein Tagesnetto, mein Ergebnis. In diesem Ergebnis summiert sich nicht nur, was ich am Vortag getan habe, es sagt auch sehr viel darüber aus, wie ich es getan habe. Heute beträgt mein Ergebnis 49. Das scheint nicht gerade viel für eine Zwölf-Stunden-Schicht, aber gestern war Montag, und dafür ist es nicht schlecht. Am Wochenende wird es mehr.

Es ist ein Ergebnis, kein Geld. Es ist nichts, an dem ich hängen sollte. Für mich ist es, als hätte ich gestern eine Runde Golf gespielt und diese Wertung erzielt. Das Ergebnis errechnet sich aus der Art und Weise, wie ich über die 18 Löcher gespielt habe, aber es ist eben nur eine Zahl. Golf ist mehr als das. Taxifahren auch.

Ich lese einen Essay von Taisen Deshimaru, einem Soto-Zen-Meister, der 15 Jahre lang, bis zu seinem Tod im Jahr 1982, in Europa gelehrt hat. Deshimaru ist einer meiner liebsten Zen-Meister. Er schreibt lebendig und in Rätseln. Es macht Spaß, seine Schriften zu lesen, auch wenn sie unverständlich sind. Und das sind sie oft. Der Aufsatz heißt: »Mushotoku: Kein Ziel oder Verlangen nach Gewinn.« Es geht darum, die Anhaftung an Weisheit oder Errungenschaften zu vermeiden. Deshimaru sagt, zu vermeiden, dass man an der Weisheit hängt, sei die größte Weisheit. Ich habe den Essay bereits zweimal gelesen (Deshimarus Essays sind gnädig kurz, genau die richtige Lektüre für den Taxistand) und fange wieder von vorne an. Er beginnt so: »Auch nur ein einziges Ziel, die kleinste Vorliebe oder den winzigsten Gedanken zu haben oder einen Zweck zu verfolgen, so schwach er auch sei, führt uns automatisch und unausweichlich weg von der Wahrheit des Zazen.«

Was Ziele betrifft, so sind Taxifahrer ziemlich hartgesotten. Die täglichen Gesamteinnahmen – das Ergebnis – sind unter Taxifahrern Grund zum Stolz. Und ein starker Motivator. Wenn man zwölf bis fünfzehn Stunden in einer Schicht arbeitet, passiert es leicht, dass man nachlässt und sich ablenken lässt. Wenn das passiert, kann der Tag schnell im Eimer sein. Es gibt nicht viel Schlimmeres, als wenn man nach einer Zwölf-Stunden-Schicht gerade mal genug Geld eingenommen hat, um die Kosten zu decken. Und das kommt vor. Man kann es verhindern, wenn man im Laufe des Tages immer wieder eine Zwischensumme bildet.

Taxifahrer haben Krisen wie alle anderen auch. Manchmal ist

der Biss einfach weg. Dann stellt man fest, dass man viel zu lange am Flughafen in der Schlange bleibt, auf einem Parkplatz herumsteht, Kaffee trinkt und darauf wartet, dass etwas passiert. Es kostet richtig Mühe, sich daraus zu befreien. Sie können dazu an Ihrem Selbstkonzept arbeiten, Erfolg visualisieren oder sich Ihrem Schicksal ergeben. Sie können ein Samurai-Taxifahrer werden, ein Krieger am Steuer. Sie können Steve McQueen channeln. Sie können sich auch ein bestimmtes Wort– »unaufhaltsam« zum Beispiel – als Mantra aussuchen, um sich zum Erfolg zu zwingen. Hauptsache, es klappt.

Oder Sie können sich auf Ihr Ziel konzentrieren. Ihr Ergebnis. Manchmal muss man im Laufe des Tages einfach an sein Ziel denken. So kann man sich wieder vor Augen führen, warum man überhaupt unterwegs ist. Meistens kenne ich mein Ergebnis ganz genau, ohne dass ich es will, einfach aus Gewohnheit. Immer, wenn ich jemanden absetze, zähle ich das Fahrgeld zur Zwischensumme dazu. Nicht einmal mit Absicht, es passiert einfach. Und wenn ich es brauche, nutze ich es, um mich anzutreiben. Achtzig Dollar. 19 Uhr. Das reicht nicht. Ich muss mir mehr Mühe geben.

Aber das ist eigentlich nicht Taxifahren. Es ist eine Ablenkung. Beim Taxifahren geht es um das Beherrschen des Wagens, das Planen der Routen, das Fließen mit dem Verkehr, den Umgang mit den Fahrgästen. Es geht darum, hellwach und konzentriert Auto zu fahren. Man muss die Dinge so nehmen, wie sie kommen, mit ihnen umgehen und sie loslassen. Den Erfolg zu visualisieren und laufend Ergebnisse festzuhalten, gehen extra, sie sind weitere Ablenkungen von der eigentlichen Arbeit.

Das ist Zen. Das Leben von Moment zu Moment zu nehmen, den Moment zu leben und ihn dann loszulassen. Alles andere ist

Ablenkung. Ein Ergebnis ist eine Ablenkung. Ein Ziel ist eine Ablenkung.

Es gibt Ziele in der Zen-Praxis. Schritte auf dem Weg, die gegangen werden müssen. Wir versuchen, Eigenschaften zu entwickeln, die uns auf dem Weg helfen. Wir versuchen, die Gebote zu befolgen. Wir vertiefen unsere Meditationspraxis und bringen mehr Achtsamkeit in unseren Alltag. Das geschieht nicht sofort. Wir nehmen uns vor, geduldiger zu werden, und mit der Zeit merken wir, dass es tatsächlich geschieht. Wir müssen uns unserer Fortschritte bewusst sein, und wenn wir einen Durchhänger haben, müssen wir es erkennen und etwas tun, damit wir wieder besser werden. Die Ziele sind schwer zu definieren – und Orientierungswerte gibt es so gut wie gar nicht – aber wir können uns auf das einfache Ziel konzentrieren, stetige Fortschritte zu machen. Und wir können uns vornehmen, das jeden Tag zu tun.

Unterdessen müssen wir in der realen Welt leben. Und die Welt ist Teil unserer Praxis. Wir könnten glauben, dass die Zen-Praxis uns dazu verhilft, persönlich oder beruflich effektiver zu sein. Wir könnten sogar glauben, dass sie uns hilft, ein besserer Taxifahrer zu sein. Wenn diese Ziele uns dabei unterstützen, eine aktive Praxis aufrechtzuerhalten, dann ist es gut, aber die Ziele an sich sind nicht wichtig. Dies ist kein Selbsthilfeprogramm. Es geht hier nicht um *mehr Motivation durch Achtsamkeit*.

Auf der Dharma Road ist das einzig wichtige Ziel das Streben nach Erleuchtung. Zugleich kann dies die größte Ablenkung von allen sein. Wir dürfen nicht zu oft an die Erleuchtung denken. Denn bis dahin ist es noch ein weiter Weg. Dieser Moment ist der einzige, der zählt. Um unsere Ziele zu erreichen, dürfen wir keine Ziele haben. Oder wie Seung Sahn sagt: »Erleuchtung zu wollen, ist ein großer Fehler.«

Ich lese einen weiteren Aufsatz von Deshimaru, »Unsere wahre Natur durchdringen«. Darin sagt er: »Im Zazen sitzen ist, wie das Mondlicht zu angeln und die Wolken zu pflügen. Der Geist geht weit auf, alles wird ruhig, und du kannst nahezu du selbst werden.« Das möchte ich in diesem Leben. Das Mondlicht angeln. Die Wolken pflügen. Die Welt steckt voller Rätsel und Wunder, und ich möchte ein Teil davon sein. Ich möchte, dass mein Geist weit aufgeht, und wo immer das hinführt, dahin will ich gehen.

Dazu brauche ich kein Ziel. Dazu muss ich keine Ergebnisse festhalten.

17

»Blue Monday«

Es ist Montagabend, etwa 22 Uhr, und ich bin im Stadtzentrum unterwegs. Es gibt nicht viel zu tun. Heute liegt eine seltsame Atmosphäre in der Luft. Aus den Kneipen dringt Bluesmusik, und in dem Dunst, der über der Stadt hängt, verfängt sich ein müdes gelbes Licht. Ein alter Mann mit einer Gitarre spielt für ein paar Münzen, wird aber von dem Club an der Ecke übertönt. Ein Mann in einem elektrischen Rollstuhl hält Blumen in seiner verdrehten Hand, aber die Leute gehen einfach an ihm vorüber, ohne überhaupt hinzusehen. Ich biege auf den Taxistand an der 6th, Ecke Trinity ein; bin der Vierte auf der linken Seite, gegenüber warten drei weitere Taxen. Hier werde ich wohl ein Weilchen bleiben. Die Fahrer stehen herum, lehnen sich an ihre Kotflügel, die Arme vor der Brust verschränkt. Ihr Blick geht in die Ferne; sie warten darauf, dass etwas passiert. Ich denke: *Wenn das so ist, kann ich genauso gut zum Flughafen*, aber dort will ich jetzt nicht hin. Ich könnte auch nach Hause gehen, aber dort will ich jetzt auch nicht hin. Zu vieles geht mir durch den Kopf. Ich muss etwas tun, aber es gibt jetzt nichts zu tun. Ich steige aus, lehne mich ans Auto und denke mir, ich werde schon sehen, was passiert.

Im Radio schalte ich »Blue Monday« ein, die wöchentliche Bluessendung auf KUT, kurbel das Fenster herunter und lasse ein wenig von der Musik heraus, gerade so viel, dass ich sie hören kann. Eine traurige Gitarre spielt, und irgendjemand singt wieder so ein Lied über die einsame Landstraße. Die aus der Stadt herausführt und niemals zurück. Ich glaube, es ist John Lee Hooker, aber ich bin mir nicht sicher. Es scheint wie gemacht für die Stimmung heute Abend. Genau der richtige Klangteppich für eine zähe Nacht auf den Straßen.

Dies ist ein nachdenklicher Abend. Man sieht es den Gesichtern der Leute an, alle grübeln darüber nach, wie sie hierhergekommen sind und wohin sie gehen. Die Fahrer sehen so aus, als wollten sie ins Taxi steigen und losfahren, einfach unterwegs sein und nicht zurückschauen. Mir geht es auch so. Ich fühle mich wie ein Mann in einem der Lieder von Joe Ely über Westtexas, ein Mann, der sich gegen den Kotflügel eines Taxis lehnt und darauf wartet, dass der Sturm einsetzt.

Natürlich liegt das überhaupt nicht an dem Abend, es liegt an mir. Es ist nur meine Stimmung. Aber sie fühlt sich für mich sehr real an.

In westlichen Büchern über Spiritualität gibt es oft einen kurzen Klappentext über das Leben des Autors, bevor er sich auf den spirituellen Weg machte. Der Autor war ein erfolgreicher Banker mit eigenem großzügigen Eckbüro, einem Haus im teuren Scarsdale, einer wunderbaren Familie und einem Lincoln Navigator Luxus-SUV in der Einfahrt. Er hatte alles, was man sich nur wünschen kann, aber sein Leben kam ihm leer vor. Von mir werden Sie so etwas nicht hören.

Wenn Sie etwas über Leere erfahren wollen, versuchen Sie mal Folgendes: Setzen Sie sich um 10 Uhr morgens ans Steuer von

Taxi Nr. 119, jagen dann 16 Stunden lang einer Fahrt nach der anderen hinterher, schlagen Sie sich im Verkehr durch und kommen Sie mit Menschen zurecht, die Sie nicht kennen und nie wiedersehen werden. Versuchen Sie, mit Drogensüchtigen, Betrunkenen und Selfmade-Millionären fertigzuwerden, die Sie samt und sonders für eine minderwertige Kreatur halten, die versucht, sie mit dem Taxameter zu bescheißen. Kommen Sie dann nach Hause in ein gemietetes Drei-Zimmer-Haus neben den Bahngleisen der Union Pacific und bringen sich ein Roastbeefjumbosandwich aus dem Schnellimbiss mit, dazu einen Karton Nesquick und ein paar Rubbellose. Von den Wänden hallt das Echo Ihrer Schritte, und das einzige andere Geräusch kommt vom Kühlschrank. Das ist Leere.

Normalerweise bin ich ein fröhlicher Mensch, aber natürlich gibt es auch in meinem Leben dunkle Schatten. Vielleicht haben Sie das bereits bemerkt. Heute Abend kommt es ein wenig zum Vorschein. Es ist »Blue Monday«, ein trübsinniger Montag.

Wenn wir nur genau genug hinschauen, kennen wir das alle. Ich muss nicht so genau hinschauen. Es gibt Dinge, die ich bereue, Momente, in denen ich verzweifelt bin. Das ist in Ordnung. Ich habe ein wenig Traurigkeit verdient, und es macht mir nichts aus, wenn ich ein bisschen Schmerzen leide. Vielleicht muss ich ja irgendwelches Karma abarbeiten. Ich arbeite daran.

Andererseits, so hart ist das, was ich tue, nun auch wieder nicht. Ich denke an Muddy Waters, Howlin' Wolf und all die anderen großen Männer des Blues, die den ganzen Tag Baumwolle gepflückt und abends in einer Bierkaschemme für ein paar Münzen gespielt haben. Sie sangen über ihr Leben und wünschten sich ein besseres. So schlecht geht es mir nicht.

Ich könnte ja in Darfur sein. Oder in Bagdad. Das wäre schlimmer.

Ich habe sehr viele Bücher über Buddhismus gelesen. Die Verfasser reisten mit 20 nach Nepal, lernten fünf Sprachen fließend, einschließlich Altsanskrit, und erlangten mit 23 in einer Höhle im Himalaya die volle Erleuchtung. Ich nicht. Auch das ist in Ordnung. Ich habe anderes gemacht, meistens so gelebt, wie ich wollte. Ich hatte gute und schlechte Zeiten wie alle anderen Menschen auch. Nur das Heute zählt. Wir sind jetzt alle hier, und die Vergangenheit ist nur eine Diaschau. Auf diesen Straßen bin ich ein Bodhisattva in Hawaiihemd und Baseballmütze, der in einem makellosen Taxi die Achtfache Autobahn entlangfährt und versucht, diese trübseligen Stimmungen zu überstehen, ohne ihnen zu verfallen. Wir lernen, indem wir unsere Grenzen überwinden, und ich habe jede Menge Grenzen. Ich sollte also auch viel lernen können.

Das Problem des Leidens – und die Möglichkeit, es zu lindern – ist der Ausgangspunkt der gesamten buddhistischen Philosophie, aber die verschiedenen Denkschulen interpretieren es unterschiedlich. Was also ist Leiden? Sind es körperliche und geistige Qualen oder nur unsere Reaktionen auf dieses Empfinden? Moderne Autoren haben einige sehr interessante und originelle Abwandlungen dieser Überlegungen vorgelegt. So wird der Achtfache Pfad traditionell als Weg zum Ende des Leidens verstanden, eine moderne Ansicht jedoch besagt, er helfe uns lediglich, mit dem Leiden umzugehen, das unvermeidlicher Bestandteil unseres Lebens sei. Dies ist aber eigentlich eine Debatte über die Definition des Leidens, nicht über dessen Realität. Wir müssen alle leiden, müssen aber unser Leben davon nicht beherrschen lassen. Wir brauchen dem Leiden nicht anzuhaften.

Der Buddha erlitt in seinem Leben schwere Schicksalsschläge. Seine Mutter starb bei seiner Geburt, eine Last, die er sein Leben lang mit sich herumtrug. Seine Familie und seine Freunde verstrickten sich in den Unruhen der turbulenten Zeiten damals und hatten oft unter harten Konsequenzen zu leiden. Einer seiner Anhänger, ein König und guter Freund, wurde von seinem eigenen Sohn dem Hungertod ausgesetzt, weil dieser den Thron besteigen wollte. Der Sohn wiederum wurde später ebenfalls von seinem Sohn getötet. Der Buddha führte eine große Gruppe von Wandermönchen an und half ihnen, mit den Problemen fertigzuwerden, die sich ihnen stellten. Gegen Ende seines Lebens musste er sich mit Alter, Krankheit und schließlich dem Tod auseinandersetzen. Ganz bestimmt war er in vielen dieser schwierigen Situationen auch traurig. Aber er begegnete ihnen ruhig und mit tiefem Mitgefühl.

Die Zen-Praxis hilft uns, ein ruhiges, ausgeglichenes Temperament zu entwickeln, was uns wiederum bei der Entwicklung von Achtsamkeit im Alltag zugutekommt. Aber es braucht seine Zeit. Zwischendurch kann es Zeiten der Niedergeschlagenheit und Verzweiflung geben. Wir lernen mehr über uns selbst, und manches von dem, was wir erfahren, ist schwer auszuhalten. An einem Abend wie heute braucht man ein gewisses Maß an Zuversicht, um glauben zu können, dass auch wieder bessere Zeiten kommen. Aber ich habe Zuversicht, und ich bleibe auf dem Weg.

Das Ergebnis dieser Arbeit an sich selbst ist der Mittelweg. Er vermeidet die extremen Gefühle und die psychischen Dramen, die unsere Versuche, uns spirituell weiterzuentwickeln, vereiteln können. Manche meinen, der Mittelweg rate zu emotionaler Distanz, zu Isolation. Sie glauben, er bedeute, dass man unberührt von Gefühlen durchs Leben zu gehen hat. Zum Zen-Ideal gehört es jedoch ebenso, voll und ganz ins Leben einzutauchen, und das umfasst auch die Gefühle, weil sie ein sehr wichtiger Teil des Lebens sind. Wir verspüren immer noch Angst, Traurigkeit, Wut und die ganze übrige Palette menschlicher Gefühle, aber wir halten nicht an ihnen fest. Wir suhlen uns nicht darin. Wir lassen uns davon nicht herunterziehen. In der Praxis bedeutet der Weg des Zen, die überwältigenden Gefühle zu vermeiden, die von Anhaftungen und Begierden kommen, die ehrlichen, bedeutungsvollen Gefühle, die zu einem erfüllten Leben dazugehören, jedoch voll auszuschöpfen.

Ein Buddha ist kein Automat, der ohne die grundlegendsten menschlichen Empfindungen durchs Leben geht. In einem solchen Zustand möchte niemand leben. Ein Buddha empfindet dieselben Gefühle wie andere Menschen, wahrscheinlich sogar noch tiefer als wir, lässt sich davon jedoch nicht beherrschen. Er leidet, suhlt sich aber nicht in seinem Leid. Er ist sich seiner emotionalen Reaktionen vollauf bewusst, kann sie aber richtig einordnen. So verstehe ich das Problem des Leidens. Vielleicht werde ich eines Tages aus eigener Erfahrung erklären können, wie ein Buddha mit Gefühlen umgeht. Im Moment jedoch, vermute ich, leide ich einfach genauso wie alle anderen auch.

Aus dem Radio klingt noch ein Lied. Ein alter Folk-Blues. Fred Neil singt »The Other Side of This Life«. Das passt zu meiner Stimmung heute Abend. »Das Zehn-Cent-Leben, das ich hier führe, wird eines Tages mein Tod.« Aber dann kommt der Refrain, und der zeigt die andere Seite dieses Lebens, und ich stehe auf dem Taxiplatz und sehe einen Weg durch die Dunkelheit, die uns umgibt, ich sehe ein Licht hindurchschimmern. Ein weicher Regen fällt, im nassen Asphalt spiegeln sich die Lichter der Stadt, die Menschen gehen schneller. Sie versuchen, trocken zu bleiben, aber es ist ihnen wiederum auch nicht so wichtig. Die Taxifahrer sind immer noch draußen. An ihre Kotflügel gelehnt nehmen sie alles in sich auf. Sie beobachten die Welt so, wie sie ist. Wir schaffen das. Wir können ein wenig Regen aushalten.

Das ist der Blues, genau so. Das ist das Leben. Ein wenig Traurigkeit mit sehr viel Geist. Auch Traurigkeit ist etwas, was es im Leben zu schätzen gilt. Etwas, über das wir hinauswachsen können. Die Traurigkeit hat ihre Schönheit wie alles im Leben. Ohne ein wenig Traurigkeit wäre der »Blue Monday« nur ein ganz gewöhnlicher schwarz-weißer Abend wie alle anderen auch.

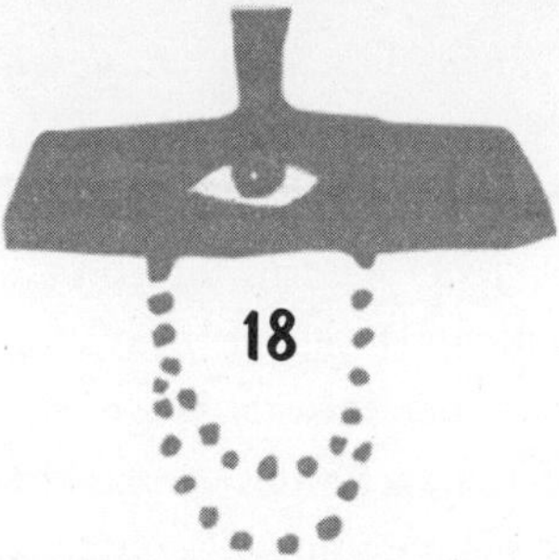

18

Danke, danke

Am Ende jeder Fahrt danke ich meinen Fahrgästen. Das ist einfach ganz normale Höflichkeit. Sie bezahlen mich und legen vielleicht noch ein hübsches Trinkgeld drauf, und ich danke ihnen. Vielleicht danken sie mir, weil ich sie wohlbehalten dahin gebracht habe, wohin sie wollten. Das ist einfach üblich, wenn es um Geld und Dienstleistungen geht.

»Das ist für Sie.«

»Danke schön.«

»Nicht der Rede wert. Ich danke Ihnen.«

Es ist alles ein bisschen mechanisch. Wir danken einander ständig, aber im Grunde gedankenlos. Meist wissen wir noch nicht einmal, wofür wir einander danken. Es ist einfach so Sitte. Ein Reflex. Danke, dass Sie mich dafür bezahlen, dass ich meinen Job mache. Danke, dass Sie Ihren Job machen.

Aber es geht nicht nur ums Geld. Wir haben gerade eine einzigartige Erfahrung miteinander gemacht. Ganz gleich, wie ereignislos die Fahrt verlaufen sein mag, sie war ein einmaliges Erlebnis. Wir werden nie wieder dasselbe tun. Wir können für das interessante Gespräch danken. Danke für die Komplimente für meinen Fahrstil. Danke, dass Sie nicht geschrien haben, als ich ein wenig auf die Gegenfahrbahn geriet. Danke, dass Sie mich nicht erschossen haben. Es ist schließlich ein Taxi, da kann man die Messlatte schon recht niedrig anlegen.

Aber wir sagen nichts dergleichen. Wir schließen einfach die Transaktion ab und gehen unserer Wege.

Es gibt so viel im Leben, für das wir dankbar sein können, aber wir denken einfach nicht daran. Wir sollten ständig danke sagen. Wir sollten einander und unserer Umwelt danken. Schließlich würden wir nicht lange überleben, wenn wir wirklich ganz auf uns allein gestellt wären. Aber wir tun es nicht. Wir denken immer nur an das, was wir wollen, aber nicht haben, und vergessen, dankbar zu sein für das, was wir haben. Das ist Habgier. Das ist Anhaftung. Es ist menschlich, aber es macht uns nicht menschlicher.

Dankbarkeit ist das Gegenteil von Anhaftung. Statt nach dem zu gieren, was uns fehlt, sollten wir genau hinschauen, was wir bereits haben und dankbar dafür sein. Selbst wenn wir nicht viel haben. Im Buddhismus ist ein Leben als Mensch das größte Geschenk. Wir hätten auch als Gürteltier wiedergeboren werden können. Oder als Hungriger Geist. Stattdessen dürfen wir ein Leben als Mensch führen. Dafür sollten wir immer dankbar sein. Wenn wir lebendig sind und einen Stein haben, auf dem wir sitzen können und Luft zum Atmen, können wir im Zazen sitzen und tief in unsere menschliche Natur hineinschauen. Wir sollten dankbar sein für das Leben, einen Stein und die Luft. Alles andere ist nur eine wunderbare Zugabe.

Die meisten Menschen haben sehr viel mehr als die blanken Notwendigkeiten. Im Mahayana-Buddhismus gibt es die Übung, alles aufzuschreiben, was uns im Laufe des Tages geschenkt wird. Nicht Taxifahrten, sondern die kleinen Segnungen, die uns über den Weg laufen. Ein leckerer Imbiss. Ein Lied im Radio. Ein Wasserspender mit richtig kühlem Wasser. Eines kommt zum anderen. Wenn wir es aufschreiben, können wir uns am Abend die Liste ansehen und erkennen, wie viel Glück wir eigentlich haben. Und wir können dankbar dafür sein.

Ein Großteil der Zen-Praxis besteht darin, Wertschätzung für den Alltag zu entwickeln. Sei es nun ein prachtvoller Sonnenaufgang über den grünen Hügeln von Texas oder eine kunterbunte Straßenszene irgendwo auf der Welt, wir sollten alles in uns aufnehmen und die Schönheit darin erkennen. Und wir können es wertschätzen und dafür danken. Wir haben Glück, dass wir da sind, wo wir sind, wo immer es auch sei. Wir haben Glück, dass wir überhaupt sind.

Es ist leicht, dankbar zu sein für kleine Segnungen und Sonnenaufgänge. Wir müssen sie nur wahrnehmen. Aber auch die schweren Zeiten sind wertvoll. Man sagt, was einen nicht umbringt, macht einen stärker. Wenn es danach geht, müssten manche Menschen inzwischen ganz schön stark sein. Wir können dankbar sein für die Prüfungen, die wir zu bestehen, und die Hindernisse, die wir zu überwinden haben. Sie helfen uns zu wachsen. Daran müssen wir denken, wenn schwere Zeiten kommen. Wir müssen achtsam sein und unser Leben wertschätzen.

Vor Jahren kannte ich ein paar Reggaemusiker. Viele waren ergebene Rastas. Eines Nachts hatten sie mit ihrem Van auf der Rückfahrt von einem Auftritt einen schweren Unfall. Der Van lag auf der Seite, ihre Ausrüstung war über die ganze Straße verstreut. Einige Musiker waren verletzt. Sie saßen beieinander auf dem Asphalt, warteten auf den Krankenwagen und beteten. Sie dankten Ja. Später fragte sie jemand, warum sie in so einer Situation dankbar waren.

»Wir sind am Leben«, sagte einer. Die anderen lächelten und nickten.

Auch wir sind am Leben. Wir sollten alle dafür danken.

Wem sollten wir für unser Glück danken? Ja? Gott? Allah? Buddha? Der Göttin? Dem Großen Geist? Oder einfach dieser erstaunlichen Welt, die uns erhält? Das spielt keine Rolle. Der Große Geist braucht unseren Dank nicht. Die Welt ist einfach die Welt. Es geht darum, dass wir uns vergegenwärtigen, wie viel Glück wir haben, dass wir als Menschen leben dürfen. Und wie wichtig es ist, unser Leben nicht zu verschleudern.

Die Verneigung ist überall auf der Welt eine spirituelle Übung. Muslime verneigen sich täglich in Richtung Mekka. Bei christlichen Zeremonien verneigt man sich und kniet. Im Osten gehört die Verneigung sowohl zu den Alltagsgepflogenheiten als auch zu den Zeichen religiöser Verehrung. Eine koreanische Zen-Übung sieht 1080 Verneigungen am Tag vor. Die Verneigungen sind Ausdruck unserer Dankbarkeit für unser kostbares Leben und für alles, was wir haben, um es erfüllt gestalten zu können. Hauptsächlich aber erinnern sie uns an unser großes Glück.

Nach dem Zazen ist es Brauch, sich zu verneigen. Es sollten eine, drei oder neun Verneigungen sein. Oder beliebig viele. Es kommt darauf an, die Verneigungen achtsam zu vollführen. Sie sind kein leeres Ritual. Sie sind keine Gymnastik zur Lockerung der Rückenmuskeln, bevor man aufsteht. Und auch kein eleganter Abschluss der Sitzung. Jede Verneigung ist ein Loslassen des Egos, des kleinen, irregeführten Geistes. Sie ist eine Erinnerung daran, dass wir nur ein kleiner Teil von etwas viel Größerem sind. Jede Verneigung ist ein Ausdruck der Dankbarkeit.

Suzuki Roshi hat stets die Bedeutung der Verneigung betont;

er machte sie zu einem zentralen Teil der Praxis seiner Schüler. Er erzählte stets von seinem eigenen Lehrer, der vom vielen Verneigen Hornhaut auf der Stirn hatte. In jungen Jahren war sein Lehrer dickköpfig und schwierig gewesen, deshalb legte er den Schwerpunkt in seiner Praxis auf die Verneigungen, um dies zu überwinden. Es gibt Menschen, die sollten sich so oft verneigen, dass ihre Stirn grün und blau wird. Ich auf jeden Fall.

Und, da wir gerade beim Thema sind: Danke, dass Sie *Dharma Road* lesen. Es sieht wie etwas aus, das während einer längeren Wartezeit am Flughafen einfach so rausgeflossen ist, aber tatsächlich habe ich viel Zeit und Mühe hineingesteckt. Und viel von mir. Es bedeutet mir sehr viel, dass irgendjemand genug Interesse daran zeigt, es zu lesen.

19

Das rechte Leben

Die Vorstellung, dass ein Taxifahrer Ratschläge zum ethischen Verhalten erteilt, entbehrt nicht einer gewissen Ironie. Mit am schlimmsten beim Taxifahren ist, dass die meisten Menschen uns im Grunde alle für Gauner halten. Komiker reißen ständig Witze über Taxifahrer. David Letterman hat da einiges wiedergutzumachen. Wenn ich ihm je begegne, muss ich ein sehr ernstes Wörtchen mit ihm reden. Bei mir saßen schon Lobbyisten, Rechtsanwälte, Börsenmakler und Politiker im Taxi und meinten, ich solle ja das Taxameter nicht vorstellen, sie wüssten Bescheid. Die Leute denken, wir versuchten ständig, sie übers Ohr zu hauen, aber meistens stimmt das gar nicht. Meistens. Die meisten Fahrer sind ehrliche, schwer arbeitende Menschen, die sich über die wenigen unehrlichen Fahrer mehr aufregen als die Fahrgäste selber. Und die Fahrer, die echte Gauner sind, werden früher oder später alle mit einem kräftigen Arschtritt gefeuert.

Vor ein paar Jahren gab es einen Fahrer, der entdeckte, dass das Taxameter auf den Zeitfaktor umschaltete, sobald das Taxi unter 15 km/h fuhr. Dann wurde dem Fahrgast sowohl die Fahrtzeit als auch die Strecke berechnet. Von da an fuhr er so oft wie irgend möglich unter 15 km/h. So machte er aus einer Fahrt für acht Dollar eine ewig lange Reise für zwanzig Dollar, was seine Fahrgäste maßlos ärgerte. Das klingt ziemlich gewieft, abgesehen von zwei kleinen Problemchen. Erstens, weil er für jede Fahrt sehr viel länger brauchte und nicht das geringste Trinkgeld bekam, verdiente er kein bisschen mehr. Zweitens gingen so viele Beschwerden über ihn ein, dass er innerhalb weniger Tage gefeuert wurde. Auf lange Sicht lohnt Stehlen nicht, nicht einmal im Taxigewerbe. Allerdings ist diese lange Sicht manchmal wirklich sehr lang.

Es gibt einen Trick, den manche Fahrer abziehen, das sogenannte Schleppen. Wenn die Zentrale einem bestimmten Fahrer einen Fahrauftrag zuteilt, hören die anderen Fahrer das über Funk ebenfalls. Eigentlich sollten sie sich dann von dem Block fernhalten, bis der Fahrgast aufgenommen ist. Manchmal jedoch glaubt ein Fahrer, er sei nah genug dran, um den Fahrgast des anderen mitzunehmen und längst wieder weg zu sein, bevor der andere aufkreuzt. Das passiert meistens Neulingen, die in dem Ruf stehen, zu lange zu brauchen, bis sie ihre Fahraufträge annehmen. Dieses Schleppen sorgt für richtig böses Blut unter den Fahrern, ganz zu schweigen von aggressivem Fahrstil und gelegentlichen Schlägereien. Hat ein Fahrer einen entsprechenden Ruf weg, was manchmal passiert, nehmen ihn die anderen aufs Korn. Ich bekomme ständig mit, wie solche Schlepper aus der Taxibranche vertrieben werden. Und tschüss!

Es ist, wie Bob Dylan gesagt hat: »Wer außerhalb des Gesetzes leben will« – oder hart am Rand, wo das Leben spannender ist – »muss ehrlich sein«. Die meisten Fahrer bekommen das sehr schnell mit.

Die ethischen und moralischen Maßstäbe werden im Buddhismus durch zwei Gebotssammlungen bestimmt, die eine ist eher allgemein, die andere etwas genauer. Sie sind eine Ausgestaltung des Rechten Handelns, des vierten Schrittes auf dem Achtfachen Pfad. In der formalen Zen-Praxis gibt es ein Ritual, in dem der Schüler ein feierliches Gelübde ablegt, nach den Geboten zu leben. Ich habe kein förmliches Gelübde abgelegt – ich bin eher der informelle Typ und eigne mich nicht besonders für Rituale – aber ich tue mein Bestes, um den Geist der Gebote zu befolgen. Man braucht kein formelles Gelübde, um sich fest vorzunehmen, ein ethisch und moralisch verantwortliches Leben zu führen.

Die drei Reinen Gebote sind:

1. Meide alles, was böse ist.
2. Tue alles, was gut ist.
3. Kläre den Geist.

Dies ist lediglich eine allgemeine Aussage darüber, was es heißt, Buddhismus zu praktizieren. Sie ist ein bisschen vage. Gut und Böse sind in diesen Geboten nicht definiert. Sie betreffen Handlungen, die die Praxis stärken oder schwächen, und nicht einen detaillierten moralischen Kodex. Mit einem reinen Gewissen wird die Praxis leichter und unser Leben erfüllter. Dann können wir den Geist klären.

Gut und Böse sind subjektiv: Wir sollten den Unterschied intuitiv erfassen. Normalerweise tun wir das auch. Leider bringen wir es hin und wieder fertig, uns selbst etwas vorzumachen und etwas zu tun, das wir tun wollen, obwohl wir wissen, dass es falsch ist. Ein Psychologe würde von Rationalisieren sprechen. Alkoholiker können das besonders gut. Dann feiert ein Trinker seine erste trockene Woche mit einem Drink und sagt sich, er habe es verdient. Wir alle finden Ausreden, warum wir tun können, was wir wollen, auch wenn wir es eigentlich besser wissen. Indem wir den Geist klären, können wir solche Selbsttäuschungen, mit denen wir uns ein Bein stellen, vermeiden. Den Geist klären bedeutet, Meditation und Achtsamkeit sorgfältig zu praktizieren, ohne sich ablenken zu lassen.

Die Zehn Gewichtigen Gebote sind genauer. Sie verbieten ein Handeln, das uns in ernste Schwierigkeiten bringen könnte. Ursprünglich waren es nur fünf, aber einige Jahre nach dem Hinscheiden des Buddha kam jemand auf die Idee, Zehn sei eine gefälligere Zahl. Deshalb wurden der Liste fünf weitere Gebote hinzugefügt, um sie zu vervollständigen. Im Ergebnis haben wir nun, wie ich es nenne, die Fünf Wirklich Gewichtigen Gebote und die Fünf Mäßig Wichtigen Gebote.

Die Zehn Gewichtigen Gebote sind:

1. Nicht töten.
2. Nicht stehlen.
3. Kein missbräuchliches sexuelles Verhalten.
4. Nicht lügen.
5. Keine Drogen nehmen.
6. Nicht schlecht über andere reden.
7. Sich nicht selbst loben.
8. Nicht mit dem Dharma geizen.
9. Nicht wütend sein.
10. Nicht über die drei Kostbarkeiten lästern.

Die Form dieser Gebote lässt ein wenig an die biblischen Zehn Gebote denken, aber die buddhistischen Gebote sind ganz anders. Sind die biblischen Gebote eine Zusammenstellung bestimmter Regeln (Du sollst nicht …), die Gott den Menschen gegeben hat, beschreiben die buddhistischen Gebote das Verhalten eines erleuchteten Wesens, eines Buddha. Ein Buddha würde zum Beispiel nie ein anderes Wesen töten oder auch nur daran denken. Ein Buddha hätte Mitgefühl mit allen Wesen. Wer ein Buddha werden möchte, wird Mitgefühl zeigen und nicht töten. Manchmal wird dieses Gebot in folgender Form ausgedrückt: »Es gibt kein Töten.« Das heißt, dass im Geist eines erleuchteten Wesens das Töten einfach nicht existiert. Es ist undenkbar. Die Bestrafung für einen Verstoß gegen die Gebote besteht lediglich darin, dass die Last des eigenen Handelns zu Ablenkung führt und in diesem und im künftigen Leben schlechtes Karma verursacht, wodurch es schwieriger wird, Erleuchtung zu erlangen.

Es ist, wie die Christen sagen: »Euch geschehe nach eurem Glauben.« Wenn Sie leben wie ein Buddha, werden Sie vielleicht ein Buddha.

Die Gebote dienen als Ausgangspunkt für ein zutiefst subjektives ethisches System. So kann zu Beispiel das Erste Gebot, nicht töten, eng auslegt werden; dann verbietet es lediglich das Töten anderer Menschen. Viele (aber nicht alle) Buddhisten legen es jedoch so aus, dass es auch das Töten aller Tiere und das Essen von Fleisch verbietet, da Tiere getötet werden müssen, wenn sie Fleisch liefern sollen. Es könnte auch das Töten lästiger Insekten wie Feuerameisen und Flöhe verbieten. In extremen Fällen filtern bestimmte Sekten sogar ihr Trinkwasser, um die Mikroorganismen zu entfernen, die beim Hinunterschlucken getötet würden. Die genaue Auslegung der Gebote ist individuell.

Ich selbst filtere die Mikroben nicht aus meinem Wasser heraus. Und was Feuerameisen und Flöhe anbelangt, ist DDT noch zu gut für diese …söhne. In Texas sind Kakerlaken fünf Zentimeter groß. Mit Flügeln. Mitgefühl mit Insekten hat hier nicht unbedingt Priorität. Das ist aber meine persönliche Meinung. Ich bin mir ziemlich sicher, dass der Buddha so etwas nie gelehrt hat. Er hat allerdings auch nie Insektizide verwendet. Vielleicht weitet sich mein Blick mit der Zeit. Oder ich ziehe irgendwohin, wo die Insekten liebenswerter sind.

Das Zweite Gebot verbietet das Stehlen. Es gilt nicht nur für Taschendiebstahl, bewaffneten Raub und Manipulieren des Taxameters, sondern auch für subtilere Formen des Diebstahls wie zum Beispiel die Zerstörung der Umwelt und die Ausbeutung anderer. Die Einstellung ist wichtig: Anhaftung an Besitz ist letztendlich der Auslöser aller Formen des Diebstahls, und Anhaftung ist nicht der Weg zur Erleuchtung.

Das Dritte Gebot verbietet missbräuchliches sexuelles Verhalten. Außerhalb der klösterlichen Praxis ist Sex nicht verboten, und missbräuchliches sexuelles Verhalten wird durch das Gebot nicht definiert. Ist Sex zwischen Unverheirateten erlaubt? Und was ist mit schwulem und lesbischem Sex? Und was ist mit … Oh, keine Sorge. Das hier sind keine *Bekenntnisse eines Taxifahrers*. Die Gebote sind vielfältig gedeutet worden, aber schließlich müssen wir alle zu unserem eigenen Verständnis finden und danach leben. Ein Vorschlag: Wenn Sie glauben, dass Sie sich sexuell missbräuchlich verhalten, dann tun Sie das wahrscheinlich auch.

Das Vierte Gebot verbietet zu lügen. Die Wahrheit ist im Buddhismus entscheidend; das Ziel der Praxis ist, dass wir uns so sehen, wie wir wirklich sind. Dass wir die Wahrheit erkennen und ihr geradewegs ins Gesicht sehen. Die Wahrheit zu leugnen heißt, die Praxis zu leugnen. Deshalb sind Lügen aller Art verboten. Wie bei den anderen Geboten ist jedoch auch dies eine Frage der Interpretation. Ein paar kleine Notlügen können doch nicht so schlimm sein. (Übrigens, Sie sehen heute sehr gut aus.) Und in Situationen, in denen eine Lüge größeren Schaden abwenden kann, mag sie akzeptabel sein. Aber auch hier gilt: Wenn Sie glauben, dass Sie lügen, dann lügen Sie. Und wenn Sie sich nicht sicher sind, sollten Sie wahrscheinlich lieber nichts sagen.

Das Fünfte Gebot verbietet den Gebrauch von Drogen. Ursprünglich bezog sich das nur auf Alkohol, aber heute gibt es sehr viele Drogen, die im alten Indien unbekannt waren. Alle stimmungsaufhellenden Drogen – Marihuana, Heroin, Kokain, Psilocybin, Amphetamine, Ecstasy und was immer die sich heute noch alles einfallen lassen – schaden dem spirituellen Wachstum und sollten gemieden werden. Manche Menschen brauchen verschreibungspflichtige Medikamente/Drogen wegen Depressionen oder Angststörungen. Auch hier gilt, dass es Ihre persönliche Entscheidung ist. Medizinisches Marihuana wäre wahrscheinlich in Ordnung, wenn es wirklich medizinisch ist. In einem Kommentar schreibt Zen-Meister Robert Aitken, dass die übermäßige Nutzung von Ablenkungen wie zum Beispiel Fernsehen ebenfalls eine Form des Drogengebrauchs ist und gemieden werden sollte.

Auch die übrigen fünf Gebote sind wichtig, aber sie sind entweder sehr allgemein oder beziehen sich direkt auf die Praxis und kommen im Alltag nicht vor. Sie verbieten Kritisieren, Prahlen, Zorn und Selbstsucht. Das ist alles ziemlich naheliegend. Es ist am besten, sich nicht selbst zu loben oder andere zu kritisieren und fast alles, was passiert, wenn wir uns dem Zorn hingeben, führt nur zu noch mehr Ärger. Vertrauen Sie mir. Ich kenne mich da aus. Selbstsucht zu vermeiden bedeutet eigentlich, anderen zu helfen, besonders in einem spirituellen Zusammenhang.

Das Zehnte Gebot, nicht über die Drei Kostbarkeiten lästern, ist wirklich trivial. Die Drei Kostbarkeiten – Buddha, Dharma und Sangha (spirituelle Gemeinschaft) – sind die Gesamtheit der buddhistischen Praxis. Jeder, der gegen dieses Gebot verstößt, ist zweifellos längst von der Dharma-Brücke geschlittert. Ganz offensichtlich ist es den Ahnen schwergefallen, ein zehntes Gebot zu finden, aber ihnen gefiel die Zahl, daher haben sie dieses wohl einfach noch hineingebastelt.

Achtsamkeit ist der Schlüssel zur Einhaltung der Gebote. Darüber zu lesen, ist das eine, aber nach ihnen zu leben kann in der realen Welt eine ganz schöne Herausforderung sein. Ich habe mich immer als ehrlichen, ethischen Menschen betrachtet, aber manchmal habe ich mir etwas vorgemacht, war schwach, egozentrisch. Kaum zu glauben, ich weiß, aber es ist wahr. Wenn ich zurückschaue, weiß ich, dass ich Dinge getan habe, die für mich und andere destruktiv waren. Ich habe es immer gut gemeint, immer versucht, das Richtige zu tun. Ich wollte nie jemandem schaden, aber ich bin nicht vollkommen. Heute gebe ich mir mehr Mühe, mache mir die Gebote bewusst und versuche zu erkennen, wie mein Handeln den weiteren Verlauf meines Lebens und des Lebens der Menschen in meiner Umgebung beeinflusst.

Aber es ist eben nur ein Bemühen. Vielleicht kann ein wahrer Buddha die Windungen des Karma und die Wendungen der Selbsttäuschung klar erkennen, aber für uns Normalmenschen sind sie meistens noch ein Rätsel. Wir sind alle unfertig und können nur versuchen, es heute ein wenig besser zu machen und morgen wieder ein wenig besser. Vielleicht ist das ja bereits genug.

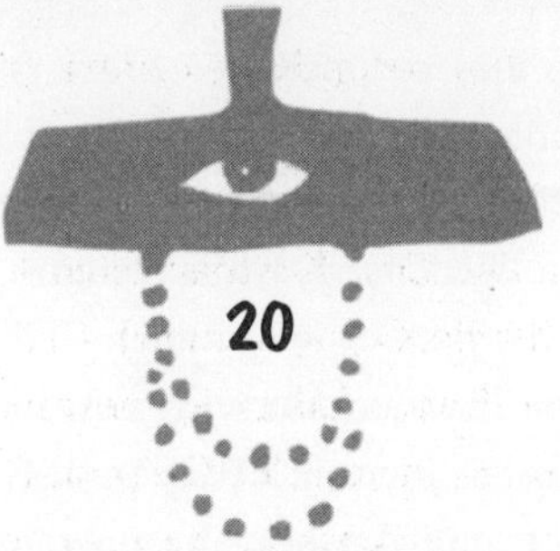

20

Liebende Güte lieben

Wenn man Taxi fährt, begegnet man sehr vielen Leuten. In einer typischen Zwölf-Stunden-Schicht macht ein Fahrer etwa 20 Fahrten, befördert insgesamt etwa 30 bis 40 Menschen und verbringt jeweils etwa 15 Minuten mit ihnen. Man unterhält sich über das Wetter, über Sport, nette Lokale und was am Wochenende so los ist. Man spricht nicht über Politik. Oder Religion. Man lernt keinen dieser Menschen kennen. Es ist alles ziemlich unpersönlich. Man holt sie nur ab, bringt sie irgendwohin und sieht sie nie wieder.

Das gibt uns die gute Gelegenheit, positiv – oder negativ – auf andere einzuwirken, ohne in die laufenden Psychodramen hineingezogen zu werden, die das Alltagsleben zu einem emotionalen Minenfeld machen können. Für Fahrer auf der Achtfachen Autobahn kommt jetzt das Rechte Handeln ins Spiel. Hier tritt die Goldene Regel in Aktion.

Der Buddha lehrte Mitgefühl mit allen Wesen. Im Buddhismus gilt Mitgefühl als aktives Empfinden von Empathie, also die Bereitschaft, das Leiden anderer zu teilen. Es erwächst aus der Erkenntnis, dass wir eigentlich nicht voneinander getrennt sind.

Wir sind alle Teil eines viel größeren Musters. Mit anderen Worten: Wir stecken alle miteinander im selben Schlamassel. Wenn wir andere verletzen, verletzen wir uns selbst. Und im Alltag ist das nicht bloß eine Redensart. Es ist Realität.

Mitgefühl und Empathie sind in allen Religionen von zentraler Bedeutung. Im Christentum wird sehr viel Wert auf Vergebung gelegt. Als Papst Johannes Paul II. dem Mann vergab, der auf ihn geschossen und ihn beinahe umgebracht hat, war das eine große spirituelle Lektion für die Welt. Und die Selbstlosigkeit führender Persönlichkeiten wie Mutter Teresa oder der Dalai Lama ist eine Inspiration für Menschen aller Glaubensrichtungen.

Rechtes Handeln bedeutet, Mitgefühl mit allen Wesen zu haben, nicht nur mit denen, die es verdienen. Die miserablen Autofahrer, die egoistischen Schleicher, die Raser, die Spinner – sie alle bezahlen einen hohen Preis für ihr Verhalten. Die ätzenden Fahrgäste werden früher oder später richtig Ärger kriegen. Sie betteln förmlich darum, und sie werden ihn bekommen. Auch sie leiden. Wir brauchen gar nichts mehr dazu zu tun. Außerdem müssen wir es anderen nicht noch schwerer machen.

Am Steuer eines Taxis seinen Lebensunterhalt zu verdienen, ist hart. Die Fahrer müssen viele Stunden am Stück arbeiten und viel Stress auf sich nehmen, damit es sich auszahlt. Das kann nach einer guten Ausrede zum Ausrasten klingen. Aber das ist es nicht. Wir sind immer besser dran, wenn wir anderen helfen.

Ich bin am Flughafen, an zweiter Position auf dem Taxiplatz direkt vor dem Terminal. Seit fast zwei Stunden warte ich schon in der Schlange und will jetzt endlich losfahren. Vor mir ist Ray, ein Fahrer, der immer am Flughafen arbeitet. Er steht hinter seinem Taxi, der Kofferraum ist offen, und er hat ein ausdrucksloses

Lächeln aufgesetzt. Er schaut mich an, zuckt mit den Schultern, schaut wieder zum Terminal, zappelt ein bisschen herum. Er beobachtet die Nachzügler der früheren Flüge, Menschen, die auf der Toilette waren oder auf ihr Gepäck gewartet haben. Sie kommen aus dem Gebäude, immer in kleinen Gruppen, und gehen meistens direkt zu den Parkplätzen.

Ich weiß, was er denkt. Er beobachtet die Leute, wenn sie herauskommen und versucht zu erraten, wer ein Taxi möchte und wie weit sie wohl fahren werden. Manche Fahrer haben alle Variablen im Griff: die Anzahl der Leute in einer Gruppe, die Art, wie sie gekleidet sind, Menge und Art des Gepäcks, eine lange Liste verschiedener Faktoren. Manchmal stehen sie in der Taxischlange zusammen, diskutieren die Möglichkeiten und streiten sich über die Menschen, die herauskommen. Manchmal schließen sie sogar Wetten ab. Daran denkt Ray jetzt und überlegt sich, wen er will und wen nicht. Er steht schon lange in der Schlange und denkt die ganze Zeit an die lange Fahrt, die er bestimmt gleich bekommt. Er hängt an der Vorstellung. Er denkt, er verdient schon allein deshalb eine gute Fahrt, weil er so lange gewartet hat. Nicht etwa, dass das eine Rolle spielt. Denjenigen, der als Nächstes herauskommt und ein Taxi will, den bekommt er.

Es dauert ein paar Minuten. Dann kommt eine Frau auf ihn zu. Sie ist um die 50, gut gekleidet und zieht einen kleinen Rollenkoffer hinter sich her. Ich denke, sie will bestimmt in ein Hotel, vielleicht im Zentrum, keine lange Fahrt. Er denkt dasselbe, aber er lächelt weiter und begrüßt sie. Er nimmt ihr den Koffer ab, legt ihn in den Kofferraum, und ich kann von seinen Lippen ablesen, dass er fragt: »Wo möchten Sie hin?«

Offensichtlich gefällt ihm die Antwort nicht. Das Lächeln gefriert. Er fasst nach oben und knallt den Kofferraumdeckel zu. Geht ums Auto, seine Lippen formen Worte, und seine Miene verfinstert sich. Er schlägt mit der Faust auf das Dach, öffnet die Tür und steigt ein. Die arme Frau steht immer noch hinter dem Taxi und wirkt schockiert. Sie fragt sich, was sie falsch gemacht hat. Wahrscheinlich fragt sie sich auch, ob sie überhaupt zu diesem Kerl ins Taxi steigen soll. Er könnte gefährlich sein. Oder verrückt. Schließlich geht sie doch nach vorne, öffnet die Tür und steigt ein.

Willkommen in Austin, Ma'm. Wir wünschen Ihnen einen schönen Aufenthalt.

Kommt Ihnen das bekannt vor? Wir beschäftigen uns so sehr mit uns selbst, dass wir die Verbindung zu den Menschen um uns herum völlig verlieren. Das passiert ständig. Ich kenne Ray ein bisschen, er hat ein paar Probleme. Er ist eigentlich ein ziemlich netter Kerl, aber er bleibt die meiste Zeit für sich. Er ist leicht reizbar. Und wie die meisten hat auch er sich nach seinem Schulabschluss nicht in der Taxischlange vor dem Flughafen gesehen.

Den Dharma zu leben bedeutet auch, sich mit anderen Menschen zu verbinden. Zu sehen, was uns eint. Das fällt manchmal sehr schwer. Das Leben auf den Straßen ist hart, und das muss oft als Ausrede herhalten. Es ist leicht, sich immer nur vom ersten Eindruck leiten zu lassen.

Die Lehre vom Mitgefühl gehört zu den Ecksteinen der buddhistischen Praxis. Im Mahayana-Buddhismus gehört Mitgefühl zum Bodhisattva-Ideal, zum Wohle aller Wesen zu leben. Bei der Tonglen-Meditation übernehmen wir das Leiden anderer auf sehr reale Weise. In manchen Schulen ist Mitgefühl der Schwerpunkt der Praxis. Eine Schule, Vipassana oder Einsichtsmeditation, betont die Entwicklung von Mitgefühl durch rigorose

Innenschau. Diese Praxis heißt Metta oder liebende Güte. Liebende Güte, man sagt es mit einem zarten, hoffungsvollen Lächeln.

Zur Praxis der liebenden Güte gehören Meditationen, die auf die Entwicklung persönlicher Eigenschaften wie etwa Gelassenheit und das Gefühl des Geborgenseins zielen, was wiederum zu tiefem Mitgefühl mit anderen führt. So können wir zum Beispiel immer wieder wie ein Mantra »Ich möge frei sein von körperlichem Leiden« chanten. Mit ausreichender Übung erlangen wir ein Gefühl der Geborgenheit und persönlichen Sicherheit. Wenn wir das erreicht haben, ist es leichter, sich den Bedürfnissen anderer zu öffnen.

Das klingt nach sehr viel Arbeit. Doch letzten Endes geht es einfach nur darum, ein anständiger Mensch zu sein. Gar nicht so schwer, könnte man meinen. Aber die Zeiten sind hart, und Ausreden, diesen Aspekt unserer Praxis schleifen zu lassen, finden sich leicht. Wir müssen für uns selber sorgen, da bleibt womöglich nicht mehr viel für andere.

Liebende Güte fällt mir nicht leicht, was wahrscheinlich bedeutet, dass ich es auf mich nehmen und extra hart daran arbeiten sollte. Im Buddhismus-Regal der Bibliothek steht ein Buch *Gentling the Heart* (Das Herz besänftigen). Wenn ich den Titel sehe, weiß ich, dass das nichts für mich ist. Wer ein solches Buch lesen will, muss wahrscheinlich anderen gegenüber gar nicht mehr so viel liebevoller werden. Und wer es am meisten bräuchte – wie ich oder Ray, draußen am Flughafen –, wird es kaum lesen.

Auf den Straßen sieht man heute nicht besonders viel liebende Güte. Alle schlagen sich mit dem Verkehr herum, und jeder versucht, dem anderen eine Nasenlänge voraus zu sein. Wir könnten ein paar echte Bodhisattvas gut gebrauchen. Menschen, die dazu beitragen können, dass sich alles etwas beruhigt, und die uns Normalbürgern zeigen, wie es sein könnte. Ich würde das gerne selber tun, aber ich bin noch meilenweit davon entfernt. Ich arbeite daran. Und ich lerne.

Dienstagnachmittag, ich stehe am Greyhound-Busbahnhof als Zweiter in der Taxischlange. Das Geschäft läuft schlecht, sogar für einen Dienstag. Hochsommer in Austin. Seit Wochen ist alles zäh. Die Leute, die Geld haben, machen irgendwo Urlaub, wo es kühler ist als hier, direkt auf der Sonnenoberfläche. Und wir anderen stecken hier fest und jagen dem Geld nach. Über den Taxifunk kommt auch nichts. Ich würde ja zum Flughafen fahren und mich dort in die Schlange stellen, aber das bringt auch nichts. Außerdem ist der Busbahnhof näher. Ich lasse die Klimaanlage angeschaltet, der Motor läuft und verbraucht Benzin.

An einem Busbahnhof passiert so lange absolut nichts, bis ein Bus kommt, und hier kommen nicht viele Busse. Fahrer, die hier regelmäßig arbeiten, kennen den Fahrplan. Ich nicht. Ich denke mir, ich bleibe einfach hier stehen, bis etwas passiert. Vielleicht ergattere ich ja eine lange Fahrt, eine, die mir den Nachmittag rettet. Am Busbahnhof gibt es gute Fahrten. Oder ich warte zwei Stunden und kriege dann eine Fünf-Dollar-Fuhre. Und das ist noch das Beste aus einer langen Liste schlechter Möglichkeiten.

Ich habe den Hochsommertaxifahrer-Blues. Und zwar heftig.

Nach einer Weile stelle ich den Motor ab und steige aus. Ich würde ja gerne im Schatten sitzen, aber hier gibt es keinen. Ich gehe ans Ende des Busbahnhofs, dorthin, wo man in die Busse einsteigt. Dort sitzen ein paar Leute auf den Bänken und warten auf den nächsten Bus. Sie sehen alle aus, als würden sie gleich einnicken oder in der Sonne dahinschmelzen. Ich könnte ja hineingehen und einen Blick auf den Fahrplan werfen, was sicher das Klügste wäre, aber ich will es gar nicht wissen. Hinter dem Bahnhof ist eine Frau mit einem kleinen Mädchen. Sie sehen aus, als wüssten sie nicht recht, wohin. Sie lädt ein paar Koffer und einen mit Klebeband verschlossenen Karton auf einen kleinen Gepäckwagen und setzt das Mädchen obendrauf, dann schiebt sie den Wagen auf den Gehweg hinaus. Dem Mädchen gefällt die Fahrt, aber sie ist kurz. Die Frau bleibt stehen und schaut sich um.

Die beiden sehen nicht so aus, als könnten sie sich ein Taxi leisten.

Schließlich nimmt sie das Mädchen bei der Hand und geht auf mich zu.

»Entschuldigen Sie, wissen Sie, wo hier die Heilsarmee ist?«

Die ist im Zentrum, so sieben, acht Kilometer vom Busbahnhof entfernt. Das sage ich ihr.

Sie schaut besorgt drein. Das kleine Mädchen betrachtet ihr Spiegelbild in der Taxitür. Sie kann nicht viel sehen, wirkt aber ganz hingerissen. In dieser Hitze wird sie bald anfangen zu jammern. Die Frau denkt nach und fragt: »Wo finde ich eine Bushaltestelle?«

Wäre ich der König der Welt oder auch nur der Boss von Capitol Metro, dann würde ich genau neben dem Greyhound-Bahnhof eine Bushaltestelle einrichten. Schließlich ist das ein Busbahnhof, aber eine Haltestelle für Anschlussbusse ist weit und breit nicht zu finden. Ich beginne, ihr den Weg zur nächsten Bushaltestelle bei der Highland Mall zu beschreiben. Dabei schiele ich hinüber zu den Koffern und dem zugeklebten Karton. Ich schaue die Frau an. Sie sieht aus, als habe sie ein blaues Auge;

nicht allzu schlimm, aber erkennbar. Das kann ich nicht bringen.

»Ach, wissen Sie was, ich fahre Sie schnell hin.«

»Sind Sie sicher? Ich kann mir kein Taxi leisten. Und ich weiß doch, dass Sie damit Ihr Geld verdienen müssen.«

»Das ist schon in Ordnung. Vom ewigen Rumstehen werde ich auch nicht reicher.«

Ich gehe hinüber, schnappe mir den Wagen mit den Koffern und der Kiste und schiebe ihn zum Taxi. Ich belade den Kofferraum. Das kleine Mädchen steht auf Zehenspitzen auf dem Gehweg und studiert das Innere des Kofferraums.

Ich habe vor, sie bis zur Bushaltestelle zu fahren und mich dann wieder am Busbahnhof in die Schlange zu stellen. Aber dann male ich mir aus, wie sie versucht, die Koffer in einen Stadtbus zu hieven. Ich drehe um und fahre zur Interstate, Richtung Innenstadt. Schon geht es mir besser. Ich drehe die Klimaanlage auf.

Auf dem Weg in die Stadt kommen wir ins Gespräch. Es ist, wie ich vermutet habe. Sie war in einer Missbrauchsbeziehung und löst sich jetzt daraus. Sie will hier noch einmal ganz von vorne anfangen. Sie fragt, ob alle Menschen in Austin so nett sind wie ich, und ich sage, ja, die meisten schon, bloß ich bin normalerweise nicht so nett. Aber ich arbeite daran.

Als wir bei der Heilsarmee ankommen, helfe ich ihr mit den Koffern. Die Leute hier erwarten sie schon. Sie muss nicht in der Obdachlosenunterkunft bleiben. Sie helfen ihr, einen neuen Anfang zu machen. Als ich mich zum Gehen wende, schaut das kleine Mädchen zu mir hoch, schenkt mir ein wunderschönes Lächeln und sagt Danke. Es ist ihr erstes Wort, seit dem Busbahnhof. Es ist, wie wenn nach einem rabenschwarzen Nachmittag die Sonne wieder herauskommt.

Von da aus fahre ich hinüber zum Omni-Hotel und ergattere eine 50-Dollar-Fahrt nach Georgetown, dort kommt eine Funkfahrt herein, und ich nehme Fahrgäste für den kompletten Rückweg bis in die Innenstadt auf und dann …

Nein. Natürlich nicht. So ist das Leben nicht. Es ist immer noch ein Dienstagnachmittag im Juli. Ich reihe mich als Dritter in die Schlange vor dem Omni ein und warte dort eine Stunde, bis ich eine Fünf-Dollar-Fahrt zum Capitol ergattere. Aber es geht mir gut dabei. Und nur das zählt.

Und wenn ich in einer Woche daran zurückdenke, dann wird mir klar werden, dass dies der beste Nachmittag der ganzen Woche war. Es war das einzige Mal, wo ich wirklich das Gefühl hatte, dass ich auf diese Welt gehöre, dass ich etwas Richtiges und Wichtiges in diesem Leben zu tun habe.

21

Hör dir das an

Es ist Donnerstagnachmittag. Ich sitze im Taxi und nehme Funkfahrten an, damit überhaupt etwas läuft. Ich übernehme einen Auftrag zur Barton Greek Square Mall. Es ist eine Frau mittleren Alters in einem grellgrünen Hosenanzug. Sie hat ein paar Tüten dabei, und als sie einsteigt, sagt sie mir, sie möchte zum Circle C. Das ist ein Vorort südlich von Austin, man fährt ein ziemliches Stück auf dem Mopac Expressway.

»Ja gerne, Ma'm«, sage ich fröhlich. »Haben Sie sich heute ein bisschen Shopping gegönnt?«

»Ja, und es war einfach großartig. Ich brauchte ein paar neue Kleider fürs Wochenende. Meine Tochter kommt übers Wochenende mit ihrem Mann. Sie wohnen unten in Schertz, das ist bei San Antonio, er arbeitet für Southwestern Bell, ich glaube, das gehört jetzt zu AT&T, er ist dort Abteilungsleiter. Sie ist Lehrerin, zweite Klasse, sie kann wunderbar mit Kindern, ein Naturtalent. Nun ja, auf jeden Fall kommen sie übers Wochenende, und dann gehen wir in ein schickes Restaurant, wir vier, die beiden, mein Mann und ich. Ich weiß noch nicht, in welches Restaurant wir gehen, aber auf jeden Fall in ein richtig schönes, und da wollte ich was zum Anziehen haben, weil ich ja nicht so viel rauskomme, weil mein Mann nicht gerne ausgeht, deshalb bleiben wir meistens zu Hause, und wenn ich dann schon mal wo hinkomme, möchte ich gerne so gut wie möglich aussehen …«

Ehrlich gesagt, ich komme nicht mit. Ich höre ihr überhaupt nicht zu. Ich würde ja gerne sagen, dass ich mich aufs Fahren konzentriere, dass ich mein achtsames Autofahren praktiziere, aber es ist ja nur eine simple Tour auf dem Mopac, und am frühen Nachmittag herrscht hier nicht viel Verkehr, also gibt es auch nicht viel, auf das ich mich konzentrieren müsste. Mich interessiert einfach nicht, was sie sagt. Mir ist es egal, was ihr Schwiegersohn macht, es sei denn, er führe Taxi. Da, wo er herkommt. Dann könnte es mich vielleicht interessieren. Oder er wäre Zen-Meister. Das würde meine Aufmerksamkeit gewinnen.

Ich tue das, was wir alle in einer solchen Situation machen. Ich kriege genug von dem mit, was sie sagt, um es zu verstehen, auch ohne wirklich zuzuhören. Man könnte mich jederzeit fragen, was sie gerade gesagt hat, und ich wüsste es. Würde man mich aber fragen, was sie davor gesagt hat, hätte ich keinen blassen Schimmer. Und wenn sie mir eine Frage stellt, dann kriege ich das mit. Hin und wieder nicke ich oder sage »Aha« oder etwas Ähnliches, nur um zu zeigen, dass ich ihr folge, aber das war's dann auch schon.

Ich höre ihr zu, wie man dem Funker aus der Zentrale zuhört. Ich muss mit halbem Ohr dabei sein. Wenn er meine Taxinummer ruft, muss ich das mitkriegen; und ein paar andere Sachen, die sich ergeben, muss ich auch mitbekommen, zum Beispiel offene Aufträge bei Hotels, Ankündigungen, Notfälle, derlei

Dinge. Aber zum größten Teil ist der Funkverkehr bloß eine endlose Abfolge von Taxinummern und Adressen, die nichts mit mir zu tun haben, und da muss ich nicht allzu genau hinhören. Deshalb tue ich es auch nicht. Ich lasse es los, bis ich etwas höre – meine Taxinummer zum Beispiel –, das mich hellhörig werden lässt. Der Unterschied ist, der Funker sitzt nicht neben mir und erwartet keinen menschlichen Kontakt.

Warten Sie mal. Und was ist mit Rechtem Handeln? Mitgefühl mit allen Wesen? Liebender Güte? Ist Zuhören nicht Bestandteil der Rechten Rede? Sollte ich nicht versuchen, dieser Frau bei ihren Sorgen und Nöten zu helfen? Gehört das nicht auch zu meiner Praxis?

Andererseits lässt sie mir ja kaum eine Chance, an ihrem Gespräch teilzuhaben. Sie berichtet einfach aus ihrem Leben. Eigentlich ist es auch gar kein richtiges Gespräch, sondern ein endloses Geschnatter vom Rücksitz. Sie denkt gar nicht an mich und mein Leben, an das, was wir vielleicht gemeinsam haben könnten. Sie denkt einfach nur an sich selbst, wenn sie überhaupt an etwas denkt.

Sie hört mir gar nicht zu.

»… und man wohnt wirklich sehr schön da, obwohl wir witzigerweise unsere Nachbarn noch gar nicht kennengelernt haben, außer den Brombacks, die sind wirklich nett, aber wir unternehmen eigentlich nicht besonders viel mit ihnen, wir sitzen bloß ab und zu zusammen …«

Seien Sie mal ehrlich. Wie oft hören Sie jemandem wirklich zu? Während Ihr Gegenüber spricht, denken Sie bereits daran, was Sie als Nächstes sagen wollen. Sie fragen sich, was die anderen von Ihnen halten. Sie schätzen Ihr Gegenüber ein, bilden sich eine Meinung. Oder Sie fragen sich, wie Sie dem möglichst schnell ein Ende machen und das Weite suchen können. Sie hören nicht wirklich zu. Natürlich ist das nicht immer so, aber erschreckend viele Gespräche verlaufen völlig im Sande. Weil keiner zuhört.

Ein wunderbares Beispiel ist die Situation, dass man sich miteinander bekannt macht:

»Hallo, ich heiße Chris.«

»Schön, Sie kennenzulernen. Ich bin Brian.«

Und schon denke ich: Wie, zum Teufel, hat sie gesagt, heißt sie?

Das passiert jedem. Wir denken daran, wie wir aussehen, was wir sagen wollen und was wir tun können, damit wir einen guten Eindruck machen. Sich ihren Namen zu merken, wäre schon einmal ein guter Anfang. Aber dazu kommt es erst gar nicht. Wir haben nicht zugehört. (Mein Tipp: Wenn Sie jemanden kennenlernen, achten Sie darauf, dass Sie den Namen der Person wiederholen: »Schön, Sie kennenzulernen, Chris. Ich bin Brian.« Das hilft sehr. Man muss nur daran denken, es auch wirklich zu tun.)

Zuhören ist gar nicht so schwer. Es braucht dazu nur einen gewissen Grad an Respekt vor anderen. Empathie. Mitgefühl. Und es braucht Achtsamkeit, und die versuchen wir ja zu entwickeln. Die Mühe lohnt sich. Wenn wir anderen zuhören, erkennen wir sie als Mensch in ihrer Einzigartigkeit an. Dadurch wachsen wir einen Augenblick lang über die bloße Beschäftigung mit uns selbst hinaus und öffnen uns einer anderen Sichtweise. Es könnte sogar sein, dass wir dabei etwas lernen.

Oder wir können aus dem Fenster hinaus in die zersiedelte Landschaft schauen und etwa alle 30 Sekunden »m-hm« murmeln.

»... und mit vier Kindern hat sie genug zu tun, da hat sie nicht mehr viel Zeit für ihre Malerei, was wirklich schade ist, weil sie darin wirklich gut war und wir alle gedacht haben, sie brächte es darin mal zu was, aber die Kinder sind natürlich die reinsten Engelchen, oh, die Nächste rechts bitte, gleich hinter dem schrecklichen blauen Haus dort, bei dem der Rasen mal wieder gemäht werden müsste. Ich weiß auch nicht, warum die das nicht ordentlicher halten. Es gibt einen Nachbarschaftsverein ...«

Wenn wir nicht aufpassen, kann es natürlich auch vorkommen, dass wir etwas nicht mitkriegen, was wir wissen müssten. Es versteckt sich vielleicht im Redeschwall, und wenn wir einfach nur hören, was gesagt wird, ohne wirklich zuzuhören, verpassen wir es. Aber das kriege ich gerade noch mit. Ich biege rechts ab und zuckle ihre Straße entlang, während sie auf die verschiedenen Häuser deutet und mir etwas über die Menschen erzählt, die darin wohnen.

Taxifahren – und alles andere, bei dem wir mit Menschen in Kontakt kommen – gibt uns die Chance, ein wenig Wohlbefinden in der Welt zu verbreiten. Wir können unsere Arbeitstage dazu nutzen, die Welt ein wenig besser zu machen, jedes Mal ein kleines bisschen. Wir säen immer einen Samen aus. Das gehört zur Praxis des Rechten Lebenserwerbs. Wir möchten, dass es den Menschen, denen wir begegnen – und uns selbst –, danach ein wenig besser geht.

Ich biege in ihre Einfahrt, und wir rechnen ab. Als sie danach die Tür öffnet, lächle ich und sage: »Haben Sie ein schönes Wochenende mit Ihrer Tochter. Sie müssen sehr stolz auf sie sein.«

Sie hält inne, schaut mich an und lächelt zum ersten Mal. »Danke«, sagt sie. »Es ist sehr nett, dass Sie das sagen.« Sie steigt aus, lächelt immer noch und ist glücklich, weil ihr jemand wirklich zugehört hat. Vielleicht fühlt sie sich nicht beachtet, und das tut ihr weh, weshalb sie umso mehr versucht, Aufmerksamkeit zu bekommen. Andererseits, geht es uns nicht allen hin und wieder so?

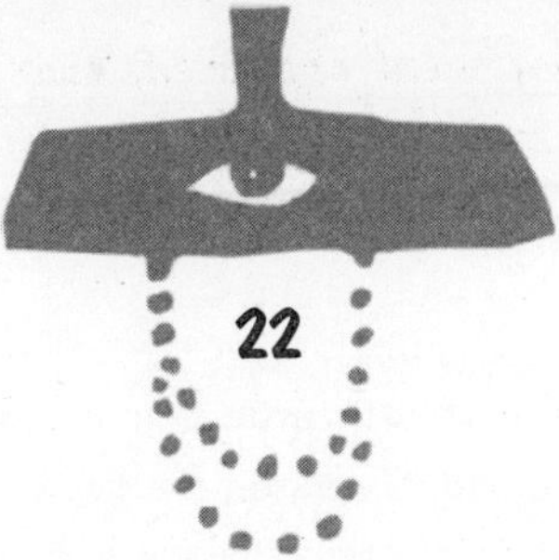

22

Immer Ärger mit aggressiven Autofahrern

Ich fahre auf der South Congress und versuche, rechtzeitig zur 6th Street zurückzukommen, um da zu sein, wenn die Bars schließen. Es ist ein Uhr morgens, und ich habe noch nicht einmal meine Taximiete drin, deshalb bin ich etwas genervt. Ich beobachte den Verkehr und schätze die Lichter vor mir ab. Wenn ich alles richtig mache, kann ich noch vier oder fünf Fahrten ergattern und damit alles ausgleichen, was in dieser Schicht bisher schiefgelaufen ist.

Links von mir rast ein Silverado heran, schert knapp vor mir ein und bremst dann plötzlich ab. Ich steige voll in die Eisen, höre die Reifen quietschen und spüre, wie das Taxi hinten ein wenig schlingert, weil die Hinterräder auszubrechen drohen. Kaum habe ich es wieder im Griff, wird der Silverado noch langsamer, biegt blitzschnell und ohne zu blinken rechts auf die East Annie ab und verschwindet. Ich umklammere das Steuer so fest, dass ich schon befürchte, es verbiegt sich gleich unter meinen Händen. Einen Augenblick lang spiele ich mit dem Gedanken, die Nächste rechts zu fahren, den Armleuchter einzuholen und ihm eine gehörige Lektion in Sachen anständiges Autofahren zu erteilen, ihm zu zeigen, wo der Hersteller den Blinker angebracht hat.

Ich hole tief Luft und lasse sie langsam ausströmen. Der Moment ist vorbei.

Man hört heute viel über aggressives Fahren. Man sieht es auch sehr oft. Anscheinend wurde es in den Stand einer psychischen Störung erhoben, als wären die Leute, die sich dazu hinreißen lassen, Opfer. Meistens bewegt sich das in der Größenordnung von Gesten, Hupen und Schimpfwörtern sowie Fahrern, die hintereinander herjagen, bloß um ein bisschen auf die Pauke zu hauen. Doch solche Begegnungen können ernsthaft eskalieren. Wir wissen es eigentlich alle besser, aber es besser zu wissen ist eine Sache, eine andere, es loszulassen, wenn es tatsächlich so weit ist. Irgendwer macht eine Dummheit, der Nächste reagiert darauf, und ehe man sich's versieht, geht der Ärger los. Manchmal endet es damit, dass die Fahrer mit Montiereisen aufeinander losgehen. Manchmal kommt es zur Schießerei und in die Abendnachrichten. In Austin ist das schon passiert, und Austin ist nicht unbedingt die Stadt mit den meisten Verbrechen in Amerika. Überall sonst ist es ebenfalls schon vorgekommen.

Man sollte glauben, aggressives Verhalten am Steuer hätte angefangen, als dem ersten Ford Model A von einer Pferdekutsche der Weg abgeschnitten wurde, aber da täuscht man sich. In den USA war aggressives Fahren bis in die 1980er-Jahre hinein unbekannt; erst danach wurde erstmalig von einem sprunghaften Anstieg der Gewalt auf den Straßen berichtet. Seit damals wird es ständig schlimmer.

In dem Zusammenhang übrigens herzlichen Glückwunsch an die Autofahrer in Miami! Eine vor kurzem veröffentlichte Studie zeigt, dass Ihre Stadt bei den auf aggressive Fahrweise zurückzuführenden Zwischenfällen landesweit erneut den Spitzenplatz einnimmt. Echt gut gemacht, Bürger von Miami. Und haltet euch bloß von Texas fern.

Wenn ein Taxifahrer in Schwierigkeiten steckt, dann setzt er einen Notruf ab, und die Zentrale schickt einen »Code 12« mit seinem Standort als Sammelruf über Funk. Die Fahrer in der Nähe reagieren darauf. Bei vielen derartigen Zwischenfällen geht es in irgendeiner Form um aggressives Fahren. Vielleicht hat der Taxifahrer jemanden geschnitten oder auf ein bestimmtes Verhalten eines anderen Fahrers reagiert, aber es endet mit einem Wortgefecht auf einem Parkplatz und der Hoffnung des Taxifahrers, dass bald Hilfe kommt. Wenn nicht in den ersten Minuten die Fäuste fliegen, kommt die Hilfe, und alle beruhigen sich wieder und fahren weiter. Später können sie sich kaum noch entsinnen, warum sie eigentlich so ausgerastet sind.

In diesen ersten paar Minuten kann allerdings alles passieren.

Es gibt nur eine vernünftige Art, auf den Ärger auf der Straße zu reagieren: nicht zu reagieren. Wenn jemand Sie schneidet, Ihnen die Vorfahrt nimmt, bremsen Sie und regen Sie sich nicht auf. Lassen Sie sie ziehen. Dann ist das Ganze nicht Ihr Problem. Wenn Sie selbst einen Fehler machen und ein anderer Fahrer losbrüllt und nicht mehr aufhört, dann heben Sie die Hand zum Zeichen der Entschuldigung, zeigen Sie, dass es Ihnen leidtut. Erwidern Sie nichts, egal welche Wörter der andere in den Mund nimmt. Was immer auf der Straße passiert, bleiben Sie ruhig und lassen Sie es los. In den meisten Fällen ist es damit getan. Wenn nicht, gehen Sie zur nächsten Polizeidienststelle. Oder fahren Sie in eine hell erleuchtete Straße mit sehr vielen Leuten.

Lassen Sie es los - das sagt sich so leicht. Aber auf der Straße, wenn Sie gerade erlebt haben, wie ein anderer Fahrer ohne Vorwarnung drei Fahrbahnen überquert und dabei fast Ihr Taxi schrottet, ist das etwas ganz anderes. Ihr Herz hämmert in der Brust, und das Adrenalin lässt die Galle steigen. Vielleicht schreit ein Fahrgast auf, andere Fahrer hupen wie verrückt, und Sie verspüren den Drang, ihm nachzufahren, sich an seine Stoßstange zu heften und ihm zu zeigen, was Sie von ihm halten. Vielleicht können Sie neben ihn fahren, das Fenster herunterlassen und ein paar Takte mit ihm reden. »Hey, Knallfrosch, wo haben Sie denn Ihren Führerschein her? Auf dem Jahrmarkt gewonnen? Geben Sie ihn bloß zurück und lassen Sie sich Ihre zehn Cent wiedergeben.« Irgendetwas Cleveres in der Art. Vielleicht lernt er ja was draus und wird ein besserer Autofahrer. Wenn man um zwei Uhr morgens auf der Straße unterwegs ist, kann man das schon mal für eine gute Idee halten. Ist es aber nicht.

Wut ist nur ein Gefühl. Es geht vorüber. Normalerweise dauert es ein paar Minuten, dann denkt man noch einmal darüber nach, merkt, dass es bloß ein Fehler war, ein schlechter Autofahrer, der sich eben gerade noch ein wenig dümmer benommen hat als sonst. Ihnen wird klar, dass es nur ein schlechter Moment war. So etwas kommt vor. Stattdessen könnten Sie aber auch mit einem Montiereisen in der Hand auf einem Parkplatz stehen und ein paar Dinge sagen, die Sie nie wieder zurücknehmen können.

Eigentlich geht es hier um Achtsamkeit. Es geht darum, die Wut in den Griff zu kriegen, bevor sie einem richtigen Ärger einträgt. Das erfordert Disziplin, Selbstkontrolle. Achtsamkeit.

Wut ist nur ein emotionaler Zustand. Sie ist vergänglich. Leer. Wie Angst oder Traurigkeit oder Niedergeschlagenheit. Und übrigens auch Glück. Sie hält nicht an. Im Kern ist sie nichts weiter als eine Reihe physischer Reaktionen, die in bestimmten Situationen von praktischem Wert, aber auf der Straße keine große Hilfe sind. Auch sonst nirgendwo in dem Leben, das wir heute führen. Deshalb müssen wir verhindern, dass sie uns innerlich zerreißen. Und der Schlüssel dazu liegt darin, sich bewusst zu werden, wann sie aufkommen. Der vietnamesische Zen-Lehrer Thich Nhat Hanh vergleicht Wut mit einem schreienden Baby. Achtsamkeit ist die aufmerksame Mutter des Babys. Die Mutter kümmert sich um das Baby, und schon bald beruhigt es sich wieder. Die Mutter macht das Ganze nicht durch eigene Wut noch schlimmer. Und sie wendet sich auch nicht ab. Wenn wir uns der Wut aufmerksam zuwenden, nehmen wir ihr die Kraft, und sie verschwindet ganz von selbst. In einer anderen Analogie wird Wut mit einem lodernden Feuer verglichen. Die ihr zugrundeliegenden Gedanken und Gefühle nähren sie. Wenn wir achtsam sind, können wir diese Gedanken und Gefühle als das erkennen, was sie sind, ohne zuzulassen, dass sie unsere Wut weiter schüren. Ohne Nahrung stirbt das Feuer.

Am besten ist es, die Wut nicht zu bekämpfen. Nehmen Sie sie an. Erleben Sie sie. Sie ist lediglich ein Aspekt Ihres Alltagsgeistes, eben jenes Geistes, den wir verstehen wollen. Deshalb bietet die Wut uns eine Möglichkeit zum Wachsen. Spüren Sie, wie sie aufsteigt. Lassen Sie sie los. Beobachten Sie, wie sie verebbt.

Wut sagt oft etwas darüber aus, wer wir sind, wie es um unseren Geist bestellt ist. An einem Tag treibt uns ein Zwischenfall zu blinder Raserei, und an einem anderen macht er uns überhaupt nichts aus. Etwas Triviales regt uns auf, wohingegen etwas wirklich Schwerwiegendes uns kalt lässt. So gesehen sind die Idioten im Verkehr einfach Idioten, etwas zum Lachen oder für einen gelegentlichen Adrenalinschub. Sie sind nicht den geringsten Blutdruckanstieg wert. Und schon gar keine Schlägerei.

Gute Fragen, die man sich stellen kann, lauten: Warum bin ich wütend darüber? Warum jetzt?

Aber wenn man auf der Straße ist und spürt, wie die Wut in einem hochkocht, fällt es sehr schwer, sie als Wachstumschance zu betrachten. Dann will man ihr nachgeben. Sie ausagieren. Nur ein Weilchen. Jetzt ist es ein bisschen spät für eine hübsche Runde Zazen, um den Geist zu beruhigen. Oder ein ausführliches Verhaltenstraining in Wutmanagement. Aber hier kommt eine Idee. Versuchen Sie, das folgende kurze Mantra drei Mal zu chanten: *Om ero-ba na-ra hum*. Das ist Tibetisch. Grob übersetzt bedeutet es: »Die Wut ist in der Luft oder um dich herum zerstoben.« Wenn Sie Fahrgäste haben, können Sie es beim Ausatmen flüstern. Nehmen Sie dann einen tiefen, reinigenden Atemzug, atmen Sie langsam wieder aus und lassen Sie die Wut mit dem Atem ausströmen. Davon verschwindet sie nicht ganz, aber es verhindert, dass sie Sie übermannt und in Schwierigkeiten bringt. Dann können Sie sie annehmen und aus ihr lernen. *Om ero-ba na-ra hum*.

Ich weiß, die Straßen sind voller grottenschlechter Autofahrer, die immer nur eine Schrecksekunde von der Katastrophe entfernt sind. Um diese Zeit, das weiß ich, sind viele ein wenig betrunken. Ich rechne mit dem Schlimmsten. Wenn ich recht habe, warum sollte ich mich dann aufregen? Vielleicht, weil ich hier draußen versuche, in einer ziemlich harten Welt meinen Lebensunterhalt zu verdienen, und es heute Nacht nicht besonders gut läuft. Ich habe zu kämpfen, heute sogar darum, überhaupt meine Kosten hereinzubekommen, und ich hab's eilig, bin vielleicht nicht so vorsichtig, wie ich sollte. Hätte ich früher ein wenig mehr getan, wäre ich jetzt nicht in dieser Lage. Vielleicht bin ich sauer, weil ich wegen anderer Dinge in meinem Leben nicht glücklich bin. Ich lerne mich ein bisschen besser kennen, und ich bin nicht zufrieden mit dem, was ich dabei herausfinde. Das könnte eine Rolle spielen.

Jetzt fahre ich über die Brücke in die Innenstadt von Austin. Der Silverado ist weit weg, womöglich fällt der Fahrer schon ins Bett, um seinen Rausch auszuschlafen. Und ich denke: Was bin ich froh, dass ich hier bin, vor mir die Lichter der Stadt, und in der 6th Street warten die Leute schon, dass ich komme und sie nach Hause bringe. Jetzt bin ich froh, dass ich nicht mit einem Besoffenen auf einem Parkplatz stehe, ein Montiereisen und grobe Reden schwinge, in der Hoffnung, diese Nacht lebend zu überstehen.

23

Taxifahrer verarschen

Vor dem *Louie's* in der Innenstadt nehme ich sie auf. Es ist etwa 21 Uhr. Zwei junge Männer in Sakko und Krawatte. Sie steigen hinten ein, poltern herum, machen es sich bequem und lachen über irgendetwas. Ich frage sie, wohin sie wollen, und sie lassen mich erst einmal warten. Das macht mir nichts aus. Ich schalte das Taxameter ein und schaue zu, wie der Verkehr an uns vorüberfließt. Solange das Taxameter läuft, kann ich von mir aus die ganze Nacht hier stehen bleiben.

Sie sind betrunken. Endlich sagt einer der beiden, ich solle sie zum *Sugar's* bringen, das ist ein Edel-Stripclub ein paar Kilometer weiter nördlich. Ich fahre vom Platz, biege auf die Congress und dann auf die 7th. Sie unterhalten sich leise auf dem Rücksitz, ich blende sie aus und konzentriere mich aufs Fahren. Am Himmel ist immer noch ein heller Streifen von der untergehenden Sonne, die Straßen sind ruhig.

»Hey, Kumpel«, sagt einer. »Wie fährst'n du?«

»Ich fahre rüber zur Interstate, dann hoch zur Koenig Lane und zur Highland Mall.«

»Okay, mein Freund. Ich wollte nur ein Auge auf dich haben,

das ist alles. Ich weiß, wie ihr Taxifahrer den Preis gern in die Höhe treibt.«

»Lass den Mann in Ruhe«, sagt der andere. »Der weiß schon, was er macht. Der ist ein verfickter Fachmann. Ein echt begabtes Stück Scheiße.«

»So solltest du aber nicht über ihn reden. Vielleicht ist er ja so'n Übergeschnappter, der nur darauf wartet, dass er auf einen losgehen kann. Du solltest dich entschuldigen, bevor er einen Anfall kriegt. Oder losflennt.«

»Klar. Hey, wir machen nur Blödsinn. Macht dir doch nichts aus, oder?«

»Kein Problem.«

»Wir wollen keinen Streit mit dir. Weißte, kein Problem mit dir kriegen oder sowas.« Beide lachen. »Nein, das wäre uns wirklich gar nicht recht.«

Aha.

Die meisten Leute, die ins Taxi steigen, sind ganz normale Menschen. Manche sind freundlich, wollen sich ein bisschen unterhalten, andere wollen in Ruhe gelassen werden. Vor allem aber wollen sie ohne großes Trara irgendwohin. Doch hin und wieder steigt jemand ein, der das klassische Spiel »Taxifahrer verarschen« spielen will. Meistens sind es junge Männer. Meistens zwei, manchmal drei, die versuchen, sich voreinander aufzuspielen. Meistens sind sie betrunken.

Ich fahre jetzt ein bisschen schneller. Diese Fahrten bringt man am besten so schnell wie möglich hinter sich, bevor es schlimmer wird. Ich biege in die Auffahrt zur Interstate, quere ein paar Fahrspuren und beschleunige auf beinahe 100. Jetzt ziehen sie mich damit auf, wie reich sie sind, dass sie an ein oder zwei Tagen so viel verdienen wie ich in einem ganzen Jahr. 105.

Ich nehme einen tiefen Bambusatemzug, lasse die Luft langsam wieder heraus und spüre ihr nach, wie sie über meine Lippen strömt. Dann noch einen. Ich übe Nicht-Anhaftung. Ich übe die Paramita der Geduld. Ich verbreite Strahlen guter Gefühle im Taxi. Liebende Güte. Mitgefühl.

Wem mache ich da eigentlich was vor? Ich bin nur ein Anfänger, kein Buddha. Ich hasse diese Kerle. Sogar der Dalai Lama würde sie erwürgen.

Vor einiger Zeit hat ein Taxifahrer aus Austin zwei Fahrgäste mit einer Pistole erschossen, die er zu seinem Schutz dabeihatte. Sie hatten in einer Sportkneipe einen Boxkampf von Mike Tyson gesehen und getrunken. Vielleicht haben sie »Taxifahrer verarschen« gespielt. Keiner weiß, was wirklich in dem Taxi passiert ist. Der Fahrer war der Einzige, der noch etwas darüber sagen konnte. Es hatte Streit gegeben. Bestimmte Worte waren gefallen. Nach Aussage des Fahrers hatte er Bilder seiner Familie am Armaturenbrett, und die Fahrgäste gaben ihre Kommentare dazu ab. Da rastete er aus. Der Fahrer bog auf einen dunklen Abschnitt der Barton Springs Road ein, und alle stiegen aus. Der Fahrer holte eine Pistole unter seinem Sitz hervor und erschoss die beiden Männer. Der zweite Mann rannte weg und wurde in den Rücken getroffen. Ein paar Monate später starb der Fahrer in einer Gefängniszelle, in der er auf sein Gerichtsverfahren wartete. Er war in eine schwere Depression gefallen, hatte 25 Kilo abgenommen und starb schließlich an Herzversagen.

Ich bin dem Mann nie begegnet. Nach allem, was man so hört, hatte er sich schon seit geraumer Zeit nicht mehr unter Kontrolle. Es lief nicht besonders gut in seinem Leben, und er bekam es nicht in den Griff. Einer wie er hätte im Taxi keine Pistole dabeihaben dürfen. Das sollte keiner, zumindest keiner, den ich kenne.

Mir könnte das nicht passieren. Ich meditiere. Ich habe Mitgefühl mit allen Wesen. Und ich habe keine Pistole dabei.

Eine solche Fahrt ist eine gute Übung. Ich muss auf sehr lange Sicht denken. Alles, was sie sagen, sollte einfach an mir abprallen. Ich bin nicht reich. Ich habe weder Status noch Macht. Das ist in Ordnung. Nicht, dass ich das nicht auch schon vorher gewusst hätte. Diese Dinge sind eigentlich nicht wichtig. Wohlstand und Macht sind Ablenkungen, die verhindern, dass wir die Welt so sehen, wie sie wirklich ist. Sie verhindern, dass wir unsere wahre Natur erkennen. Ich bin besser dran ohne sie. Wichtig ist die Straße, auf der ich fahre. Der Weg. Die Achtfache Autobahn. Dharma Road.

Der Buddha musste mit ein paar hartgesottenen Kerlen fertigwerden, und er tat es mit Stil. Er lebte in einer gesetzlosen Zeit ziemlicher Anarchie. Es gab einen furchtbaren Räuber namens Angulimala, der durch das Land zog und alles tötete und ausraubte, was ihm über den Weg kam. Der Buddha suchte ihn auf und stellte sich ihm mit Mitgefühl und großem Mut. Dieser Mut bei einem unbewaffneten Mönch beeindruckte den Räuber, und er dachte über sein Verhalten nach. Der Buddha half Angulimala, sich aus den Umständen zu befreien, die ihn auf den Weg der Gesetzlosigkeit geführt hatten und bekehrte ihn zum Dharma. Angulimala wurde ein Mönch und widmete den Rest seines Lebens einem friedlichen Dasein.

Der Mut und das Mitgefühl des Buddha sind legendär. Im hohen Alter musste er sich Devadatta stellen, einem Emporkömmling unter seinen Mönchen, der die Leitung der Bewegung übernehmen wollte. Als Devadatta eine Verschwörung zur Ermordung des Buddha anzettelte, sandte er Soldaten aus, aber der Buddha lehrte sie den Dharma, und sie gingen fort, für immer verändert. Devadatta schickte sogar einen bösen Elefanten, der den Buddha zertrampeln sollte, aber der Buddha streichelte ihn und lehrte ihn das Karma und die Entwicklung seines künftigen Lebens. Der Elefant wich zurück, ebenfalls verändert. Schließlich war Devadatta besiegt. Der Buddha tat das alles, indem er ruhig blieb und großes Mitgefühl zeigte. Das Charisma half.

Ich wünschte, ich könnte all das auch und noch mehr. Ich würde diese ätzenden Fahrgäste gerne vor sich selber retten. Ich würde sie gerne zum Dharma führen und sie mit einem freundlichen Wort und einem Lächeln ihrer Wege schicken. Ich bin nicht so weit. Ich kann ihnen nicht helfen. Ich kann bestenfalls nicht auf sie reagieren. Vielleicht kann ich eines Tages mehr tun.

Jetzt fahre ich von der Interstate ab. Nur noch ein paar Minuten. Ein paar Minuten halte ich das noch aus. Das ist nur eine weitere Prüfung, wieder eine Chance zu wachsen. Die Ampel vor mir wird rot. Okay. Es dauert noch ein bisschen länger. Damit kann ich umgehen.

Sie reden immer noch. Was sie jetzt sagen, möchte ich wirklich nicht wiederholen. Ich fange an zu lächeln. Das ist alles gar nicht so schlimm. Ich muss nicht auf ihre Spielchen eingehen. Ich kann mir sogar einen kleinen Spaß mit ihnen machen. Ich halte vor der Ampel an, drehe mich halb nach hinten um und schaue sie an. Ich schenke ihnen ein kleines Lächeln. Einen freundlichen, hilfreichen Gesichtsausdruck. Sie halten den Mund und schauen mich an. »Kann ich Sie was fragen?«

»Ho ho, ja, klar, Klopapier, nur immer heraus mit der Sprache.«

»Haben Sie Jesus Christus als Ihren Erlöser angenommen?«

Plötzlich wird es ruhig im Taxi. Sie murmeln etwas und verstummen dann. Die Ampel wird grün, und ich fahre los. So besoffen sie sind, »Unseren Herrn und Erlöser verarschen« spielen sie nicht. Es funktioniert jedes Mal.

Auf dem Rest der Fahrt herrscht Stille. Als ich vor dem *Sugar's* anhalte, werfen sie einen Zwanziger über den Vordersitz und steigen ohne ein weiteres Wort aus. Beim Wegfahren sehe ich, wie einer der Türsteher vor dem *Sugar's* mit ihnen spricht, sie abcheckt. Er ist etwa eins neunzig groß, wiegt bestimmt 120 Kilo und wird sich ihren Unsinn mit Sicherheit nicht anhören. Außerdem lässt er sie nicht in den Club. Sie müssen wohl etwas gesagt haben, was ihm missfallen hat. Während ich mich in den Verkehr einfädle, sehe ich im Rückspiegel, wie sie mir winken. Sie brauchen ein Taxi. Ich fahre die Straße entlang und habe sie schon fast vergessen.

24

Nicht viel zu befürchten

Drei Uhr morgens. Ich fahre ein letztes Mal die 6th ab und versuche, noch eine letzte Fahrt für diese Nacht zu ergattern. Leute stehen in kleinen Grüppchen zusammen, Nachzügler, meist Angestellte, die in den Clubs arbeiten, oder ein paar vom harten Kern, die gar nicht nach Hause wollen.

Eine Frau in hellblauer Bluse und Chinos tritt aus einer Gruppe vor dem *Blind Pig* heraus und winkt mir. Sie wirkt ein bisschen high. Um diese Zeit sind das viele. Ich halte, zusammen mit zwei Männern steigt sie ein und gibt mir die Adresse eines Apartmentkomplexes hinter dem Riverside Drive. Ich biege ein paarmal ab, fahre nach Osten auf die Interstate und dann nach Süden. Sie unterhalten sich leise auf dem Rücksitz, hier und da schnappe ich ein paar Worte auf. Sie reden darüber, ein paar Rocks aufzutreiben. Kokain in Form von Crack. Nun ja, es ist drei Uhr morgens. So etwas passiert. Ich wünschte nur, es würde jemand anderem passieren. Nein, eigentlich wünschte ich, es würde überhaupt nicht passieren.

Ich könnte ihnen einen hübschen Vortrag über die Gefahren von Crack halten, über die Spur der Verwüstung, die es hinter sich herzieht. Ich habe ein bisschen was davon mitbekommen. Genug, um es zu wissen. (Auch wenn ich nie so dumm war, es selbst zu probieren.) Ich könnte ihnen etwas über das Fünfte Gewichtige Gebot sagen, das den Gebrauch von Drogen verbietet. Ich könnte sie darauf hinweisen, dass Crack ihnen nicht hilft, den Schleier der Täuschung zu durchschauen und ihre wahre Natur zu entdecken. Oder allen Wesen zu helfen. Ich könnte ihnen allerdings auch sagen, dass es sie umbringen kann. Schnell und scheußlich.

Ich fahre weiter. Ich vermute, sie wissen alles, was sie darüber wissen wollen. Und es ist ihnen egal.

Wir kommen an, ich drehe mich um und lächle sie an. »Neun Dollar«, sage ich.

»Ach, wir halten hier nur ein paar Minuten, dann wollen wir hinunter in die Strassney Lane. Ist das okay?«

»Klar. Aber jemand sollte im Taxi bleiben.«

Das ist kein Problem. Ein Mann steigt auf der Beifahrerseite aus, die anderen bleiben im Taxi. Sie sind nervös, ein bisschen nervös, als wären sie nicht sicher, ob sie was auftreiben können. Sie hoffen. Wir sitzen alle schweigend da und warten, was passiert.

Nach ein paar Minuten kommt der Mann wieder. Er steigt ein und sieht deprimiert aus. »Er ist nicht da«, murmelt er kaum hörbar. »Wir müssen zu Tonio.«

Gemurmel auf dem Rücksitz. Das passt ihnen nicht. Ich glaube, sie mögen Tonio nicht. Schließlich nennt einer mir eine Adresse in East Austin, einer heruntergekommenen Gegend, die ich eigentlich lieber meide. Er fragt, ob das in Ordnung ist.

Das Taxameter steht bei 10,50. Rauf nach East Austin und dann wieder runter nach Stassney. Klar, kein Problem. Das Ganze ist immerhin ein Geschäft.

Okay, halten wir einen Moment inne und ziehen Bilanz. Es ist nach drei Uhr morgens, und ich fahre mit einem Taxi voller Cracksüchtiger herum, die versuchen, Stoff aufzutreiben. Sie lesen das und fragen sich: Was im Namen des Sechsten Patriarchen denkt sich dieser Kerl eigentlich? Wenn der so weitermacht, wird er noch erschossen. Man kennt das doch aus den Filmen der 80er-Jahre, die mit den Hill-Street-Vibrations, dem harten urbanen Realismus. Die, in denen der Taxifahrer immer erschossen wird. Für manche würde so ihr schlimmster Albtraum wahr.

Aber ich mache mir keine Sorgen. Zum einen sind sie freundlich und versuchen, mich für sich zu gewinnen. Sie wirken nicht gefährlich. Eigentlich sind sie bedauernswert, Opfer ihrer eigenen Schwäche, in etwas hineingezogen, was sie nicht im Griff haben. Und wie die meisten Süchtigen sind sie nicht in bester körperlicher Verfassung. Wenn es je so weit käme, könnte ich wahrscheinlich den Pfefferspray herausholen, ein paar Fausthiebe verteilen und so mit ihnen fertigwerden. Dann die Polizei rufen. Ich glaube, das packe ich.

Es sei denn, sie hätten Pistolen. In Texas ist so etwas immer möglich. Aber sie tragen leichte Kleidung, die Jungs sind in T-Shirts, und es sieht nicht so aus, als seien sie bewaffnet.

Deshalb habe ich keine besondere Angst. Es ist ein Abenteuer, etwas, was die Nacht ein bisschen interessanter für mich macht.

Jetzt wäre der Zeitpunkt gekommen, von Mitgefühl zu reden. Wir sollten Mitgefühl mit allen Wesen haben – auch den Cracksüchtigen. Aktive Empathie. Mit Crack geht es steil bergab, und wenn man unten angekommen ist, wird es richtig schlimm. Es ist so klar wie dicke Tinte, dass es ihnen eher schlechter als besser gehen wird. Sehr wahrscheinlich wird einer meiner Passagiere in ein bis zwei Jahren nicht mehr leben. Vielleicht sogar alle. Schlimmer noch, von ihnen geht eine Traurigkeit aus, bei der man spürt, dass sie alle sehr genau wissen, was mit ihnen los ist und dass sie es nicht mehr aufhalten können. Gegen all das kann ich nicht viel tun, aber ich kann sie mit ein wenig Respekt behandeln. Vielleicht hilft es ja.

Ich fahre zu der Adresse im Osten, und als ich dort ankomme, steht das Taxameter auf 19,50. Wieder dasselbe Ritual – der eine Mann steigt aus und geht zu so einem Karnickelstall von Haus. Davor rostet ein aufgebockter Oldsmobile vor sich hin, und neben der Eingangstür stehen ein paar Gartenmöbel. Still ist es hier und sehr dunkel. Ich frage mich, ob die Polizei die Gegend wohl überwacht. Das kommt vor. Ich frage mich, was ich wohl sagen würde, wenn ich auf dem Rückweg an den Straßenrand gewunken würde. Da dämmert mir, wie seltsam es ist, dass ich mir mehr Gedanken wegen der Polizei mache als über mein Auto voller Cracksüchtiger. Ein paar Minuten später kommt er heraus, versucht stark und cool zu wirken, lächelt aber. Er hat was gekriegt. Vom Rücksitz höre ich ein Aufatmen. Und ich selbst bin auch ein wenig erleichtert.

Eine Viertelstunde später halte ich auf dem Parkplatz eines Apartmentkomplexes in Stassney. Sie steigen aus, immer noch freundlich, aber nun haben sie es sehr eilig, hineinzukommen. Ich stecke 37 Dollar ein (mit drei Dollar Trinkgeld) und mache mich auf den Heimweg.

Wenn man nachts Taxi fährt, gewöhnt man sich daran, dass man ab und zu in eine seltsame Situation gerät. Es macht einem nicht mehr so viel aus, und man entwickelt ein Gespür für die Menschen. In den ersten Monaten hatte ich jedes Mal große Angst, aber es ist nie etwas passiert. Ich wusste nie, was mich erwartet. Dann habe ich mich daran gewöhnt und wurde gelassener. Heute mache ich mir nicht mehr viele Gedanken darüber, was passieren könnte.

Das bedeutet nicht, dass ich unvorsichtig bin. Ganz und gar nicht. Taxifahren gehört zu den gefährlichsten Berufen der Welt. Bei einem Taxifahrer ist die Wahrscheinlichkeit, im Dienst ums Leben zu kommen, höher als bei einem Polizeibeamten – oder in den meisten anderen Berufen. Ich schaue mir die Leute gut an, bevor ich sie in mein Taxi lasse. Wenn jemand nach echtem Ärger aussieht, fahre ich einfach weiter. Und wenn ich die Wahl habe, meide ich die Drogenbeschaffungsfahrten. Aber meistens habe ich nicht die Wahl. Bis ich merke, was los ist, ist es zu spät, um etwas dagegen zu unternehmen, außer mitzuspielen und die Augen offen zu halten.

Vor einiger Zeit musste ich mich ans Finanzamt wenden. Ich hatte eigentlich keinen Ärger. Ich hatte hohe Einnahmen, aber nur aufgrund eines wirklich blöden Fehlers, den ich in meiner Steuererklärung gemacht hatte. Mir schlotterten die Knie. Ich konnte mir vorstellen, wie ein Finanzbeamter jedes bisschen Information über mich aus dem riesigen Netzwerk aller staatlichen Computer herausfiltert, alles überprüft und zusieht, wie er mir daraus einen Strick drehen, mich für alles, was ich auf die Seite legen konnte, ordentlich melken und dann in den Knast bringen kann, einfach so zum Spaß. Mir blieb nur noch, mit zitternden Fingern die gebührenfreie Nummer zu wählen.

Der Mann am anderen Ende war sehr freundlich und sehr hilfsbereit. Als wir fertig waren, wünschte er mir einen schönen Tag, und es klang, als meinte er es wirklich so. In null Komma nichts wurde mir alles erstattet, was ich zu viel bezahlt hatte. Angst ist ein nützliches Gefühl. Ohne sie wären unsere Vorfahren in der Savanne von Löwen zerfleischt worden, und wir wären heute nicht hier und könnten darüber reden. Angst löst den Kampf-oder-Flucht-Reflex aus, der wiederum ein ganzes Spektrum körperlicher Reaktionen in Gang setzt, die uns helfen, der Gefahr zu entkommen.

Das Problem ist, dass wir nicht mehr in der Wildnis leben und Angst uns in unserer Welt nur schwächer macht. Die Kampf-oder-Flucht-Reaktion funktioniert hier nicht. Und viele Situationen, die uns heute Angst machen, dauern lange an und führen zu körperlichen und emotionalen Problemen, die viel schwerwiegender sind als die, die die Angst ausgelöst haben.

Wir haben Angst vor dem Unbekannten. Das Bekannte fürchten wir nicht. Wir haben Angst vor der Zukunft. Die Gegenwart fürchten wir nicht. In diesem Moment fahre ich auf der Interstate und tue meine Arbeit. In diesem Moment trinke ich eine Tasse Kaffee und wähle die Nummer des Finanzamts. In diesem Moment ist alles ziemlich in Ordnung. Wenn wir in der Gegenwart leben, haben wir eigentlich nichts zu befürchten. Aber das tun wir nicht. In Gedanken malen wir uns ständig Geschichten aus über das Elend (oder die höchste Glückseligkeit), das uns unmittelbar bevorsteht. Aber das sind nur Geschichten. Und sie sind fast immer falsch. Es läuft ständig etwas schief, aber nur ganz selten ist es wirklich das, worüber wir uns Sorgen gemacht haben. Wir machen uns Sorgen wegen eines Taxis voller Cracksüchtiger, aber sie steigen aus, und wir werden stattdessen wie aus dem Nichts von einem Bus gestreift. Vielleicht haben wir aus lauter Angst vor den Cracksüchtigen ganz vergessen, auf den Bus zu achten.

Nach den Angriffen vom 11. September brach in den USA und überall sonst auf der Welt große Angst aus. An einem einzigen

Morgen schlug die Stimmung um. Von da an suchten die Leute den Himmel nach niedrig fliegenden Flugzeugen ab und prüften, ob in ihrer Post weißes Pulver war. Was ist seither passiert? Die Erde hat sich weiter aufgeheizt. Die Ölvorräte sind weiter geschwunden. Die Kriege im Irak und in Afghanistan haben unseren Nationalstolz geschwächt. Ein Tsunami hat die Küsten Asiens heimgesucht. New Orleans ist überschwemmt und fast zerstört worden. Die Weltwirtschaft ist in die Krise geraten. Es hat auch einige wenige kleinere Terroranschläge gegeben, aber nichts, was dem Grad der Angst entsprochen hätte, die die Welt unmittelbar nach den Angriffen packte.

Deshalb heißt es Terrorismus.

Es gibt einen Unterschied zwischen Furcht und Vorsicht. Selbstverständlich sollten wir Schritte unternehmen, um weitere Angriffe zu verhindern. Wir sollten uns auch um die Erderwärmung, die Finanzkrise und die vielen anderen Probleme kümmern, vor denen wir stehen. Aber wir sollten nicht aus der Angst heraus handeln. Sie umnebelt unser Urteilsvermögen und macht es uns schwerer, mit der Welt so umzugehen, wie sie wirklich ist.

Übrigens, nur für den Fall, dass Sie es noch nicht gehört haben sollten: Nach dem Maya-Kalender kommt am 21. Dezember 2012 das Ende der Welt. Angst? Brauchen Sie nicht. Wenn es geschieht, geschieht es. Wir können nichts dagegen tun.

Hier und jetzt ist das Ende der Welt noch nicht gekommen. Also kümmern wir uns *darum*.

Wenn wir uns unsere Ängste anschauen, können wir etwas über uns selbst lernen. Ich habe Höhenangst, aber ich habe am Rande 300 Meter hoher Klippen gestanden und ohne Probleme hinunterschauen können. Ich mache mir Sorgen, ich könnte mit der Post oder am Telefon schlechte Nachrichten erhalten, aber ganz offensichtlich kommen keine. Ich habe Angst vor dem Finanzamt und der Polizei. Ich habe ziemlichen Bammel vor allem, was staatlich ist. Ich habe Angst vor Situationen, die ich nicht kontrollieren kann. Wegen Cracksüchtigen mache ich mir allerdings keine allzu großen Gedanken.

Einmal hörte ich einen Dharma-Vortrag, in dem eine Zen-Lehrerin ihre Aufgabe mit den Worten beschrieb, sie helfe einfach ihren Schülerinnen und Schülern, ihre Angst zu meistern.

Mitgefühl und Achtsamkeitspraxis können uns helfen, die Dinge richtig einzuordnen. Wir können uns unsere Ängste vornehmen und sie genau anschauen. Wir werden feststellen, dass es nur vorübergehende Geisteszustände sind. Sie sind vergänglich wie alles andere auch. Nur Geisteszustände, die vorüberziehen, wenn wir es zulassen. Den größten Teil unseres Lebens hatten wir Angst vor diesem oder jenem, aber im Allgemeinen sind diese Ängste wieder vergangen. Dies zu erkennen, kann uns helfen, mit unserer Zukunftsangst anders umzugehen.

Aber wenn Sie auf einer dunklen Straße unterwegs sind und Freddy Krueger zu Ihnen ins Taxi steigt und sagt, Sie sollen ihn in *Bates Motel* bringen, ist es schwer, die Angst einfach loszulassen. Das Problem ist, dass unsere Gedanken und Gefühle im Kreis laufen. Angst führt zu noch mehr Angst. Wir verrennen uns. Wir spüren die Angst und denken an das, wovor wir uns fürchten, und das führt dann zu noch mehr Angst. Wenn das passiert, müssen wir den destruktiven Kreislauf, in dem wir gefangen sind, unterbrechen und eine konstruktivere Richtung einschlagen. In dieser Situation kann ein Mantra helfen, wie das gegen aggressives Fahren. Hier kommt noch eines: Hilft mir das? Will heißen, hilft Ihnen die lähmende Angst, die Sie empfinden, mit einer schwierigen und möglicherweise gefährlichen Situation fertigzuwerden? Oder wird dadurch alles nur noch schlimmer? Sprechen Sie das Mantra ein paarmal vor sich hin. Hoffentlich durchbricht es den Kreislauf, in dem Sie feststecken. Dann können Sie etwas Sinnvolles tun, um mit der Situation fertigzuwerden.

Zum Beispiel in eine hell erleuchtete Gegend mit vielen Leuten fahren, wo Sie Freddy sagen können, dass er zum Teufel noch mal sofort aus Ihrem Taxi steigen soll.

Es gibt eine buddhistische Übung, in der wir uns unseren tiefsten Ängsten von Angesicht zu Angesicht stellen. Wenn Sie Angst vor Schlangen haben, besorgen Sie sich einen Beutel voller Schlangen und schauen sie an. Dadurch können Sie Ihre Angst vor Schlangen und Ihre Angst vor der Angst überwinden. Psychologen nutzen ähnliche Methoden, um ihren Patientinnen und Patienten bei der allmählichen Überwindung der Phobien zu helfen, die sie behindern. Flugangst zum Beispiel. Dabei erkennen wir, dass die Wirklichkeit selten so schlimm ist wie die Bilder, die wir uns von ihr machen. In Wirklichkeit fürchten wir uns vor dem Unbekannten. Vor dem Teufel, den wir nicht kennen. Wenn wir uns aber unseren Ängsten erst einmal gestellt haben, plagen sie uns nicht mehr.

Dasselbe gilt für andere destruktive Gefühle, wie Schuldgefühle oder Groll. Und Hass. Wenn wir uns ihnen schonungslos stellen, stellen wir fest, dass die Probleme, die sie im persönlichen und im spirituellen Bereich schaffen, uns mehr schaden als die Situationen, die sie ursprünglich ausgelöst haben. Und wenn wir das erkennen, können wir sie loslassen. Das alles ist Bestandteil der Reise zur Selbsterkenntnis.

Und das ist ja genau die Reise, auf der wir uns befinden.

25

Die Sangha-Gang

Ich stelle mich in die Schlange am Flughafen und schaue mich unter den Fahrern um. Es ist ein beeindruckender Anblick. Normalerweise sind hier 60 bis 80 Fahrer, manchmal noch mehr, und alle schlagen die Zeit tot, während sie auf ihre nächste Fahrt warten. An den Tischen wird Schach oder Poker gespielt, mit Steinen als Chips. Andere Fahrer haben Gartenstühle ins Gras gestellt und lesen. Hier und da stehen kleine Grüppchen und unterhalten sich. Schließlich steigen ein paar in ihre Taxis und fahren zum Terminal, um Fahrgäste aufzunehmen, zugleich kommen neue auf den Parkplatz. So geht es den ganzen Tag bis weit in den Abend hinein.

Die Fahrer kommen von überall her. Es gibt Nigerianer, Russen, ein paar Franzosen und dazu jede Menge Fahrer, bei denen man nicht sagen kann, woher sie kommen, auf jeden Fall nicht von hier. Die Amerikaner kommen aus dem ganzen Land. Es gibt Anglos, Schwarze, Latinos und Kreolen. Proleten mit Aufklebern von Stock-Car-Rennen an der Stoßstange. Brothers in traditionellen afrikanischen Dashikis.

Aber auf der Dharma Road sind wir alle nur Taxifahrer.

Wenn der Funker einen »Code 12« an alle Taxis in der Gegend sendet, weil ein Fahrer in Schwierigkeiten steckt, fahren alle hin. Keiner fragt, wer es ist. Fahrer helfen einander. Das ist einfach so, eines der ungeschriebenen Gesetze der Straße. Wir haben das Gefühl, dass das unsere gemeinsame Sache ist und dass wir einander helfen müssen, weil es sonst keiner tut.

Das bedeutet nicht, dass die Fahrer sich alle mögen. Keineswegs. Es ist wie in allen anderen Gruppen auch. Es gibt Streit, und gelegentlich fliegen sogar die Fäuste. Angeblich soll vor dem Flughafen einmal ein Streit über einen fetten Fahrauftrag mit Messern ausgetragen worden sein, aber das ist schon sehr lange her. Wenn es überhaupt wahr ist. Es könnte auch eine Geschichte sein, die sich jemand in einer langweiligen Nacht am Flughafen ausgedacht hat. Wieder so ein Taxifahrermärchen.

Auf der Straße passen die Fahrer aufeinander auf. Man kann erleben, dass zwei heftig aufeinander losgehen und ein paar Stunden später einer dem anderen Starthilfe gibt. Ich bin zu Rettungsaktionen gefahren und habe einem anderen Fahrer in einer heiklen Situation auf einem Parkplatz geholfen, obwohl ich ihn kaum kannte. Während es passiert, sind wir dicke Kumpel. Wenn es dann vorbei ist, fahren wir weiter und kommen vielleicht nie wieder ins Gespräch.

Im Buddhismus heißt eine spirituelle Gemeinschaft Sangha. Sie ist eine der Drei Kostbarkeiten: Buddha, Dharma und Sangha (das Beispiel, das der Buddha gegeben hat, die Lehren, die er uns hinterlassen hat, und die Gemeinschaft, in der wir praktizieren).

Ich habe keine Sangha.

Das ist das Problem einer modernen Zen-Praxis im richtigen Leben. Ich bin ziemlich auf mich selbst angewiesen und lerne durch praktische Anwendung. Zum Teil bin ich selbst daran schuld. Ich bin eher Einzelgänger und suche nicht unbedingt andere, mit denen ich gemeinsam praktizieren könnte. Es muss wohl welche geben, aber ich weiß nicht wo. Und ich habe nicht viel Zeit, mich auf die Suche zu machen. Das ist in Ordnung, es ist eben so. Ich hatte Lehrer, aber im Moment habe ich keinen. Ich könnte ja vielleicht eine E-Mail an eine Facebook-Gruppe schicken, wenn ich mit meiner Praxis Schwierigkeiten habe, aber ich bin nicht der Facebook-Typ. Es ist nicht dasselbe, wie sich zu einem *Dokusan* (einem Einzelgespräch mit einem Zen-Meister) niederzusetzen. Und ich habe keine Dharma-Freunde, mit denen ich zusammen sein könnte. Menschen, mit denen ich über meine Praxis sprechen und die ich um Rat fragen könnte.

Früher war ich in Sanghas, immer mal wieder vorübergehend, und es ist eine große Hilfe. Wenn ich im Taxi draußen am Flughafen bin oder irgendwo an einem Taxiplatz stehe und mit den anderen Fahrern rede, unterhalten wir uns normalerweise übers Taxifahren. Es gehen immer Gerüchte herum, und es werden Geschichten erzählt, von denen vielleicht die Hälfte wahr ist. Meistens schlagen wir so die Zeit tot, aber man kann dabei auch viel übers Taxifahren lernen. Genauso ist es in einer Sangha auch. In einer Sangha kennen sich die meisten Menschen außerhalb des Zendo nicht näher. Daher ist das Hauptgesprächsthema die Praxis, und man lernt sehr viel dabei. Allein schon zu wissen, dass andere mit denselben Problemen zu kämpfen haben wie man selber auch – und dass manche sogar Fortschritte machen –, ist eine große Hilfe.

Außerdem sind die Leute da ziemlich nett, zumindest soweit ich es mitbekommen habe.

Vor seiner Erleuchtung praktizierte der Buddha mit einer kleinen Gruppe von fünf Asketen. Sie waren Teil einer größeren Gemeinschaft von Suchenden im sogenannten Hirschpark. Als er das asketische Leben aufgab, trennten sich ihre Wege. Als er erleuchtet wurde und beschloss zu lehren, kehrte er zu seinen fünf Freunden zurück und hielt seine erste Belehrung – die über das Leiden und das Ende des Leidens. Sie waren seine ersten Jünger und blieben bei ihm, bis er starb. Schon bald schlossen sich ihnen weitere Suchende an, und von da an war der Buddha der Mittelpunkt einer großen spirituellen Gemeinschaft: einer Sangha.

Die Sangha ist für die Praxis nicht unbedingt erforderlich. Nichts ist unbedingt erforderlich. Es gibt eine Richtung, in der einsame Mönche in den Bergen Tibets in Höhlen leben.

Eine weitere tibetische Richtung sind die *Lung Gompas*. Sie gehen einsam auf den Hochpfaden des Himalaya, atmen die dünne Luft und chanten, ungeachtet der Kälte. Auch in Südostasien gibt es traditionelle Waldmönche. Jahrhundertelang durchstreiften sie die Wälder ihres Landes, lebten von dem, was die Natur ihnen gab, und übten gewissenhaft.

Wenn Sie in Wyoming, Kenia oder einer Forschungsstation in der Antarktis leben, haben Sie wahrscheinlich auch keine Sangha. Normalerweise findet man sie in den größeren Städten, und selbst da gibt es Menschen, die nicht teilnehmen. Nicht jeder fügt sich leicht in eine Gruppe ein. Ich auch nicht. Das ist in Ordnung. Es macht die Praxis schwieriger, aber das ist kein Grund aufzugeben. Es ist nur eine Hürde mehr, die man überwinden muss. Ich sehe mich gerne als Waldmönch, der in einem modernen Wald aus Glas und Stahl und viel zu viel Asphalt lebt und seine Praxis so gewissenhaft wie möglich ausführt. Allerdings muss ich mir keine Gedanken machen, ich könnte von Tigern gefressen werden.

Es gibt noch einen weiteren Grund, warum ich für meine Praxis Hoffnung haben darf – etwas, das uns allen Grund zur Hoffnung geben kann: Als er unter dem Bodhi-Baum saß, hatte auch der Buddha keine Sangha. Er war auf sich gestellt, entmutigt und niedergeschlagen, ohne jeden Plan. In allem, was er versucht hatte, war er gescheitert. Er hatte nur noch einen Baum, unter dem er sitzen konnte, und den Morgenstern. Und er hatte seine Entschlossenheit. Für ihn war das genug.

Vielleicht kann das auch mir genügen.

26

In seichtem Gewässer

Es ist Dienstagmorgen; ich habe noch ein paar Minuten, deshalb schalte ich den Fernseher ein, um zu sehen, was in der Welt so vor sich geht. Ich zappe von Sender zu Sender. Nicht viel. Tyra hat eine Sendung über Schönheitsnotfälle. In der Spätausgabe von *Today* schlägt ein berühmter Koch irgendeinen Kalbsschaum über einem hübschen Rucolabett auf. Die Damen von *The View* führen ein sehr mitfühlendes Gespräch über Lindsay Lohans jüngste Eskapaden knapp an der Klapse vorbei. Ich drücke noch einmal auf die Fernbedienung und gerate in *Der Preis ist heiß*. Das reicht.

Ganz offensichtlich hat keiner über Nacht etwas in die Luft gejagt – und das wollte ich ja eigentlich wissen. Die Welt schleppt sich in einen weiteren Tag hinein. Gut zu wissen. Zeit zu gehen.

Auf der Straße muss ich wieder meinen Fahrgästen zuhören, die mir erzählen, wie es bei ihnen gerade so läuft. Das ist kein Vergnügen, gehört aber zum Job. Meine erste Fahrt, ich bringe zwei Geschäftsleute zum Flughafen. Sie beklagen sich die ganze Zeit darüber, dass der Van ihres Hotels ausgefallen ist und sie nun gezwungen sind, ein Taxi zu nehmen. Wie schrecklich! Sie glauben nicht, dass sie dieses Hotel noch einmal buchen werden.

Später hole ich zwei Frauen von der Barton Creek Square Mall ab und bringe sie zurück zum Sheraton. Sie haben Tüten. Eine Menge Tüten. Offensichtlich alles Kleider. Und Schuhe. Auf dem ganzen Weg in die Innenstadt sprechen sie darüber, was sie gekauft und was sie gesehen, aber doch nicht gekauft haben. Sie sind begeistert. So wie es klingt, werden sie wohl sehr bald wieder zur Mall fahren.

Verstehen Sie mich nicht falsch. Ich bin auch nicht immun dagegen. Heute trage ich mein neues Hawaiihemd. (Na ja, neu ist es eigentlich nicht. Ich habe es in einem gemeinnützigen Second-Hand-Laden gekauft, aber nur dort bekommt man wirklich gute Hawaiihemden.) Ich bin ganz begeistert davon. Es ist dunkellila mit roten und orangefarbenen tanzenden Mädchen an gelben Sandstränden. Und mit Ananas. Jeder Menge Ananas. Ich habe rund ein Dutzend ähnliche Hemden im Schrank, und von jedem einzelnen war ich ganz begeistert, als ich es gekauft habe. Aber die Begeisterung verblasst schneller als die Farben. Ich löse das Sudoku in der Lokalzeitung. (Du yu Sudoku? I du.) Ich lese den Sportteil, verfolge die Lokalmannschaften. Ich lese Krimis in der Schlange am Flughafen. Ich nehme Fernsehsendungen auf, um sie nach der Arbeit anzuschauen, und ich gehe hin und wieder ins Kino.

Aber das sind alles nur Ablenkungen. Daran ist nichts verkehrt, aber sie helfen mir auf der Achtfachen Autobahn auch nicht weiter. Sie helfen mir nirgendwo weiter. Sie sorgen nur dafür, dass ich beschäftigt bin. Mit dem Shopping ist es dasselbe. Es ist eine Ablenkung von den wirklich wichtigen Dingen im

Leben. Ich sollte mehr Zazen sitzen und ehrenamtlich in einem Waisenhaus arbeiten, aber ich habe mir gerade erst die dritte Staffel von *Kampfstern Galactica* aus der Bibliothek geholt, also werde ich mir sie heute Nacht ansehen.

Am späteren Nachmittag fahre ich eine Cabarettänzerin vom Friseur nach Hause. Wegen ihr muss ich alle Fenster schließen, damit der perfekte Sitz ihrer neuen Frisur nicht beeinträchtigt wird. Als sie aussteigt, hält sie den Kopf beim Gehen unnatürlich ruhig.

Danach hole ich eine Pudeldame vom Hundefriseur ab. Sie geht mit ihrer neuen Haartracht nach Hause. Richtig. Mein Fahrgast ist eine Pudeldame. Was sagt das darüber aus, wie es in meinem Leben läuft? Sie sitzt auf dem Rücksitz und hechelt gegen das Fenster. Sie sagt nicht viel. Aber sie sieht niedlich aus.

Am Abend habe ich ein paar Fahrten aus den Trendrestaurants im Zentrum. Man unterhält sich sehr lebhaft über das Essen, meist auch sehr kritisch. Dieses war ein bisschen salzig, jenes war einen Hauch zu kurz gekocht. Die Präsentation war gewöhnlich. Präsentation. Die haben gerade mehr für ein Designeressen ausgegeben, als ich an einem ganzen Tag verdiene, und es hat ihnen nicht geschmeckt. Ein Paar gerät im Taxi richtiggehend in Streit über die Vorzüge verschiedener Stile der japanischen Küche. Man echauffiert sich. Ich vermute mal, die sind nach dem Essen in der Sake-Bar übel versackt. Als sie aussteigen, sagen sie kein Wort.

Es wird ziemlich voll im seichten Gewässer des Nichtschwimmerbeckens.

Wenn ich den Leuten zuhöre, werde ich ein bisschen zynisch. Nach einer Weile geht das allen Taxifahrern so. Ich will es eigentlich nicht, aber ich kann nicht anders. Ich weiß, das sagt ebenso viel über mich aus wie über die Welt, in der ich lebe, aber es ist nun einmal so.

So ist die Welt.

Wir leben in einer Welt, in der es Schuhe gibt, die beim Laufen leuchten. Roboter als Haustiere. Plastische Chirurgie für Hunde, die keine Roboter sind. Wir haben Fitnesswasser, das sich im Nachhinein als gewöhnliches Leitungswasser in einer schicken Flasche zum stolzen Preis herausstellt. Wir haben Autos, die mit uns reden, aber nicht viel zu sagen haben.

Wir leben in einer Welt, in der 2,7 Milliarden Menschen mit weniger als zwei Dollar pro Tag auskommen müssen. Es herrscht Krieg, und es sieht für niemanden gut aus. Unsere natürlichen Ressourcen gehen zu Ende, die Erde erwärmt sich, und die Umwelt geht zugrunde. Aber die Leute wollen an nichts dergleichen denken und beschäftigen sich deshalb mit den trivialsten Dingen, die sie finden können. Und dann müssen sie sie so sehr kritisieren, dass sie sie nicht einmal mehr genießen können.

Oder, um fair zu sein, sie gehen in einen gemeinnützigen Laden und kaufen ein kaum gebrauchtes Hawaiihemd.

Die buddhistische Praxis hilft uns, die Täuschungen des Alltagslebens zu durchschauen und die Welt aus einem breiteren Blickwinkel zu betrachten. Wir tun das, indem wir tief in uns hineinschauen und unsere wahre Natur erkennen. Aber die Kultur des 21. Jahrhunderts ist nicht auf Selbstentdeckung oder Selbsterkenntnis aus. Sogyal Rinpoche beschreibt die moderne Gesellschaft als »eine einzige Verherrlichung all der Dinge, die von der Wahrheit wegführen, die es schwer machen, für die Wahrheit zu leben, und die die Menschen entmutigen, auch nur an die Existenz einer Wahrheit zu glauben«. Wir lassen uns ständig von den Versprechungen unserer Konsumgesellschaft und von der Hoffnung verführen, dass wir das Glück finden können, indem wir nur unseren Sinnen schmeicheln.

Taxifahrer hören sehr vielen Menschen zu, die aus ihrem Leben erzählen, darüber, was ihnen wichtig ist. Wir wollen das eigentlich alles gar nicht hören, aber wir können nun mal nicht aus dem Auto aussteigen, daher bleibt uns keine andere Wahl. Die Leute achten noch nicht einmal sonderlich darauf, was sie in einem Taxi so von sich geben. Wir werden uns ja ohnehin nie wieder sehen. Die meisten Gespräche, die ich mitbekomme, drehen sich darum, mehr Geld zu verdienen und sich damit größeres Glück zu erkaufen. Und die Leute, die das sagen, klingen nicht gerade sehr glücklich. Fast nie höre ich Menschen über den Zustand der Welt, über spirituelle Themen oder irgendetwas anderes reden, was wirklich wichtig wäre. Und ich höre auch nie jemanden darüber reden, wie erfüllt und glücklich sein Leben ist.

Das ist die conditio humana, 21. Jahrhundert. In dieser Welt, die wir uns gemacht haben, geht das sogar als unsere wahre Natur durch. Wir haben nie genug. Wir wollen immer noch mehr, aber wie es scheint, geht es uns mit mehr auch nicht besser.

(Übrigens, haben Sie es auch satt, zu viel für Ihre Autoversicherung zu bezahlen? Klicken Sie hier und erzählen Sie uns ein bisschen was über sich. Denken Sie daran, je mehr Sie kaufen, desto mehr sparen Sie. Weil wir es uns wert sind.)

Sich aus dem menschlichen Leid freizukaufen, das klingt gut, oder? Aber es funktioniert nicht. Erinnern Sie sich, dass wir über Elvis gesprochen haben, darüber, wie er gelitten hat? Wenn dieser Ansatz funktionieren würde, hätte er es bei ihm doch ganz bestimmt. Aber das hat er nicht. Und bei allen anderen funktioniert er auch nicht.

Im Tibetischen Buddhismus werden Menschen, die von ihren

Begierden gesteuert werden, als niedrigere Lebensform wiedergeboren, als sogenannter Hungriger Geist. Diese Wesen leben in einer selbst geschaffenen Hölle. Sie essen die ganze Zeit, aber sie haben ständig Hunger, werden nie satt. Für mich klingt das wie eine Metapher für das Leben im Amerika des 21. Jahrhunderts. Und im halben Rest der Welt.

All die Ablenkungen unserer modernen Welt sind nicht von Dauer. Leer. Es ist alles nur Schein. Sie lenken uns nur von der wahren Erkenntnis dieser Welt und unseres Platzes darin ab. Wir begehren, ergreifen, halten fest, so gut wir können, aber nichts davon bleibt. Und am vergänglichsten von allen ist die Befriedigung, die wir verspüren. In null Komma nichts ist sie verflogen, ersetzt durch neue Begierden. So ist unser heutiges Leben. Das ist unser Schicksal, wenn wir es akzeptieren.

Auch unsere persönlichen Probleme sind vergänglich. Die emotionalen Krisen gehen vorüber, und die Psychodramen verblassen. Sie werden alle irgendwie gelöst und durch neue Probleme ersetzt, und dann kämpfen wir darum, mit diesen fertigzuwerden. Die Krisen kommen und gehen, bis wir etwas unternehmen, um uns zu ändern. Kein Kaufrausch kann sie lösen. Manchmal wünsche ich mir, ich könnte den Ablenkungen durch die Sinne einfach nachgeben und mich einem völlig ungezügelten Leben hingeben. Manchmal denke ich, ich könnte lernen, französische Küche zu mögen. Oder Geschmack an edler Kleidung zu finden. Aber das wird nicht geschehen. Das ist nicht meine Natur. Das bin nicht ich.

Außerdem kann ich es mir nicht leisten. Das ist einer der Vorteile des Taxifahrens. Es schränkt die Möglichkeiten ein, die man hat. Man kann keinem was vormachen. Das nimmt einem keiner ab.

Es ist Dienstagnacht und kaum was los, kein Grund, lange draußen zu bleiben. Um Mitternacht herum mache ich mich auf den Heimweg und denke, ich brauche mal eine Pause von dem üblichen Wahnsinn. Ich habe mir einen Bacon-Cheeseburger und Spiralpommes mitgebracht. Keinerlei Präsentation, aber ich bin hungrig, und es wird mir schmecken. Und während ich esse, schaue ich mir die *Kampfstern Galactica*-DVD an. Die Geschichte wird garantiert hanebüchen und voller Technikspielereien sein, aber mich stört das nicht. Mir gefällt es trotzdem. Ich werde in einer alten Jeans und einem farbverschmierten T-Shirt herumgammeln und das Beste aus jedem Augenblick machen, egal, was er bringt.

Das ist der Schlüssel. Das Beste daraus machen. Es gibt Höhen und Tiefen im Leben. Alle zählen. Wenn Sie den Mount Everest besteigen, achten Sie darauf, dass Sie auch die Aussicht genießen. Wenn Sie in einem schäbigen Motel die Zimmer putzen, machen Sie es so, dass es für Sie der Mühe wert ist. Das Leben kann viel Spaß machen, aber man muss es in die Hand nehmen. Wenn Sie Ihre Zeit nur mit Ablenkungen füllen, um etwas Tieferem aus dem Weg zu gehen, dann verschwenden Sie sie. Dann wären Sie am Steuer eines Taxis hier draußen auf der Dharma Road besser aufgehoben. Wenn Sie das Beste daraus machen.

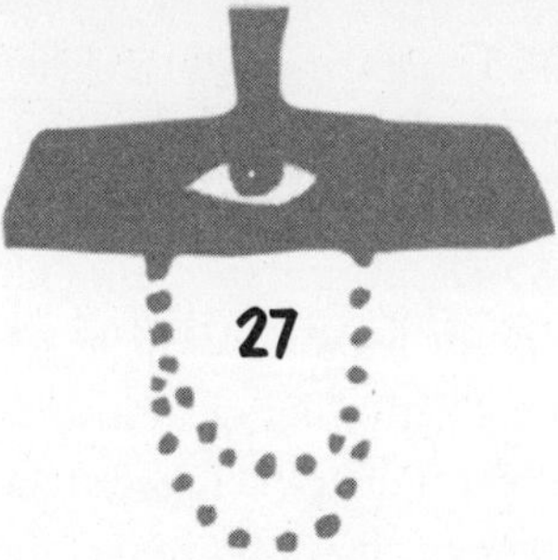

27

Eine Fahrt auf der Partymeile

Mitte August ist für Taxifahrer in Austin eine tolle Zeit. Hochsaison. Die College-Kids kommen hier früh aus den Semesterferien zurück, ein paar Wochen vor dem Labor Day am ersten Montag im September. Noch haben die Vorlesungen nicht angefangen, deshalb machen sie sich alle auf den Weg in die 6th Street, auf in die Clubs. Die Lokalmatadore hauen massenhaft auf den Putz und lassen Dampf ab. Das bedeutet 100 pro Tag, davon 90 in der Nacht. Was einen wieder einmal daran erinnert: Wir sind hier in Texas, das kann auch Spaß machen.

Ich arbeite heute Nacht in der 6th Street. Es ist Mittwoch, aber es sieht aus wie an einem Samstag. Ein leichter Nieselregen geht nieder, aber nicht so stark, dass er alle nach Hause triebe. Ich schaue, was an den Taxiplätzen los ist, und rolle durch die Seitenstraßen, wie immer. Bei der Trinity steigt ein Junge ins Taxi – er ist minderjährig, sieht aus wie etwa 16. Er hatte ein paar zu viel, dann noch ein paar mehr, hat aus seinem gefälschten Ausweis herausgeholt, was ging. Ich frage, wohin er möchte, und bekomme keine Antwort. Deshalb schaue ich ihn mir genauer an. Dem wird schlecht – und zwar gleich.

»Wenn du in mein Taxi kotzt, kostet das 50 Dollar Reinigungsgebühr«, sage ich ihm. »Und ich putze das nicht weg. Das machst du.«

Er versucht, sich zu konzentrieren, ahnt allmählich, wo er ist. Er schaut verwirrt drein, als wisse er nicht so recht, was er in einem Taxi verloren hat. Er öffnet die Tür und steigt aus. Er geht ein paar Schritte, stolpert über die Kieselsteine und sackt zu Boden. Dann krabbelt er zu einer Mülltonne, zieht sich daran hoch und übergibt sich dort hinein. Danach klappt er zusammen und verliert auf dem Gehweg das Bewusstsein. Alle sehen sich nach einem Polizisten um, der ihn mitnehmen könnte. So nahe am Taxistand wird das nicht lange dauern. Ein paar Fahrer haben sich bereits auf die Suche nach jemandem gemacht, der ihn in einen Streifenwagen packen und von der Straße wegbringen kann.

Ein Paar steigt ein, und ich fahre los, Richtung Marriott. Sie sind betrunken und streiten sich lautstark auf dem Rücksitz. Der Mann hat mit der Kellnerin geflirtet, sie ihm daraufhin eine Szene gemacht; jetzt sitzen sie auf dem Rücksitz eines Taxis, schreien sich an und packen dabei die gesamte schmutzige Wäsche einer unglücklichen Ehe aus. Ich denke *Können die damit nicht wenigstens warten, bis sie im Hotel sind?*

Ich setze sie ab und bekomme einen Funkauftrag. Ich soll mich vor dem *Beerland*, einem Rockschuppen an der Red River, an die Polizei wenden. Als ich ankomme, unterhalten sich zwei Polizisten mit einem jungen Mann um die 20. Er beteiligt sich nicht an dem Gespräch, sondern schaut unverwandt in die Nacht, auf dem Gesicht ein ausdrucksloses Lächeln. Einer der Polizisten bedeutet mir, im Taxi zu bleiben. Auf einem Schild vor dem Club stehen die Bands: Microwave World. Dirt Track Brawlers. Divorcers. Klingt nach einer lustigen Nacht. Tolle Musiker auf der Bühne. Aus dem Club wummert ein fetter Bass, gelangweilt wirkende Jugendliche stehen auf dem Gehweg herum, rauchen Zigaretten und schauen den Cops zu.

Schließlich kommt einer der Polizisten zu mir und sagt mir, ich solle wieder wegfahren. »Der Kerl ist fertig«, sagt er. »Wir kriegen noch nicht mal eine Adresse aus ihm raus. Wir nehmen ihn mit und versuchen, ihm irgendwie zu helfen. Tut mir leid für den Aufwand.«

Ich sage ihm, das sei kein Problem, und fahre davon. Weil ich nachts fahre, erlebe ich so etwas sehr oft. Die Leute gehen aus, um ein bisschen Spaß zu haben, und die meisten haben das auch, aber manchmal führt der Spaß zu weit. Dann wird es finster. Manchmal sind es Drogen, Alkohol. Manchmal ist es einfach, wie es ist. Menschen, die erwachsen werden. Oder es versuchen.

Verstehen Sie mich nicht falsch. Die meisten Menschen hier draußen machen sich einfach nur einen schönen Abend. Es ist der Höhepunkt der Woche für sie, die Zeit, in der sie ihre Arbeit und die Verpflichtungen, die sie tagsüber belasten, ablegen und sich ein Weilchen gehen lassen können. Es ist schön, mit seinen Freunden auszugehen, die tolle Musik aus Austin zu hören und es sich richtig gut gehen zu lassen. Aus einer Pianobar höre ich das Publikum »Rocket Man« singen, richtig laut. Sie klingen echt fröhlich. Das ist prima. Schön für sie.

Aber schnell kann es kippen.

Ich warte an einer Ampel und sehe eine Frau, die allein auf dem Gehweg steht und ein T-Shirt mit der Aufschrift trägt *Drink till you want me.* (Trink, bis du mich willst.) Es ist ein witziges Shirt, aber sie lacht nicht. Sie sieht ganz und gar nicht glücklich aus.

Es ist wie die Zeile aus dem Lied von Tom Waits: »The streets aren't for dreaming now.« (Die Straßen sind nichts mehr zum Träumen.)

Ich behaupte nicht, heiliger zu sein als Sie. Oder alle anderen. Ich hatte auf meinem Lebensweg selbst ein paar Probleme. Ich habe immer gesagt: »Ich probiere alles ein Mal aus.« Das ist keine gesunde Einstellung – nur falls Sie sich das gerade fragen sollten. Manchmal ist ein Mal schon ein Mal zu viel. Aber so lernt man. Ich würde gerne mehr in die Einzelheiten gehen, aber ich weiß nicht, wie das mit der Selbstbezichtigung ist. Ich möchte mich ja nicht selber überführen. Oder zum Narren machen. Meistens wollte ich einfach ein bisschen Spaß haben, und ein paarmal habe ich dabei kräftig über die Stränge geschlagen.

Ich bin wieder in der 6th Street und klappere die Seitenstraßen ab. Heute Abend sehen die Straßen aus wie in einer Szene aus *Blade Runner*; überall nasser Asphalt, blinkende bunte Lichter, Menschen in losen Trauben auf den Gehwegen. Auf der Red River verkaufen Jugendliche Crack an den Straßenecken, nur einen Block von der Polizeiwache entfernt. Überall kleben Flyer für einen Rave morgen Abend, darüber ein großes X. Ich fahre die 8th Street entlang und sehe Jugendliche, die auf Parkplätzen Joints kreisen lassen, zugekokste Obercoole, die auf den Gehwegen tanzen. Heute sind Tablettensüchtige und Junkies unterwegs. Und ich bin auch da und versuche, irgendwie durchzukommen. Versuche, erleuchtet zu werden und alle Wesen zu retten. Aber ich habe keine Ahnung, wie ich überhaupt jemanden retten soll. Nicht in so einer Welt.

In diesem Kapitel geht es nicht um Drogen. Ich weiß, es klingt so, aber darauf will ich eigentlich gar nicht hinaus.

In diesem Kapitel geht es um Leere. Und wie wir versuchen, sie zu füllen.

Seit der Invasion boomt in Afghanistan der Opiumhandel. Seltsamerweise haben die Afghanen selber kaum Interesse an Opium. Oder an Heroin. Oder irgendeiner anderen Droge. Man sollte glauben, dass sie es angesichts der dauernden Kriege, des religiösen Fanatismus und der zermürbenden Armut begrüßen würden, wenn sie das alles zwischendurch einmal vergessen könnten. Wenn ich in einem Höllenloch wie Afghanistan leben müsste, würde ich mich so zuknallen, dass ich von dem Trip gar nicht mehr runterkäme.

Wir leben in der reichsten Gesellschaft der Weltgeschichte. Wir haben Möglichkeiten, die selbst die kühnsten Träume aller unserer Vorfahren übersteigen und die Hoffnungen des größten Teils der 6 Milliarden Menschen auf der Welt bei Weitem übertreffen. Wir sollten uns entspannt zurücklehnen und das Leben in der reichsten Gesellschaft der Welt genießen. Manche tun das tatsächlich. Aber unsere Kultur ist der Beweis dafür, dass Reichtum Erlösung nicht kaufen kann. Noch nicht einmal innere Ruhe. Viel zu viele brauchen immer mehr, damit ihnen das Leben erfüllt und befriedigend erscheint. Und wenn wir mehr haben, ist es immer noch nicht genug. Dann suchen wir etwas anderes.

Das Problem sind nicht die Drogen. Drogen sind nur ein Symptom von etwas, das viel tiefer liegt. Etwas, dem viel schwieriger beizukommen ist. Der menschlichen Natur. Gäbe es keine Drogen, würden wir immer noch die Leere spüren und nach Möglichkeiten suchen, sie zu füllen. Wir haben bereits über Shopping und Designerküche gesprochen, über den Versuch, die Leere mit materiellen Dingen zu füllen. Es ist, als wollten die Leute, die heute Nacht auf den Straßen unterwegs sind, etwas kaufen, was allem einen Sinn gibt. Der nächste Rausch ist wie ein neues Paar Schuhe oder ein feines Essen im Café Whosis. Oder mein neues Hawaiihemd. Eine Zeitlang ist es toll. Aber das hält nicht lange an.

Hier erleben wir die Vier Edlen Wahrheiten direkt vor unserer Nase. Wir leiden, weil wir nach dem verlangen, was wir nicht haben. Wir sind die Sklaven unserer Begierden. Und unsere Begierden entwickeln ein Eigenleben. Je mehr wir uns ihnen hingeben, desto stärker werden sie. Wir wollen immer noch mehr, aber wir können nie genug haben. Am Ende führt das zu Problemen. Der Buddha zeigte uns, dass es einen Ausweg gibt. Es gibt einen Weg, unsere Begierden zu kontrollieren und unser Leiden zu lindern. Dieser Weg ist der Achtfache Pfad.

Wenn wir die Wirkung unserer Begierden achtsamer beobachten, können wir sie richtig einordnen und durchs Leben gehen, ohne uns in ihnen zu verstricken. Und am Ende sind wir besser dran.

Jeder kann den Achtfachen Pfad annehmen und einen Weg aus diesem Dilemma finden. Aber unsere Kultur der Zügellosigkeit hat Konsequenzen für alle Menschen. Unsere Konsumkultur hat zu Umweltzerstörung, wirtschaftlicher Ausbeutung, brutalen Kriegen und für viele Menschen auf der Welt zu zermürbender Armut geführt. Die Zweite Edle Wahrheit – dass wir aufgrund unserer Anhaftungen leiden – spielt sich im globalen Maßstab ab, und es ist sehr schwer vorstellbar, dass die ganze Welt in absehbarer Zeit den Achtfachen Pfad annimmt. Wir brauchen einen engagierteren Buddhismus, der konstruktiv handelt, um die Welt für alle ein wenig besser zu machen. Aber das muss mit dem persönlichen Einsatz beginnen. Wir können damit anfangen, indem wir unser eigenes Leben achtsam leben und im Rahmen unserer kleinen Möglichkeiten eine positive Wirkung auf die Welt haben. Und hoffen, dass andere dasselbe tun.

Gegen den Hunger in der Welt kann ich nicht viel tun. Und die Kriege kann ich nicht beenden. Ich sitze hier in einem Taxi und kann lediglich die Menschen dahin bringen, wohin sie wollen, und versuchen, ihnen den Tag ein ganz klein wenig zu verschönern, ihnen helfen, eine positive Einstellung zu bewahren. Das ist Rechter Lebenserwerb. Es ist ein guter Anfang. Ein Schritt.

Ich habe mich entschieden, diesen Weg einzuschlagen. Aber ich bin nur ein Anfänger. Ein Neuling. Tief in mir gibt es einen Teil, der einfach so einen Fettsack umlegen oder sich mit einem Spiegel und einem Röhrchen wegschießen möchte. Oder sich mit Jack Daniels abfüllen und dann raus auf die Straße heute Nacht und einfach loslassen, alle Dämonen rauslassen und mal schauen, was die so wollen.

Aber ich werde nichts dergleichen tun. Darüber bin ich mehr oder weniger hinweg. Ich habe gelernt. Begierden sind nur Begierden. Sie kommen und gehen wie Rauchringe in der Luft. Wie Wolken, die sich ein paar Sekunden lang vor die Sonne schieben und dann weggepustet werden. Wie Gedanken, die beim Zazen aufsteigen. Ich nehme sie einfach nur wahr und lasse sie dann los. Ich hänge nicht an ihnen. Dass ich immer noch gern ab und zu einen Drink hätte oder ein paar Linien ziehen würde, gehört zu den Dingen, die ich von mir weiß. Ich muss meine Begierden nicht einmal überwinden. Ich muss sie einfach nur loslassen. Es ist gar nicht so schwer, wie es mir früher einmal vorkam.

Ja, es ist sogar überhaupt nicht schwer.

Um ein Uhr morgens geht es ein bisschen hoch her, selbst für die 6th Street. Ein paar College-Kids sind aus der Übung und wissen nicht, wann sie genug Jell-O-Shots intus haben. Leute tanzen herum, mit Kojotengeheul. Ein paar Schlägereien brechen aus. Die Cops haben an der Ecke einen Wagen stehen und sind fleißig dabei, ihn zu füllen. Wieder eine Nacht mit viel Spaß auf der Partymeile.

In der San Jacinto nehme ich einen Mann auf und fahre ihn zu einem kleinen Haus in South Austin. Er erzählt mir, er sei trockener Alkoholiker. Er sei eigentlich nur in die 6th Street gegangen, um etwas Musik zu hören, aber er konnte es nicht aushalten. Die viele Trinkerei. Er konnte bloß noch zusehen, dass er schnell wegkommt, ohne sich ein paar hinter die Binde zu gießen und damit wieder in den langsamen Zug zu steigen, der ihn in seine ganz persönliche Hölle bringt. Als ich vor seinem Haus anhalte, fragt er mich, ob ich weiß, wo er etwas Gras herbekommen kann.

Ich zögere eine Sekunde, dann sage ich ihm: »Tut mir leid, Mann. Davon versuche ich, die Finger zu lassen.«

28

Karma für kluge Köpfe

Die Fahrer, die am Flughafen in der Schlange stehen, denken, sie wüssten etwas über Karma. Die Fahrten am Terminal werden nach dem Zufallsprinzip vergeben. Immer der Fahrer an der Spitze der Schlange bekommt den nächsten Fahrgast, man kann sich die Fahrten nicht aussuchen, und die Fahrer haben keine Chance, lange Fahrten auszukundschaften oder sich vor kurzen zu drücken. Es ist alles reiner Zufall, und auf lange Sicht gleichen sich die Fahrten aus. Dennoch scheint es immer so, als erwischten manche Fahrer immer die guten, andere immer die schlechten Fahrten. Es gibt Glücks- und Pechsträhnen. Beim Warten in der Schlange unterhalten sich die Fahrer darüber, wie der Tag so läuft und was für Fahrten sie bis jetzt hatten. Das hört sich dann so an:

»Mann, ich kann es gar nicht fassen. Ich hab zwei geschlagene Stunden gewartet und dann einen Trip für lumpige sechs Mäuse rüber zum Riverside Drive gekriegt. Ich hatte heute noch keine einzige Fahrt über zwölf Dollar. Da schlägt mein Karma zu. Ich muss in einem früheren Leben was richtig Schlimmes gemacht haben, dass ich das verdient hab.«

»Hallo Leute. Na, wie geht's. Ich komme gerade aus Fort Hood. Hab's zum Festpreis gemacht, 120 und 20 Dollar Trinkgeld. Davor hatte ich ne 40-Dollar-Fahrt zum Cedar Park raus. Mit diesen umwerfenden Models. Ihr hättet sie sehen sollen. Endlich zahlt sich wohl mein Karma aus. Müssen wohl die ganzen guten Taten sein, die ich mir immer vorgenommen hab. Na, habt Ihr auch ne fette Tour gemacht?«

Das ist die landläufige Meinung über Karma. Ein kosmisches System der Belohnung und Bestrafung, das uns eine höchste Macht zumisst und das unser Verständnis bei Weitem übersteigt. Aber so funktioniert es nicht. Das sind alles nur glückliche oder unglückliche Zufälle. Mit der Zeit gleichen sie sich wieder aus – vielleicht nicht im Hinblick auf die umwerfenden Models, aber der Rest schon.

Karma ist schlicht das Gesetz von Ursache und Wirkung. Der offensichtlichste Karma-Typ ist das bekannte, geradlinige Prinzip von Ursache und Wirkung. Physik ist Karma. Die Sonne dreht sich um das Zentrum der Galaxie, die Erde dreht sich um die Sonne, der Mond dreht sich um die Erde. Wenn man einen Stein in einen See wirft, gibt es einen Spritzer und kreisförmige Wellen. Wenn Sie Ihr Taxi gegen einen Laternenpfahl rammen, wird die Front eingedellt, Sie bekommen eine Gehirnerschütterung vom Airbag und sind entlassen, bevor der Abschleppwagen kommt. Ursache und Wirkung.

Karma wird oft mit dem Aussäen von Samen verglichen. Wenn man eine Eichel sät, wächst eine Eiche. Wenn Sie im Frühjahr einen Nutzgarten anlegen, können Sie im Sommer frisches Gemüse essen. Wer Hass sät, wird Hass ernten. Wenn Sie Samen der liebenden Güte ausbringen, wird liebende Güte in Ihnen sprießen.

Auf der persönlichen Ebene ist Karma Psychologie. Unsere Persönlichkeit wird durch Karma gebildet. Der Buddha sagte, unser Geist sei das Ergebnis aller unserer früheren Gedanken. Unsere Gedanken und Stimmungen sind vergänglich. Sie steigen auf und fallen wieder weg. Aber sie verschwinden nicht einfach. Aus ihnen entstehen andere Gedanken und Stimmungen. Mit der Zeit bilden unsere Gedanken ein Muster, und dieses Muster wiederum lenkt unsere Gedanken. Wir verfallen in Gewohnheiten. Wir denken in bestimmten Bahnen und nicht in anderen. Je länger dies anhält, desto schwerer wird es, aus diesen Mustern auszubrechen. Und da wir Menschen sind, achten wir nicht sonderlich darauf, in welche Gewohnheiten wir verfallen. Wir gehen den Weg des geringsten Widerstands, und der Widerstand wird immer geringer. Ehe wir's uns versehen, ist er weg, und wir gehen einfach nur noch diesen Weg.

Auf der Straße haben wir es eilig, also überschreiten wir die Geschwindigkeitsbegrenzungen ein wenig, dann ein wenig mehr. Wir fangen an, mit den anderen Fahrern am Flughafen herumzulungern, schnappen Tipps auf, wie es in der Branche zugeht, und ehe wir's uns versehen, sind wir ständig dort draußen, spielen Karten und wundern uns, warum wir kein Geld verdienen. Wir reden uns ein, dass Kaffeetrinken uns wach hält, also trinken wir Kaffee und gewöhnen uns daran. Schließlich kippen wir alle paar Stunden einen riesigen Styroporbecher in uns hinein und versuchen, die leichte Übelkeit und die gespannten Nerven zu ignorieren. Das alles ist Karma. Und natürlich werden wir durch nichts davon bessere Taxifahrer.

Natürlich bringen wir auch ständig Samen in unserer Umwelt aus. Wenn wir die Welt besser machen, leben wir auch selbst in einer besseren Welt. Weil die meisten Samen in unserer Nähe aufgehen, haben wir auch selber etwas davon. Auch das ist Karma.

Auf der ganzen Welt spielen sich ständig Tragödien ab. Völkermorde. Hungersnöte. Terrorismus. Der Tsunami in Asien, die Überschwemmung in New Orleans, das Erdbeben in Haiti. Nicht alle Menschen, deren Leben durch diese Ereignisse zerstört wurde, hatten schlechtes Karma. Sie haben nicht für etwas bezahlt, was sie falsch gemacht haben. Sie waren einfach zur falschen Zeit am falschen Ort. Aber einige konnten sich über ihre Situation erheben und sogar anderen helfen, während andere körperlich und geistig gebrochen waren. Wir haben es nicht in der Hand, in welche Situationen wir geraten, aber wir haben es in der Hand, wie wir auf diese Situationen reagieren. Das ist Karma.

Natürlich erleben die meisten Menschen weder Erdbeben noch Tsunamis, Völkermorde, Hungersnöte oder Terroranschläge. Die meisten Städte werden nie überschwemmt. Wir haben Glück, aber Glück ist nicht Karma. Machen wir das Beste aus unserer glücklichen Lage? Oder verschwenden wir unser Glück? Wir bauen Karma auf, indem wir das Beste aus dem machen, was wir haben, nicht indem wir darauf warten, dass etwas Besseres kommt.

Das Gute am Karma ist, dass es sich ändern kann. Durch unser Handeln legen wir ständig neue karmische Spuren, und wenn wir uns Mühe geben, können wir eine bessere Situation für uns schaffen. Karmische Spuren lösen sich mit der Zeit auf. Wir gehen richtig mit Karma um, wenn wir versuchen, durch unser jetziges Handeln besseres Karma zu schaffen, und wenn wir uns zugleich bemühen, uns nicht allzu sehr um die Auswirkungen der Vergangenheit zu sorgen. Wir werden gute und schlechte

Momente erleben. Wir werden Erfolg haben und scheitern. Das passiert. Der Buddha warnte vor dem Versuch, die verschlungenen Fäden des Karma zu entwirren, um die Ereignisse in unserem Leben zu verstehen. Dazu müssten viel zu viele Fäden aufgedröselt werden. Und die Vergangenheit können wir ohnehin nicht ändern, selbst wenn wir sie verstehen. Wir können nur versuchen, bessere Samen auszubringen, jetzt und in Zukunft. Diese Samen werden wachsen und mit der Zeit auf uns zurückfallen.

Ein wichtiges Merkmal von Karma ist die Rolle der Absicht. Versehen und Fehler erzeugen kein Karma. Absichten hingegen schon, selbst wenn sie keine Auswirkungen haben. Ein Mordversuch zum Beispiel wiegt in dieser Hinsicht genauso schwer wie ein Mord. Auch der Gedanke daran, jemanden zu ermorden, erzeugt schlechtes Karma, wenngleich in dem Entschluss, diesen Gedanken nicht umzusetzen, auch ein wenig gutes Karma liegen muss. Das ehrliche Bemühen, das Richtige zu tun, erzeugt Karma, selbst wenn es am Ende nicht wie vorgesehen klappt. Karma wirkt in beide Richtungen. Das bloße Scheitern bei der Ausführung eines Plans löst das Karma nicht auf, das durch den Plan erzeugt wurde. Außerdem kann es viele Jahre dauern, bis sich die Folgen früheren Handelns auswirken. Daher haben wir es also wahrscheinlich meistens mit den Spuren von Gedanken und Handlungen zu tun, an die wir uns kaum noch erinnern können. Andererseits wirken sich auch unsere Handlungen aus jüngerer Vergangenheit in der Gegenwart aus, unser Leben wird also nicht durch Spuren aus längst zurückliegender Zeit bestimmt. Diese Spuren gibt es, aber die jüngsten Einflüsse sind die stärksten.

Wenn Ihnen also jemand im Verkehr die Vorfahrt nimmt, lassen Sie es am besten einfach los. Denken Sie nicht einmal weiter darüber nach. Rachefantasien können Spaß machen, aber sie sind bestimmt nicht gut für Ihr Karma. Selbst wenn Sie sie nicht umsetzen.

Die Idee des Karma ist eng mit der Lehre von der Reinkarnation verbunden, dem Glauben, dass wir immer wieder in diese Welt hineingeboren werden. Die Interessen und Gewohnheiten eines Lebens hinterlassen eine karmische Spur für unsere künftigen Leben. Wenn sich also jemand für Musik oder Sport interessiert, findet er wahrscheinlich auch in künftigen Leben Gelegenheit, diesen Interessen nachzugehen. Seung Sahn benutzt den klassischen Komponisten Mozart als Beispiel. Er könnte auch in früheren Leben bereits musikalische Neigungen gehabt haben, und das Karma, das er in jenen Leben aufgebaut hatte, führte zu seiner Wiedergeburt als musikalisches Wunderkind. Die Umstände seiner Geburt ermöglichten ihm, seine Begabung zu entfalten. Wäre er unter anderen Umständen wiedergeboren worden, hätte er sein Talent womöglich nie erkannt. Seine Gaben und seine Interessen, nicht seine Lebensumstände, waren die Folge seines Karmas aus früheren Leben.

Es macht Spaß, sich vorzustellen, wie sich Karma nach landläufiger Sicht in der Praxis auswirken könnte. Vielleicht wundert sich irgendwo die momentane Inkarnation von Adolf Hitler, warum ihn alle hassen und nichts in seinem Leben so läuft, wie es sollte. Oder vielleicht ist er einfach ein trauriger kleiner Mann, der nicht weiß, warum er so gerne Insekten die Flügel ausreißt.

Möglicherweise wurde er aber auch als Insekt wiedergeboren. Mal um Mal.

Macht Spaß, nicht wahr?

Aber das ist reine Spekulation. Ein sinnloses Spiel. Um Karma zu verstehen, muss man keineswegs an Reinkarnation glauben.

Es ist einfach Psychologie. Wir können unser Karma ebenso gut als die Folgen der Erfahrungen betrachten, die wir seit dem Moment unserer Geburt gemacht haben. An unsere früheren Leben können wir uns nicht erinnern, und wir können nichts mehr daran ändern, deshalb ist Karma genauso gut als bloßer Teil unserer heutigen Situation denkbar. Dann können wir daran arbeiten, es zu verbessern.

Wenn Sie also an Ihrem Karma arbeiten wollen, gehen Sie auf die Straße und behandeln die anderen Fahrer mit Höflichkeit und Respekt. Seien Sie Ihren Fahrgästen gegenüber hilfsbereit und kooperieren mit dem Funker. Säen Sie Samen der liebenden Güte aus und warten Sie, bis sie aufgehen. Mit der Zeit wird alles zu Ihnen zurückkehren.

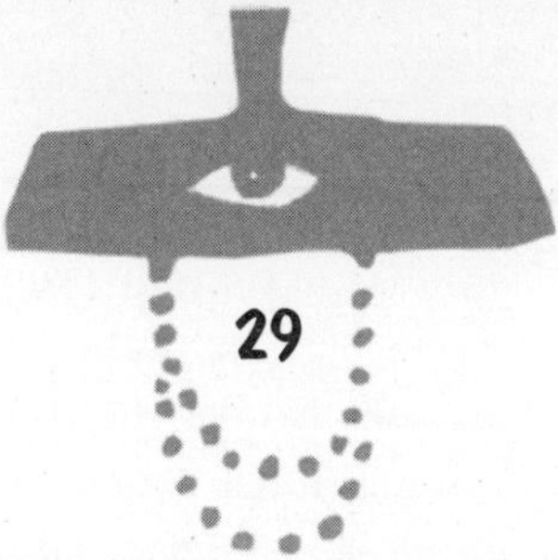

29

Das Ende der Straße

Es ist spät in der Nacht; ich fahre auf der unteren Ebene der Interstate Richtung Süden und will rechtzeitig wieder im Zentrum sein, um möglichst noch einmal Fahrgäste aus der 6th Street aufzunehmen. Es herrscht nicht viel Verkehr, aber ich sehe Rücklichter vor mir, Autos stauen sich. Ich bleibe eine Weile im Stau stehen und sehe dann ein Polizeifahrzeug auf der Standspur herankommen. Dann ein zweites und schließlich einen Krankenwagen. Nach einiger Zeit rollt der Verkehr wieder an, sehr langsam. Vor uns ist nur eine Spur frei, und hinter mir hat sich eine lange Autoschlange gebildet, aber alle sind geduldig, weil sie wissen, was los ist. Am Unfallort liegt mitten auf der Autobahn ein verbeulter Range Rover auf dem Dach. Er muss sich überschlagen haben. Ein Kleinwagen ist in ihn hineingerast. Seine Windschutzscheibe und der größte Teil der Front sind weg. Die Rettungskräfte stehen herum, sichtlich erschüttert. Es gibt nichts für sie zu tun. Ein Polizist winkt die Autos mit einer Taschenlampe vorbei. Er ist noch sehr jung, vielleicht ein Neuling, und er sieht aus, als würde er jeden Moment losweinen. Ich versuche nicht hinzusehen, aber aus den Augenwinkeln erkenne ich einen Körper, der zwischen den beiden Unfallwagen liegt.

Auf den Straßen sieht man es: Menschen sterben. Manche sterben ganz plötzlich, auf dem Heimweg von einem Club. Eben hatten sie noch Spaß, dann ist es vorbei. Man weiß nie, was kommt. Wie es hier aussieht, hat der Range Rover die Ausfahrt nicht mehr erwischt, ist gegen den Stützpfeiler geprallt, wurde auf die Autobahn zurückgeschleudert, direkt vor den Kleinwagen. Er hatte nicht die geringste Chance. Ebenso gut hätte es mich treffen können; im einen Moment fahre ich noch im Taxi, und meine einzige Sorge ist, nur ja rechtzeitig wieder ins Zentrum zu kommen, um noch eine Fahrt in dieser Nacht zu erwischen, und im nächsten Moment werde ich unter einem Range Rover begraben und bin sofort tot.

Wenn jemand stirbt, den wir kennen, ist das ein Schock, besonders wenn er noch jung ist. Wir haben doch geglaubt, er würde noch ewig leben. In anderen Fällen, wenn ein Mensch nach einem erfüllten Leben sehr leiden musste, spüren wir eine gewisse Erleichterung, dass der Schmerz vorbei sein darf. Doch es kommt auch vor, dass jemand stirbt, den wir nicht kennen, dessen Geschichte uns aber sehr berührt. Dann trauern wir auch um diesen Menschen.

Trauer ist nichts, was man einfach ignorieren kann. Zwar können wir sagen, dass Trauer aus der Anhaftung kommt und wir diese Anhaftung einfach nur loslassen müssen, aber das ist sehr schwer. Es ist nur natürlich, um liebe Verstorbene zu trauern, aber wir sollten nicht an unserer Trauer festhalten. Wir sollten uns davon nicht erdrücken lassen. Die Toten wollen nicht, dass wir um ihretwillen leiden. Ich möchte nicht, dass irgendwer um mich trauert. Ich möchte, dass man sich an mich erinnert, aber ohne Traurigkeit. Am liebsten hätte ich eine irische Totenwache, eine Feier meines Lebens ohne alle Traurigkeit.

Und am allerliebsten wäre es mir, wenn es bis dahin noch recht, recht lange dauert.

Eine Bekannte fiel in eine schwere Depression nach dem Tod – nicht eines Freundes oder Angehörigen, sondern – ihres Hundes. Der Hund hatte ein wunderbares Leben gehabt, war gut behandelt und 13 Jahre alt geworden. Alle anderen dänischen Doggen im Hundehimmel müssen ihn beneidet haben. Die Depression der Frau hielt monatelang an und verschlimmerte sich noch, wenn sie versuchte zu erklären, warum sie so aufgewühlt war. Ich bin sicher, ihr Hund hätte nicht gewollt, dass sie so leidet.

Und auch unsere Freunde und Verwandten wollen nicht, dass wir leiden.

Meistens bringen wir es fertig, nicht an den Tod zu denken. Man könnte sagen, er ist der Elefant im Zimmer unseres Lebens, das Offensichtliche, das wir hartnäckig leugnen. Wir stolzieren unbeschwert am Friedhof vorbei, aber das ist nur das Pfeifen im Keller, und mit der Zeit beherrschen wir das ziemlich gut. Doch wenn der Tod in unserer Nähe zuschlägt, werden wir nachdenklich. Ich fahre an den Unfallautos auf der Autobahn vorbei, und plötzlich denke ich nicht mehr daran, dass ich möglichst schnell im Zentrum sein will. Ich denke an die Freunde, die im Laufe der Jahre gestorben sind, und frage mich, wann es wohl bei mir so weit ist. Vor ein paar Jahren stand ich einmal mit meinem Motorrad an einer Ampel hinter einem Auto mit einem individualisierten Nummernschild. Es lautete: *Brian*. Mich beschlich ein sehr seltsames Gefühl; ich dachte, auf dieser Stoßstange steht mein Name, ich sollte also wohl besser vorsichtig sein. Als die

Ampel grün wurde, ließ ich mich zurückfallen und gab ihm ein paar Blocks Vorsprung. Nur um ganz sicher zu gehen.

Taxifahren gehört zu den gefährlichsten Berufen überhaupt. Von Zeit zu Zeit wird ein Fahrer bei einem Überfall oder im Streit getötet. Oder zum Krüppel geschlagen. Es passiert nicht sehr oft, nicht in Austin, aber man kommt doch ins Grübeln. Regelmäßig gibt es Fahrgäste, die so aussehen, als könnten sie Ärger machen, von denen man sich wünscht, man hätte sie nie mitgenommen. Auch dann kommt man ins Grübeln.

Zen ist eine Praxis für die Lebenden. Und der Tod ist ein wichtiger Teil des Lebens. Wenn wir den Gedanken an den Tod verdrängen, nehmen wir unserem Leben etwas von seinem Sinn. Es gehört auch zur Zen-Praxis, ihm diesen Sinn wiederzugeben. Der Tod ist uns gewiss und kann jederzeit eintreten, deshalb sollten wir unser Leben schätzen. Wir sollten die Zeit, die wir haben, klug nutzen und sorgfältig praktizieren. Der Tod ist ein Anreiz, unsere Praxis weiterzuentwickeln, solange wir noch können.

Wenn wir ewig leben würden, hätten wir jede Menge Zeit. Aber das tun wir nicht, und wir haben diese Zeit nicht. Die Straße geht nicht ewig weiter. Die Party ist irgendwann vorbei.

Der Tod ist ein hervorragendes Beispiel für Vergänglichkeit. Alles vergeht mit der Zeit, auch wir. Alles wird zu Asche, in der wieder Neues auf dieser Welt gedeihen kann. Wenn wir das Leben verstehen wollen, müssen wir dem Tod ins Gesicht sehen. In manchen buddhistischen Richtungen werden die Schüler gedrängt, sich in geführten Meditationen auf die Realität ihres eigenen Todes zu konzentrieren. Dahinter steht die Idee, die Realität des Todes als Hilfe zu nutzen, um Moment für Moment eine aktive Wertschätzung für das Leben entwickeln zu können.

Reinkarnation und Wiedergeburt sind in allen Formen des

Buddhismus grundlegende Vorstellungen. Manche behaupten, man könne nicht praktizierender Buddhist sein, ohne das Prinzip der Reinkarnation zu akzeptieren. Doch dieser Meinung sind nicht alle. Es gibt auch die Ansicht, der Buddha habe lediglich den vorherrschenden Glauben an die Reinkarnation akzeptiert, der in Indien bereits vorhanden war, und ihn seinem eigenen System entsprechend angepasst, genau wie das Wirken des Karma. Andererseits erzählt die Legende, dass der Buddha sich bei seiner Erleuchtung an seine 500 früheren Leben erinnern und die Muster erkennen konnte, die sie miteinander verbanden, was schließlich zu seiner Erleuchtung geführt hat.

Zum Leben nach dem Tod haben die Buddhisten seit jeher viele verschiedene Meinungen. Die Shin-Schule oder Reines-Land-Buddhismus lehrt, dass ihre Anhänger, die die Gebote einhalten und ein tief spirituelles Leben führen, in einer anderen Welt wiedergeboren werden, die sehr stark dem christlichen Himmel ähnelt. Andererseits gibt es Beweise dafür, dass die frühen Christen und andere Israeliten ebenfalls an eine Form der Reinkarnation geglaubt haben.

Im Zen wird außer im Zusammenhang mit dem Karma nur wenig über die Natur der Wiedergeburt spekuliert, und die Meditationspraxis als solche erfordert keinen Glauben an die Reinkarnation. Nach allgemeinem Empfinden genügt es, jeden Augenblick achtsam zu leben. Die Praxis kann zum Glauben an die Reinkarnation führen, aber sie muss nicht damit beginnen. Suzuki Roshi zum Beispiel sagt, der Tod sei wie ein kleiner Bach, der in einen Fluss mündet, ein Bild, das die Frage nach der persönlichen Wiedergeburt offen und unbeantwortet lässt.

Im Tibetischen Buddhismus hingegen sind Tod und Wiedergeburt entscheidend wichtig für die tägliche Praxis. Nach einer bestimmten Auffassung wird die Angst vor dem Tod dadurch überwunden, dass man ihm geradewegs ins Auge sieht. Man weiß, dass Mönche aus menschlichen Schädeln getrunken und auf menschlichen Knochen wie auf Hörnern geblasen haben. Bei einer anderen Übung schläft man auf einem Friedhof im Himalaya, der mit nicht beerdigten Leichen übersät ist. Macht man sich auf diese Weise mit dem Tod vertraut, führt das zu einer gesunden Geringschätzung des Todes. Oder zu jahrelanger Therapie.

Das tibetische Verständnis von Leben und Tod ist im *Bardo Thödol*, dem Tibetischen Totenbuch, dargestellt. Es wurde im achten Jahrhundert von Padmasambhava, dem Begründer des Tibetischen Buddhismus, verfasst und enthält eine Reihe von Anweisungen, wie man den Verstorbenen auf ihrer Reise durch die *Bardos* oder Übergangszustände zwischen Tod und Wiedergeburt helfen kann. Diese Anweisungen müssen den Toten ins Ohr gesprochen werden, um sie durch die Phase zwischen den Leben hindurchzugeleiten.

Nach dem tibetischen System gibt es vier Bardos. Der erste ist unser jetziges Leben, von der Geburt bis zum Moment des physischen Todes. Darauf folgt eine mehrtägige Periode, in der der Geist im Körper bleibt. Danach tritt der Geist in eine Phase hellen, klaren Lichts ein. Dann führen die Auswirkungen seines Karmas den Geist zu den Umständen seiner nächsten Inkarnation. In jedem Bardo gibt es die Gelegenheit zum Erwachen. Die beste Gelegenheit dazu ist in diesem Leben, und auf diese Praxis sollten wir unsere Energien konzentrieren. Es ist den Verstorbenen allerdings auch möglich, in den anderen Bardos die Erleuchtung zu erlangen und dem Kreislauf von Leben und Tod zu entkommen. Die Seelen können aber auch in andere Reiche übergehen. Der Überlieferung nach gibt es sechs Reiche, einschließlich eines Höllen- und eines Götterreiches, das dem Reinen Land des Shin sehr ähnlich ist.

Oder wir kommen wieder und versuchen es noch einmal.

Das Tibetische Totenbuch schildert die Ereignisse in einem den Tibetern vertrauen Kontext. Menschen anderer Kulturen erleben Ähnliches, jedoch in einem ihnen vertrauten Zusammenhang. Westliche Menschen erleben den Bardo mit jüdisch-christlichen Gestalten und Symbolen. Oder in einer völlig anderen Szenerie.

Überraschenderweise gibt es Indizien, die für die Möglichkeit der Reinkarnation sprechen. Zum einen liegen zahlreiche Berichte von Kindern vor, die angeblich detaillierte Erinnerungen an ein früheres Leben haben. In einigen Fällen wurden die von ihnen geschilderten Ereignisse überprüft und konnten zumindest zum Teil bestätigt werden. Unter Hypnose haben auch Erwachsene sich an Einzelheiten aus früheren Leben erinnert. Zwar gab es sehr viele Fälle, die ausgemachter Schwindel waren, doch einigen seriösen Forschern ist es gelungen, mit dieser Methode nachprüfbare Ergebnisse zu erzielen. Zum Beispiel beschrieb eine Frau in allen Einzelheiten ihr Leben im Nahen Osten. Zunächst wurde ihr Bericht verworfen, weil man damals meinte, eine solche Stadt habe nie existiert. Später jedoch wurden die Ruinen der Stadt entdeckt, und der Ort wies tatsächlich mehrere Merkmale auf, die sie beschrieben hatte. Das ist zwar kein eindeutiger Beweis für die Reinkarnation, lässt aber interessante Rückschlüsse zu. Und stellt mir die Nackenhaare auf.

Weitere Indizien für die Reinkarnation kommen aus der tibetischen Tulku-Tradition. Wenn ein großer Meister sich auf den Tod vorbereitet, nennt er seinen Schülern das Gebiet, in dem seine Wiedergeburt stattfinden wird. Ein paar Jahre nach seinem Tod begeben sich seine Schüler in dieses Gebiet, um ihn zu suchen. Sie suchen Kinder im entsprechenden Alter, die Interesse an spirituellen Dingen haben, wählen die wahrscheinlichsten Kandidaten aus und unterziehen sie einer Reihe von Tests, um den Tulku, die wahre Inkarnation des Meisters, zu finden. Bei den Tests muss das Kind unter anderem aus einer Vielzahl von Gegenständen den persönlichen Besitz und unter einer Gruppe von Fremden die guten Freunde des Meisters erkennen. Mit dieser Methode soll die Wahl eindeutig getroffen und die wahre Inkarnation des verstorbenen Meisters gefunden werden können. Auch der Dalai Lama wurde auf diese Art ausgewählt. Dieses Verfahren wird in *Kundun*, Martin Scorseses Film über den Dalai Lama, gezeigt.

Im Westen herrscht ein starkes Verlangen nach einem Weiterleben nach dem Tod, sei es in Form der Reinkarnation oder nach der christlichen Vorstellung von einem Himmel. Paradoxerweise ist die Reinkarnation aus östlicher Sicht jedoch ein Fluch, eine nie endende Strafe. Schließlich bedeutet Leben Leiden, und wir sind nicht nur in diesem, sondern auch in künftigen Leben zum Leiden verdammt. Die Anweisungen im Tibetischen Totenbuch sollen den frisch Verstorbenen helfen, eine Wiedergeburt zu vermeiden und dem endlosen Kreislauf von Geburt und Tod zu entkommen.

Der Legende nach war die Erleuchtung des Buddha so vollständig, dass er nie wiedergeboren wurde. Als er starb, ließ er den Kreislauf von Leben und Tod hinter sich. Man glaubt (zumindest manche glauben), dass er und alle anderen vollständig erleuchteten Buddhas der Geschichte in einem Reich absoluter Glückseligkeit, den sogenannten Buddhafeldern, leben. Das ist jedoch ein reiner Mythos. Es gibt keinerlei posthume Botschaften des Buddha.

Und es wartet auch niemand darauf.

Ich fahre vom Schauplatz des Geschehens weg und denke einen Augenblick lang an die Menschen, die an dem Unfall beteiligt waren. Wo sind sie jetzt? Stehen sie vor dem Himmelstor und versuchen, sich zu rechtfertigen? Oder sind sie in einem Bardo und versuchen zu begreifen, was mit ihnen geschehen ist? Oder sind sie nur weg und schlafen den großen Schlaf? Ich schiebe den Gedanken weg. Nur der Moment zählt. Und ich sollte wohl besser auf den Verkehr achten, sonst finde ich das mit dem Tod schneller heraus, als mir lieb ist.

Inzwischen bin ich wieder im Zentrum und nehme drei College-Mädels auf, die zum Campus wollen; das Semester fängt wieder an. Schon verblasst der Gedanke an den Unfall draußen auf der Autobahn. Heute Nacht brauche ich nicht an den Tod zu denken. Und Spekulationen bringen niemanden weiter. Die Wahrheit ist: Wir wissen nicht, was kommt, wenn dieses Leben endet. Deshalb können wir auch nicht viel tun, außer dem Tod offen und ehrlich ins Auge zu sehen. Wir können dieses Leben nur Moment für Moment so nehmen, wie es kommt, und jeden so schätzen, als wäre es unser letzter. Denn man weiß nie. Er könnte es ja sein.

30

Metaphysik für Normalmenschen

Inzwischen haben wir gesehen, wie die wesentlichen Aspekte der Zen-Praxis, wie zum Beispiel Achtsamkeit und die Gebote, sich im realen Leben auswirken. Jetzt ist es an der Zeit, uns ein paar Ideen anzusehen, die hinter dem Buddhismus stehen. Keine Angst. Wir machen das ganz locker. Wir wollen doch nicht, dass jemand Kopfschmerzen davon bekommt. Mit Kopfschmerzen kann man schließlich schlecht Auto fahren.

Als der Buddha unter dem Bodhi-Baum die Erleuchtung erlangte, war die auslösende Erkenntnis, dass alles mit allem verbunden ist. Er saß da und sah dem Morgenstern zu, der am Himmel aufging, und er erkannte, dass er und der Morgenstern ein und dasselbe waren. Es gibt keinen Dualismus in der Welt. Diese eine Erkenntnis befreite seinen Geist und führte ihn zu einer ganz neuen Sicht der Welt. Es war wie bei einem Puzzle, das so lange unmöglich zusammenzupassen scheint, bis das eine Schlüsselteil gefunden ist und alles andere sich wie von selbst aneinanderfügt.

Die moderne westliche Philosophie beginnt mit der Idee des Dualismus. Diese Kunst der grundsätzlichen Unterscheidung wurde von René Descartes und anderen entwickelt. Im Dualismus kann alles in einzelne, voneinander getrennte Objekte unterteilt werden. Die grundlegendste Unterscheidung bei Descartes war die zwischen Körper und Geist. Andere Unterscheidungen sind das Selbst und das Andere, gut und schlecht, richtig und falsch. Unser Empfinden der Welt fußt darauf, dass wir zwischen verschiedenen Gegenständen und Ideen unterscheiden. Wir geben jedem einen Namen und eine gesonderte Identität. Und wir denken es uns als verschieden von allem anderen auf der Welt. Das ist Dualismus.

Aber ist die Welt wirklich dualistisch? Oder sind wir es?

Zen lehrt, dass alles miteinander verbunden ist, Teil eines Ganzen, das größer ist als die Summe seiner Teile. Alle Unterscheidungen sind willkürlich – und falsch. Unterscheidungen sind bloße Psychologie. Könnten wir klar genug sehen, würden wir erkennen, dass alles sich zu einem nahtlosen Ganzen zusammenfügt. Dies ist eine Art, die berühmten Zeilen aus der Herz-Sutra zu deuten: »Form ist Leere; Leere ist Form.« Form definiert die Leere um sie herum, und die Leere definiert die Form. Das eine wäre ohne das andere bedeutungslos.

Rufen Sie sich noch einmal die Szene aus *Zen in der Kunst des Bogenschießens* ins Gedächtnis, in der Eugen Herrigel gesagt wird, er solle eins werden mit dem Bogen. Das bedeutet, über den Dualismus hinaus in die wahre Natur des Bogenschießens zu schauen und die Einheit von Schütze, Bogen, Pfeil und Ziel zu erkennen. Und dann den Pfeil seinen eigenen Weg zum Ziel finden zu lassen. Als Herrigel sein dualistisches Verständnis loslassen kann, vermag er das Ziel mit dem Pfeil zu spalten.

Es ist auch wie Taxifahren in einer turbulenten Nacht. Nach einer Weile ist man einfach unterwegs, fließt durch die City, eins mit dem Taxi, den Straßen, der Stadt, der Welt. Die Ablenkungen verblassen. Man verliert sich in dem, was man tut, und vergisst eine Zeitlang, die üblichen Unterscheidungen zu treffen.

Dem Zen zufolge ist Dualismus nur eine Täuschung, eine Interpretation, die wir unserer Umwelt aufpflanzen, damit sie uns sinnvoll erscheint. Das hilft sogar. Der Dualismus ist eine praktische Sicht der Welt. Wenn wir uns aber allzu sehr darin verstricken, behindert sie uns. Am Ende leben wir in einer Welt, die wir uns selbst zurechtgeschustert haben – und verpassen die Welt, wie sie wirklich ist.

Die größte Täuschung von allen ist die Vorstellung von einem getrennten Selbst, einer konkreten Wesenheit, die von allem anderen abgeschnitten ist. Alle unsere Gedanken, Meinungen, Erinnerungen, Vorlieben und Abneigungen sind nur leere Psychologie. Der innere Monolog, der von Minute zu Minute unablässig weitergeht, ist nur eine Ablenkung. Alles, was wir für ein getrenntes Selbst halten, ist nur Leere. Die Zen-Praxis ist eine Methode, die Schichten des Selbst abzulegen, sodass wir es durchschauen können. Das machen wir hier in *Dharma Road*. Wir schälen die Schichten ab und suchen unsere wahre Natur. Wenn wir das Selbst erst einmal durchschauen können, ist die Welt anders. Wir schauen sie nicht mehr an; wir sind vielmehr in ihr, Teil von ihr. Wir sind die Welt.

In der Welt, wie Zen sie versteht, ist alles vollständig miteinander verbunden, ineinander verflochten. Geist und Körper sind dasselbe. Sie und ich sind nicht verschieden. Erde und Himmel sind nur Teile von etwas Größerem. Jede Unterscheidung ist nur eine Münze mit Kopf auf der einen und Zahl auf der anderen Seite. Kopf und Zahl sind nicht verschieden. Im Zen gibt es keinen Dualismus. Und wir brauchen nur tief in uns hineinzuschauen, um zu erkennen, dass Dualismus nur eine Täuschung ist.

Stellen Sie sich einmal vor, Sie fahren ein Stück auf dem Mopac Expressway. Im Feierabendverkehr sind Sie mit etwa 30 km/h unterwegs. Die Sonne geht gerade unter, und der Verkehr ist eine einzige Masse von Scheinwerfern, die Ihnen auf der anderen Seite entgegenkommen, und von Rücklichtern vor Ihnen, die sich mit Ihnen bewegen. Der Feierabendverkehr hält sich heute lange, der Expressway ist in beiden Richtungen gestopft voll, die Nebenfahrbahnen, die Überführungen, die Kreuzungen – überall ist der Verkehr in Bewegung, aber nirgendwo geht es wirklich schnell voran. Sie fühlen sich gut, haben alles im Griff, haben das Radio an, hören einen schönen Blues. Sie sind hier in Ihrem Taxi, und draußen sind alle anderen. Aber das ist noch nicht alles. Denn zugleich sind Sie lediglich Teil eines Verkehrsstromes, der eine vierspurige Autobahn entlangfließt, und eigentlich nicht von diesem Strom getrennt. Es scheint nur so.

Über Ihnen fliegt ein Hubschrauber mit einem dieser Verkehrsmelder, die Ihnen sagen, dass Sie im Stau stehen, wenn es bereits zu spät ist, ihn zu umgehen. Von da oben betrachtet, sind wir alle nur ein Strom aus Scheinwerfern, die einander sinnlos hinterherfahren und immer wieder dieselben Muster bilden. Und von noch weiter oben betrachtet, ist auch der Hubschrauber nur ein Teil des Verkehrs.

Sie wollen die Fahrbahn wechseln, aber rechts von Ihnen ist kein Platz, deshalb fahren Sie etwas langsamer, um zu sehen, wo sich etwas auftut. Der Verkehr vor Ihnen entfernt sich ein wenig, und die Autos fließen um Sie herum. Endlich gibt es eine Öffnung, Sie ziehen hinüber und passen Ihre Geschwindigkeit wieder dem Verkehr an. Sind Sie getrennt von den anderen Fahrern, oder sind Sie nur ein Teil des großen Fließens?

Manche Menschen denken, Zen leugne Individualität und freien Willen, aber das stimmt nicht. Wir leben immer noch in dieser Welt, und wir haben immer die Wahl, aber es gibt auch Grenzen. Wenn wir auf den Expressway auffahren, müssen wir uns den Autos, die links von uns unterwegs sind, anpassen, und wenn wir auf die zweite Spur fahren wollen, müssen wir uns erneut anpassen. Wenn der Verkehr vor uns langsamer wird, werden wir gemeinsam mit ihm langsamer. Wir können eine Ausfahrt wählen, aber wir müssen entsprechend manövrieren, um dorthin zu kommen, und wir müssen anhalten, wenn die Ampel an der Kreuzung rot wird. Aus unserer persönlichen Sicht kommt es uns so vor, als übten wir unseren freien Willen aus und täten, was wir wollen. Aber da täuschen wir uns. Wir wählen unsere Handlungen nur aus einer begrenzten Anzahl von Möglichkeiten aus. Alles im Leben ist so. Der Verkehr ist nur ein Beispiel. Eine Metapher.

Um es mit den Worten des Komponisten John Cage auszudrücken: »Wir sind so frei wie Vögel. Nur, die Vögel sind nicht frei.«

Wenn wir Zazen sitzen, wird der innere Monolog, der uns fast unser ganzes Leben lang etwas vorplappert, langsamer und verklingt. Wir hören auf, die Welt zu analysieren und unseren Platz darin zu deuten. Eine Zeitlang sind wir aus unserem dualistischen Denken und Handeln befreit. Und mit der Zeit können wir die Welt auf ganz neue Weise sehen. Wenn wir Achtsamkeit praktizieren, ganz gleich, ob wir auf dem Mopac in einem Taxi fahren oder einen Pfeil auf ein entferntes Ziel richten oder auf einem Gehweg mitten in der Innenstadt *Kinhin* machen, dann legen wir den Dualismus ein Weilchen ab und nehmen die Welt so, wie sie wirklich ist. Und wir nehmen uns selbst so, wie wir wirklich sind. Für eine Weile gehen wir völlig in dem auf, was wir tun, und es gibt nichts anderes. Und wir stellen fest, dass ein Erzähler im Hintergrund, der uns sagt, was wir tun oder wer wir sind, völlig unnötig ist. Wir nehmen uns so, wie wir wirklich sind. Das ist Zen.

Wenn wir unsere wahre Natur sehen, sehen wir auch, dass wir nicht alle voneinander getrennt, völlig isoliert sind. Unsere dualistischen Vorstellungen fallen von uns ab. Wir erkennen, dass wir alle Teil von etwas Größerem sind, nur Taxis in einem langsam fließenden Verkehrsstrom auf dem Mopac heute Abend.

Zumindest habe ich das so gehört. Ich habe es nicht selbst gesehen. Noch nicht. Aber manchmal, nur einen Moment lang, draußen im Verkehr, kann ich es beinahe spüren. Und wenn ich in der Schlange am Flughafen stehe, wenn es still ist und nichts vorwärtsgeht, kann ich durch die Insektenschwärme um die Straßenlaternen hindurch zu den hohen Wolken schauen, die über den Mond hinweggleiten, und mich darin verlieren, das alles in mich aufnehmen und eine Zeitlang frei sein. So frei wie ein Vogel.

31

Karten und Worte

In Gedanken tragen wir alle eine Karte unserer Umgebung mit uns herum. Bei den meisten Menschen ist es nur eine grobe Skizze dessen, wie eins mit dem anderen verbunden ist, die Orte, die sie aufsuchen, und die Straßen, die sie benutzen. Bei Taxifahrern sind diese Karten etwas detaillierter, mit Abkürzungen, markanten Gebäuden und häufigen Zielen. Es gehören vielleicht auch Details eines großen Wohnkomplexes dazu, die Namen von Clubs und Restaurants im Zentrum. Wenn ich einen Straßennamen höre, erinnere ich mich an die Menschen, die ich dort abgeholt oder hingefahren habe, und was mit ihnen passiert ist. Manchmal erinnere ich mich auch an einen Dauerkunden, der früher einmal dort gewohnt hat. Oder ich habe eine Verbindung zu der Straße, die noch von vor meiner Zeit als Taxifahrer stammt. Das alles steht auf der gedanklichen Karte, die ich mit mir herumtrage.

Wir haben noch mehr Karten im Kopf. Sie reichen von einer Sternenkarte unserer Galaxie bis zum Grundriss unserer Wohnung oder der Anordnung der Dinge in unserem Garten. Auf jeder Ebene gibt es eine Karte, die uns hilft, uns zurechtzufinden. Und wir haben Diagramme, Arbeitsmodelle von allem und jedem in unserer Welt. Ich kann mir ein schematisches Diagramm des Taxis vorstellen, das ich fahre, Grund- und Aufriss meines Hauses, Wetterkarten mit den Fronten, die hereinkommen. Unsere ganze Welt ist in unserem Kopf durch eine endlose Reihe von Schemazeichnungen vertreten.

Es sind nur Landkarten.

In meinem Kopf sind die meisten Straßen in Austin auf einem Gitter angeordnet. Sie verlaufen von Osten nach Westen oder in Nord-Süd-Richtung. Ein paar wenige verlaufen diagonal oder im Kreis oder folgen einem Flusslauf. Ich merke sie mir durch ihr Verhältnis zum größeren Gitter. Wenn eine Straße genannt wird, konzentriere ich mich sofort auf den entsprechenden Stadtteil, auf die Geometrie der wichtigsten Straßen, auf das Gitter. Wenn ich müsste, könnte ich mich mit einem Stift und einem sehr großen Blatt Papier hinsetzen und eine detaillierte Karte der Stadt zeichnen.

Natürlich wäre sie nicht exakt. Die Straßen verlaufen in Wirklichkeit nicht genau von Ost nach West oder von Nord nach Süd. Das ist eine Vereinfachung, um mir leichter eine ungefähre Vorstellung von der Richtung zu machen. Wie die meisten Städte wurde Austin nicht am Reißbrett entworfen. Es wuchs allmählich im Lauf von etwa 170 Jahren. Die meisten Wohngegenden sind in etwa gitterförmig angeordnet, und die Blocks liegen entlang der großen Straßen, die wiederum mehr oder weniger in nord-südlicher bzw. ost-westlicher Richtung verlaufen. Aber manchmal komme ich spät in der Nacht nach Hause in meine eigene Ost-West-Straße und sehe den Mond in einer Ecke aufgehen, die eigentlich Nordosten sein müsste. Das führt mir wieder vor Augen, dass die Karte nur eine Annäherung an die wirklichen Verhältnisse ist. Sie ist nicht die Wirklichkeit.

Auch die Sprache ist eine Art Karte. Sie enthält eine logische Struktur, die unsere Vorstellung von der Beschaffenheit der Welt spiegelt. Unsere Vorstellungen von der Welt werden wiederum von unserer Sprache geprägt. Wenn wir über die Welt nachdenken, denken wir normalerweise in Worten. Sprache ist dualistisch – sie verstärkt unser Gefühl des Getrenntseins von der Welt. Sie trennt dieses von jenem und uns selbst von allem anderen. Sprache verstärkt ein Weltbild, das uns hilft, uns im Alltag zurechtzufinden, aber verhindert, dass wir die Welt je wirklich verstehen.

Sprache gehört zu den wichtigsten Unterschieden zwischen Menschen und anderen Tieren. Ohne sie würden wir immer noch in Höhlen leben. Aber, um es mit dem berühmten Ausspruch des Wissenschaftlers und Philosophen Alfred Korzybski zu sagen: »Die Landkarte ist nicht das Gebiet.« Sprache ist nur eine gedankliche Karte von der Welt und wird der Wirklichkeit nicht gerecht. Und schon gar nicht ist sie die Wirklichkeit.

Ein Großteil der westlichen Philosophie erschöpft sich in Meinungsverschiedenheiten über die Bedeutung bestimmter Worte. Die meisten Menschen kennen die Frage von Bischof George Berkeley: »Wenn ein Baum in einem Wald umfällt und niemand da ist, es zu hören, macht er dann ein Geräusch?« Berkeley betonte nachdrücklich die subjektive Natur der Wirklichkeit, aber die Frage kann auf ein Streitgespräch über die Bedeutung des Wortes »Geräusch« reduziert werden. Wenn Geräusch lediglich die Schwingung der Luft ist, lautet die Antwort Ja. Wenn Geräusch aber Wahrnehmung ist, lautet die Antwort Nein. Was meinen Sie mit dem Wort *Geräusch*?

Aber es gibt eine andere Möglichkeit, die Welt zu sehen. Nach Seung Sahn bedeutet »Zen-Lehre …, nicht an der Sprache zu haften«. Worte weisen nur auf die Wirklichkeit hin. Wenn wir die Welt so wahrnehmen, wie sie durch Sprache dargestellt wird, nehmen wir sie nicht unmittelbar wahr. Wenn wir die Sprache loslassen, gehen wir über die dualistische Sicht hinaus und erleben die Welt so, wie sie wirklich ist.

In einer der berühmtesten Belehrungen des Buddha, die er auf dem Geierberg gab, saß er eine Weile schweigend da und hielt dann einfach nur eine Blume in die Höhe. Es war eine Demonstration des direkten Erlebens der Wirklichkeit im Gegensatz zum konzeptuellen Erleben. Es war vielleicht nicht unbedingt eine der erfolgreichsten Belehrungen des Buddha – nur einer der Anwesenden wurde erleuchtet –, aber sie bleibt ein messerscharfes Beispiel für seine Lehre. Und es war seine Antwort auf die Philosophen, die in allen Einzelheiten über die Welt, die sie umgibt, spekulieren.

In China praktizierten die Mönche einst, indem sie die buddhistischen Sutras auswendig lernten und rezitierten. Bändeweise. Seung Sahn erzählt eine Geschichte vom größten Sutra-Meister seiner Zeit, der jede Sutra kannte, die je geschrieben worden war. Die Menschen kamen von weither, um ihn um Rat zu bitten. Sie berichteten ihm von ihrem Problem, und er rezitierte ihnen die Sutra, die das jeweilige Problem löste. Eines Tages kam eine seltsame Nonne zu ihm und weigerte sich, auch nur eine einzige seiner Sutras anzuhören. Sie wollte hören, was er selber zu sagen hatte, seine eigenen Worte. Sie fragte ihn nach seiner wahren Natur. Und er war sprachlos. Er wusste nichts über seine wahre Natur. Danach gab er seine Anhaftung an die Sutras auf und fing an, die Welt so zu erleben, wie sie war. Mit der Zeit wurde er ein großer Meister.

Wir haben noch nicht über das Studium der Koans gesprochen. Koans sind Fragen, die wie reiner Unsinn wirken, aber eine tiefere Bedeutung haben. Wie klingt das Klatschen einer Hand? Nun, ich will ehrlich sein: Ich habe keine Ahnung, wie das Klatschen einer Hand klingt. Das Studium der Koans ist ein bisschen zu fortgeschritten für schwer arbeitende Taxifahrer wie unsereins. Schließlich sind wir noch Anfänger. Mönche können Monate oder sogar Jahre auf das Meditieren eines Koans verwenden, uns fehlt dazu die Zeit. Aber man kann wohl mit Sicherheit sagen, dass nach jahrelangem Koan-Studium die Sprache allmählich zusammenbricht und die Welt durchzuschimmern beginnt.

Es ist wichtig, über Zen zu lesen und Dharma-Reden zu hören. Aber das ist nur Sprache. Zen kann man sich nicht anlesen. Zen muss man leben. Letzten Endes gibt es keine Straßenkarten der Achtfachen Autobahn und keine Reiseführer. Wenn Ihnen *Dharma Road* gefällt, können Sie weitere Bücher über den Buddhismus lesen. Sie könnten Shunryu Suzuki oder Seung Sahn oder einige Bücher der momentanen Inkarnation des Dalai Lama lesen. Und von dort aus könnten Sie dann Buddhas Sutras und die Schriften von Dogen Zenji und anderer großer Lehrer aus den verschiedenen Jahrhunderten lesen. Am Ende des Buches finden Sie eine Lektüreliste (eine Art willkürliche Bibliografie), falls Sie beim Aussuchen Hilfe brauchen. Gehen Sie in die Bibliothek oder in Ihre Lieblingsbuchhandlung und schmökern Sie eine Zeitlang. Aber das alles sind nur Worte. Zen muss praktiziert werden. Wenn Sie nur über Zen lesen, werden Sie Zen nie wirklich verstehen.

Wenn Sie nur über das Leben lesen, werden Sie es auch nie verstehen.

Wenn es also einmal wieder ein lahmer Tag ist und Sie zum

Flughafen hinausfahren, um sich dort ein paar Stunden in die Schlange zu stellen, nehmen Sie sich etwas zu lesen mit. Aber lesen Sie nicht nur über Zen. Wenn Sie schon dort sind, könnten Sie auch ein paar Minuten vom Taxiparkplatz weggehen und im Gras zwischen den Oleandern stehen, den Grillen zuhören und den Wind auf Ihrer Haut und die Sonne in Ihrem Gesicht spüren.

Auch das ist Zen.

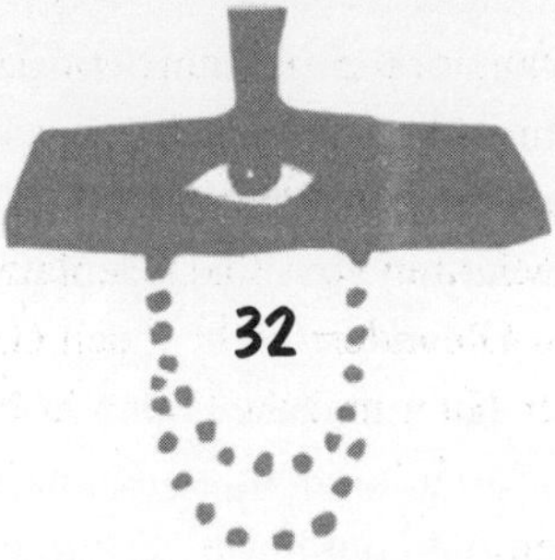

Gott versteckt sich im Verkehr

Vier Uhr morgens, in der Schlange am Flughafen; ich sitze auf der Motorhaube meines Taxis und schaue gedankenverloren in den bedeckten Himmel. Um jede Laterne summt ein Insektenschwarm. Sonst bewegt sich nicht viel. Jeden Moment könnten Steppenläufer hier durchrollen. Auf dem Parkplatz steht eine kurze Taxischlange; die Fahrer lehnen an den Kotflügeln und blicken mutlos drein. Um diese Zeit denkt man über vieles nach. Ich zumindest.

Zum Beispiel denke ich, ich hätte am Nachmittag mehr tun sollen. Dann wäre ich jetzt nicht hier und würde auf eine letzte Fahrt warten, damit ich meine Leasingrate bezahlen kann.

Und ich denke über die großen Fragen nach. Wer sind wir, und warum sind wir hier? Wer ist Gott, und was will er von uns? Oder: Was zur Hölle will er von mir? Sie wissen schon, die großen Fragen eben.

Zen ist eine Praxis, eine Lebensart. Es gibt Anweisungen und Handlungen, Schritte, die man auf dem Weg zur Erkenntnis gehen muss. Zen lässt nicht viel Raum für Spekulationen. Es gibt keine Dogmen, keine Metaphysik. Es gibt keine Geschichten über die Schöpfung oder einen allmächtigen Gott, der einen Plan für unser Leben hat. Die großen Fragen sind nur eine Ablenkung von der eigentlichen Arbeit des spirituellen Wachstums, deshalb ignorieren wir sie. Meistens jedenfalls.

Manchmal – zum Beispiel um vier Uhr morgens in der Schlange am Flughafen – macht es Spaß, über die wahre Natur der Welt, die uns umgibt, zu spekulieren. Viele Kosmologen glauben inzwischen, dass unser Universum nur eines aus einer unendlichen Anzahl von Universen im sogenannten Megaversum ist. Ständig entstehen neue Universen, und jedes hat seine eigenen physikalischen Gesetze. Die meisten fallen entweder schnell wieder in sich zusammen oder bilden keine Strukturen aus, wie wir sie um uns herum kennen. Fast alle sind ohne Leben und geradezu unheimlich. Obendrein werden wir niemals eines der anderen Universen erreichen können, noch nicht einmal in der Form, dass wir überprüfen könnten, ob es sie wirklich gibt.

Sehen Sie, das hat Spaß gemacht. Aber eigentlich ist es pure Spekulation – dahinter steckt kaum echte Wissenschaft – aber die Kosmologen nehmen es anscheinend sehr ernst. Manche jedenfalls. Und um vier Uhr morgens dürfen wir uns diesen Spaß auch gönnen.

Tatsächlich jedoch wurde die Idee vom Megaversum entwickelt, um eine schwierige Frage zu beantworten. Alles auf unserer Welt, von den grundlegenden physikalischen Gesetzen und Konstanten bis zum Klima und dem Mineraliengehalt der Erde, scheint geschaffen, um Leben zu ermöglichen, wie wir es kennen. Alles wirkt auf extrem lange Sicht geplant. Das Megaversum bietet eine Erklärungsmöglichkeit, ohne auf Intelligent Design in irgendeiner Form zurückgreifen zu müssen. Es umgeht die Frage nach Gott.

Was halten Sie für weiter hergeholt, das Megaversum oder Gott?

Der Buddhismus wird oft als Religion ohne Gott bezeichnet. Oder als nicht theistische Religion. Da wir uns nun mit den gewichtigen Fragen befassen, sollten wir auch über Gott nachdenken.

Der Buddha war kein Gott. Er war ein Mensch wie wir alle. Selbst nach seinem Erwachen war er immer noch nur ein sterblicher Mann, der sich wie alle anderen in der Welt zurechtfinden musste, dies aber mit mehr Verständnis tat. In manchen Traditionen wird der Buddha angebetet, aber das ist nicht die Idee, die hinter dieser Religion steht. Der Buddha gewährt keine Bitten und segnet keine Ehen. Und er wollte niemals angebetet werden. Wir verehren die Idee der Buddhaschaft, das Beispiel, das er uns gegeben hat. Der Mensch an sich ist immer noch nur ein Mensch.

Aber das heißt nicht, dass es keinen Gott gibt, nur, dass der Buddha keiner ist.

Die Religionen der Welt sagen sehr viel über die Natur Gottes; sie sagen, was er (oder sie oder es) von uns erwartet und wie wir uns seinem (oder ihrem) Willen gemäß verhalten sollen. Zahllose Kriege wurden wegen dieser Fragen geführt, und der Konflikt setzt sich bis heute fort. Doch alle Interpretationen sind nur Spekulation.

Im Zen ist nicht viel Platz für Spekulationen. Alles ist Erfahrung. Praxis. Hier eine Metapher: Sie betreten ein hohes Gebäude und stellen fest, dass der Aufzug kaputt ist. Sie haben gehört, dass man vom Dach, 20 Stockwerke hoch, einen wunderbaren Blick über die Stadt hat, und Sie wollten das eigentlich unbedingt sehen. Sollten Sie nun am Empfang stehen bleiben und über die Aussicht spekulieren, sich fragen, wie es wohl da oben aussieht? Darauf hoffen, dass bald jemand kommt und den Aufzug repariert? Oder sollten Sie die Treppe nehmen? Buddhisten nehmen die Treppe, immer nur einen Schritt auf einmal.

Viele Leute, auch viele Christen, glauben an keine der üblichen anthropomorphen Vorstellungen von Gott. Sie denken sich Gott als eine Kraft im Universum, als eine allem zugrunde liegende Intelligenz, als einen tieferen Sinn hinter dem Chaos des Lebens. Sie sehen die mythischen Elemente des Christentums als Sinnbilder einer tieferen Realität, die zu fein ist, als dass wir sie erfassen könnten. Himmel und Hölle verstehen sie schlicht als Geistes- oder Daseinszustände, die nach dem Tod weitergehen.

Akademische Theologen stimmen diesen Ansichten tendenziell zu. Die moderne Theologie versteht Gott nicht als getrennt von der Welt oder von uns. So vertritt zum Beispiel Bischof George Berkeley die Ansicht, unsere Welt sei in Wirklichkeit eine Idee im Geist Gottes. Das passt nicht zur Vorstellung von einem übermenschlichen Gott, der uns von oben beobachtet und für unser Handeln belohnt oder bestraft. Berkeleys Gott ist der Grund, der alles in unserer Welt einschließt. Auch uns. Das kommt der buddhistischen Vorstellung vom Heiligen wesentlich näher. Thomas Moore ist ehemaliger katholischer Mönch und Autor des Buches *Der Seele Raum geben* sowie vieler weiterer Werke über moderne Spiritualität. Er sagt, dass er zwar über Religion, jedoch nur äußerst selten direkt über Gott schreibt, weil er Gott für unnennbar und in gewisser Weise auch für unerkennbar hält. Seine Lösung lautet, Gott im Alltag zu suchen, in den kleinen Wundern der ganz normalen Welt. Er hält Ausschau nach Anzeichen für Gott auf denselben Straßen, auf denen ich fahre, um mich selbst zu finden.

Wird das jetzt ein bisschen heftig? Ich weiß. Dies hier hat als unbeschwerter Einblick in Zen und Taxifahren angefangen, und jetzt befassen wir uns mit Theologie. So ist das manchmal im Leben. Aber keine Sorge. Das kommt in der Taxischeinprüfung nicht vor.

Im Übrigen reden wir hier von Gott. Machen Sie was draus.

Eine ganze Reihe von Christen haben die buddhistische Praxis übernommen, teilweise um ihre eigene christliche Praxis zu vertiefen. Beides kann sich ergänzen. Der Mönch und Philosoph Thomas Merton studierte Zen und schrieb ausführlich über die Ähnlichkeiten zwischen buddhistischer und christlicher Praxis. In jüngerer Zeit hat Pater Thomas Keating ein ganzes Spektrum klösterlicher Gepflogenheiten erforscht, die sehr stark der Zen-Praxis ähneln. Thomas Moore beschäftigt sich mit Zen vor seinem christlichen Hintergrund. (Im deutschen Sprachraum sind wohl Willigis Jäger und Hugo Makibi Enomiya-Lassalle die bekanntesten Mönche und Zen-Meister, Anm. d. Ü.) Und es funktioniert auch anders herum. Der vietnamesische Zen-Meister Thich Nhat Hanh kam im Rahmen seiner Tätigkeit in der Friedensbewegung während des Vietnamkriegs mit christlichen Idealen in Berührung. In seinem Buch *Lebendiger Buddha, lebendiger Christus* beschreibt er einige Ähnlichkeiten in der Praxis beider Religionen. So ähnelt zum Beispiel die christliche Vorstellung vom Heiligen Geist der Idee der Buddha-Natur, der Essenz, die alle Existenz durchdringt. Außerdem sagt er, dass er auf dem Regal in seiner Meditationskammer eine Statue des Buddha und eine von Christus stehen hat. Zur Inspiration.

Die Behauptung, der Buddhismus sei atheistisch, basiert auf einer begrenzten und allzu simplen Vorstellung von Gott. Und vom Buddhismus. Es gibt nichts Begrenztes, weder am Buddhismus noch an Gott. Das buddhistische Weltbild schließt die meisten Eigenschaften ein, die man Gott zuschreibt, ohne dabei eine dualistische Vorstellung von einem Wesen zu schaffen, das von uns und unserem Leben getrennt ist. Es gibt kein getrenntes Wesen, das unsere Existenz und unser Schicksal lenkt. Aber es gibt eine allem zugrundeliegende Realität, eine tiefere Bedeutung unseres Lebens, die als gottähnlich bezeichnet werden könnte. Es liegt an uns, dies zu ergründen und in unser Leben aufzunehmen.

Manche Taxifahrer haben mit Sekundenkleber Jesusstatuen an ihrem Armaturenbrett befestigt. Einige wollen sich damit immer wieder vor Augen führen, was im Leben wirklich zählt. Andere denken, das brächte ihnen mehr Trinkgeld ein. Ich habe keinen Plastik-Jesus oder Wackel-Buddha auf meinem Armaturenbrett. Ich habe nicht das Gefühl, dass ich so etwas brauche. Das sind nur noch mehr Ablenkungen. Ich suche Gott draußen in der Welt, am Himmel beim Sonnenuntergang über der Interstate oder im Schimmer des Neonlichts auf regennassen Straßen nach Mitternacht.

Und ich schaue auch in mein Inneres. Nur um zu sehen.

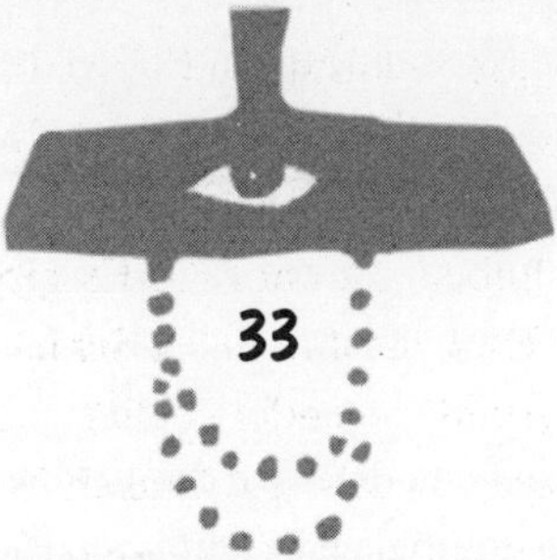

33

Die Lichter gehen an – oder flimmern zumindest

Die Interstate ist verstopft, in beiden Richtungen kommt der Feierabendverkehr kaum voran. Auf den Auffahrten, Zubringern, Überführungen – überall herrscht dichter, zähflüssiger Verkehr. Bewegung gibt es schon: Autos wechseln Spuren, wechseln wieder zurück und stehen am Ende ungefähr wieder da, wo sie vorher auch waren. Die Fahrer werfen einander böse Blicke zu, blenden die Scheinwerfer auf oder hupen. Manche schlagen voller Frust auf das Lenkrad ein. Keiner kommt voran, aber alle strengen sich mächtig an.

Ein Wagen schert aus, erst auf die Standspur, dann auf das weiche Gras des Randstreifens. Langsam aber sicher erklimmt er den Kamm des Hügels, der die Autobahn von der Nebenfahrbahn trennt. Dort hält er an und sieht sich die Verkehrsmassen unter sich an. Er fühlt sich frei.

Es ist ein Taxi. Nummer 119.

Die Hoffnung, sich aus dieser Welt der Täuschungen zu befreien, machte immer schon die Anziehungskraft des Buddhismus aus. Das galt für die Massen, die den Reden des Buddha zugehört haben, und das gilt für die Taxifahrer des 21. Jahrhunderts, die an Taxiständen und auf Parkplätzen überall auf der Welt Zazen sitzen. Es ist ein kaum greifbares Ziel, aber welche anderen gibt es schon? Außerdem ist es eigentlich gar kein Ziel. Nur der Weg zählt.

Das Problematische an der Idee der Erleuchtung ist unter anderem, dass sie sich unmöglich beschreiben lässt. Es ist, als wollte man einem Blinden den Sonnenuntergang schildern; Worte sind nicht genug. Das Ego fällt weg, und übrig bleibt nur die Wahrheit. Ein breiterer Blickwinkel auf die Welt. Ein Zustand immerwährender Glückseligkeit. Oder einfach dauerhafte innere Ruhe.

Erleuchtung bedeutet, unsere wahre Natur zu erkennen, die Wahrheit hinter den Erscheinungen und den Täuschungen.

Sie ist Erlösung ohne die Sünden.

Aber fragen Sie mich nicht danach. Ich bin nur der Taxifahrer. Diesen Teil der Straße müssen Sie selbst entdecken.

Die Zen-Praxis erfordert keine Glaubensakte. Die Praxis richtet sich auf ein moralisches, ethisch verantwortliches Leben und spirituelles Wachstum. Sie müssen nur das glauben, was Sie selbst erleben. Sie müssen einzig und allein daran glauben, dass es möglich ist, ein gewisses Erwachen aus den Einschränkungen unserer menschlichen Natur zu erlangen.

Als der Buddha nach seiner Erleuchtung andere lehrte, war er sichtlich verändert. Die Menschen wurden allein durch seine Erscheinung sofort zu ihm hingezogen.

Man fragte ihn: »Bist du ein Gott?«

»Nein«, sagte er.

»Bist du ein Mensch?«

»Nein«, sagte er noch einmal.

»Was bist du dann?«

»Ich bin wach.«

Wenn der Buddha lehrte, wurde festgehalten, wie viele Zuhörer bei jeder Belehrung erleuchtet wurden. Anscheinend kam das häufig vor. Vielleicht war es damals leichter. Es war eine einfachere Zeit mit weniger Ablenkungen. Vielleicht war es die persönliche Macht des Buddha oder seine Begabung als Redner. Der Legende nach sollen viele Wesen im Lauf vieler Leben bis an den Rand der Erleuchtung gelangt sein und nur auf einen großen Meister gewartet haben, der sie beim letzten Schritt anleiten würde. Über die Jahrhunderte hinweg gibt es viele Geschichten von Schülern, die durch ein einziges Wort eines Meisters oder durch einen Anblick, der sie in der richtigen Weise berührte, erleuchtet wurden. Es scheint heute schwieriger zu sein. Es erfordert Jahre gewissenhafter Praxis, und womöglich passiert es überhaupt nicht.

Meine Lieblingsgeschichte über Erleuchtung erzählt Seung Sahn: Ein Mönch trug einen alten Holzeimer voller Wasser. Es war eine klare Vollmondnacht, und der Mond spiegelte sich im Wasser. Während er ging, platzte der Boden des Eimers auf, und das Wasser floss aus dem Eimer. Der Mönch sah, wie die Spiegelung des Mondes durch den Eimer fiel, und wurde erleuchtet. Ich kann mir diesen fallenden Mond und das Lächeln, das das Gesicht des Mönchs erhellt, lebhaft vorstellen.

In den meisten Geschichten über Erleuchtung sind die Schüler durch jahrelange Praxis darauf vorbereitet und am Rand des Abgrunds angekommen. An dem Punkt genügt ein kleiner Stups, wie das Bild des Mondes, der durch den Boden eines leckenden Eimers fällt. In einer Geschichte wird erzählt, dass nach

Buddhas Tod sein treuer Begleiter Ananda an einer Versammlung teilnehmen sollte, die darüber zu befinden hatte, welche Sutras als die ursprünglichen Lehren des Buddha gelten sollten. Da er alle Reden des Buddha gehört hatte, war seine Anwesenheit von entscheidender Bedeutung. Jedoch waren nur Erleuchtete zu der Versammlung zugelassen, und Ananda hatte die Erleuchtung noch nicht erlangt. Der Zeitpunkt kam näher, und er meditierte verzweifelt, um sich für die Versammlung zu qualifizieren, aber es wollte ihm einfach nicht gelingen. Als die Versammlung eröffnet wurde, gab er schließlich auf und sagte sich, es sei hoffnungslos. Und in diesem Moment der Ergebung spürte er, wie die Schleier der Täuschung von ihm abfielen, und wurde endlich erleuchtet.

Andererseits gibt es Hui Neng, einen ungebildeten Bauern, der keinerlei Unterweisung im Dharma erhalten hatte. Er verdiente sich seinen Lebensunterhalt, indem er Brennholz aus den Bergen in die Stadt trug. Er wurde erleuchtet, als er hörte, wie ein Mönch eine einzige Zeile aus der Diamantsutra rezitierte, und wurde der Sechste Patriarch des chinesischen Zen.

Wird das Erwachen historischer Gestalten wie des Buddha, Anandas und Hui Nengs normalerweise als plötzlich und dramatisch geschildert, geht die modernere Vorstellung eher dahin, dass sich das Erwachen in Schritten vollzieht, angefangen von kurzen Einblicken über etwas größere Erkenntnisse bis zum endgültigen Zustand der völligen Erleuchtung. Dieses Thema wird in Seung Sahns *Der Kompass des Buddhismus* eingehend behandelt. Schon der Titel bezieht sich auf die Stufen der Erleuchtung, die durch gewissenhafte Praxis erlangt werden können.

Als der Buddha erleuchtet wurde, sagte er, er habe endlich

erkannt, dass alle Wesen bereits erleuchtet sind. Das bedeutet, dass die Essenz der Erleuchtung – die Buddha-Natur – in jedem vorhanden ist, jedoch durch unsere Täuschungen und Vorstellungen verdeckt wird. Durch unsere Meinungen. Unsere Vorlieben und Abneigungen. Unsere Praxis bedeutet, den Schutt unseres Lebens beiseitezuräumen und durch ihn hindurch die Wahrheit im Inneren zu schauen. Diese Ansicht wird oft durch eine Sonne symbolisiert, die hinter einem Wolkenschleier hervortritt.

Im Soto-Zen wird die Erleuchtung zugunsten einer Tag für Tag, Minute für Minute geübten Praxis hintangestellt. Es heißt, Zazen zu sitzen sei an sich schon eine Form der Erleuchtung. Diese Haltung geht auf Dogen, den Begründer des Soto-Zen zurück, der die Bedeutung der täglichen Praxis ohne Konzentration auf das Ziel der Erleuchtung betonte. Und Suzuki Roshi erklärte: »Es ist nicht so, dass *satori* unwichtig wäre, aber es ist nicht der Teil von Zen, der betont werden sollte.« Zwar kann eine gewissenhafte Praxis zu einem Erleuchtungserlebnis führen, aber es gibt keine Garantie. Die Praxis selbst ist Lohn genug.

Es gibt das Sprichwort: »Triffst du den Buddha unterwegs, töte ihn.« Das bezieht sich auf die Gefahr, dass Zen-Schüler an der Idee der Erleuchtung hängen könnten. Solange die Erleuchtung etwas außerhalb des Selbst ist, etwas, was es zu erstreben gilt, leidet die eigentliche Praxis. Der Buddha, dem man unterwegs begegnet – oder die Vorstellung von der Erleuchtung als Ziel –, ist etwas Zusätzliches, das der täglichen Praxis im Wege steht.

In meinem Fall habe ich mich mit der Vorstellung abgefunden, dass ich wohl mit einer gewissen inneren Ruhe, einer anständigen Wiedergeburt und einem Ausblick auf das Eigentliche in einem künftigen Leben zufrieden sein muss. Ich habe Zeit verschwendet, mich in Täuschungen verstrickt und Dummheiten begangen. Ich habe es bei einigen Geboten gehörig vermasselt. Nun ja, bei ziemlich vielen, das eine oder andere Mal. Ich habe Zazen sporadisch und manchmal auch überhaupt nicht praktiziert. Mehr noch, meine Aufmerksamkeitsspanne ist kurz, was Fortschritte zusätzlich erschwert. Lauter Ausreden, und gar nicht mal so schlechte. Und wenn ich muss, fallen mir bestimmt noch ein paar mehr ein.

Andererseits – man weiß ja nie.

An einem Dienstagabend um zehn bin ich ein paar Momente lang erleuchtet.

Ich fahre bei leichtem Regen auf dem Mopac; es ist der erste Regen seit Wochen. Die Straßen sind schmierig von dem Motoröl, das der Regen gelöst hat, und das Wasser reicht nicht aus, um das Öl wegzuspülen. Ich weiß, bei einsetzendem Regen fährt es sich am allerschlimmsten. Ich lasse es langsam angehen und habe überhaupt keine Eile, ins Zentrum zu kommen.

Über Funk kommt ein Auftrag, eine Fahrt in der 38th Street. Das ist wahrscheinlich das Seton-Krankenhaus, vielleicht eine kurze Strecke auf Krankentransportschein, aber das ist egal. An einem Dienstagabend ist jede Fahrt recht. Die Ausfahrt ist direkt vor mir, also nehme ich den Auftrag an. Es geht zum medizinischen Verwaltungsgebäude neben dem Krankenhaus. Ich wechsle auf die rechte Fahrspur und nehme die Ausfahrt.

Die Autobahnabfahrt verläuft eine Rampe hinunter bis zu einem Stoppschild. Ich warte, bis ein paar Autos vorbeigefahren sind, überquere dann die nach Westen führende Fahrspur, um in Richtung der 38th Street abzubiegen. Während ich den Mittelstreifen überquere, brechen die Hinterräder aus, und der Wagen schlittert geräuschlos über die Straße, schwimmt im Aquaplaning davon, das Taxi dreht sich langsam um die eigene Achse und entzieht sich völlig meiner Kontrolle. Ich trete auf die Bremse, erst nur ganz leicht, dann stärker, versuche gegenzusteuern, erst in die eine, dann in die andere Richtung, immer auf der Suche nach etwas, das hilft. Vergeblich.

Und ich rutsche, hellwach, aber völlig hilflos, und sehe durch die Windschutzscheibe zu, wie die Welt in Zeitlupe an mir vorüberzieht. Ein Vorfahrt-gewähren-Schild, der Stamm einer Lebenseiche, über und über mit wildem Wein bewachsen, ein Paar orangefarbene Pylonen, alles zusammenhanglos, Stücke einer Welt, die an mir vorüberzieht, wie in einem Traum vom Taxifahren. Ich nehme alles in mich auf, akzeptiere es und kämpfe nicht darum, die Kontrolle wiederzuerlangen. Eine Leitplanke, ein Telefonmast, an dem bunte Zettel hängen, ein Linksabbiegen-verboten-Schild – und ich kann nichts tun außer zuzuschauen, aufmerksam zu beobachten, wie alles vorüberzieht.

Dann schlägt ein Hinterrad gegen den Randstein am Mittelstreifen, prallt hart davon ab, die Vorderräder graben sich ein, der Kofferraum geht auf und der Motor aus, alles in einer halben Sekunde, und ich sitze da und denke, *so muss es sein. Erleuchtung.* Eine Mischung aus Adrenalin und Hilflosigkeit und mehr. Sehr viel mehr. Aufmerksamkeit, Akzeptanz. Die Welt so annehmen, wie sie ist, nicht zurückweichen, nicht versuchen, sich vor ihr zu verstecken. Nicht versuchen, sie zu kontrollieren. Erleuchtung.

Eigentlich ist es keine Erleuchtung.

Es ist nur ein Moment auf der Straße. Vielleicht ein Ahnen, ein kurzer Ausblick auf die Welt, wie sie ist. Oder nur ein Schub Aufregung. Eine Illusion der Erleuchtung. Wie sie sein könnte. Ein Zen-Meister könnte das für mich klären, aber ich bin hier ganz allein auf mich gestellt. Und so nehme ich es als ein Zeichen, dass es noch Hoffnung für mich gibt.

Ein bisschen Glauben ist das Beste.

Einen Augenblick bleibe ich auf der nach Osten führenden Fahrbahn stehen; mein Wagen zeigt in die falsche Richtung, aber es ist mir egal. Ein Auto rollt heran, hält an. Der Fahrer fragt, ob ich Hilfe brauche.

»Nein«, sage ich ihm. »Mir geht es gut, danke. Ich bleibe hier einfach noch eine Minute stehen und genieße den Abend.« Er fährt weiter und schüttelt den Kopf. Wahrscheinlich fragt er sich, ob ich noch ganz beieinander bin.

Schließlich steige ich aus, knalle den Kofferraumdeckel zu und schaue mich um. Es ist ein wunderschöner Abend, ein leichter Sprühregen liegt in der Luft, gelb beschienen von der Beleuchtung auf dem Mopac. Dort oben fahren die Autos mit zischendem Geräusch auf dem nassen Asphalt. In der Luft liegt der Geruch nach Ozon. Sieht aus, als hätte ich mich zweieinhalb Mal um die eigene Achse gedreht. Das ergibt die Zahl 900. Durch den Ölfilm auf der Straße zieht sich eine spiralförmige Spur. Sie sieht aus wie eine Doppelhelix. Ich stehe etwa 30 Meter hinter der Kreuzung, vielleicht ein bisschen mehr. Gar nicht so übel zum Weiterfahren. Ich setze den Wagen in Gang, ziehe eine sehr langsame Haarnadelkurve und fahre davon, um meinen nächsten Fahrgast aufzunehmen. In mir denkt ein Teil: *Das hat Spaß gemacht. Das will ich noch einmal versuchen.*

Es stimmt. Ich möchte es wirklich noch einmal versuchen. Nicht den Teil mit dem Fahrfehler und dem Verlust der Kontrolle über den Wagen, sondern den kurzen Einblick in die Welt, wie sie ist. Ich will weiter üben, studieren, Zazen sitzen, achtsam Taxi fahren und mich bereit machen. Mich auf die nächste Erkenntnis vorbereiten. Vielleicht kann ich das nächste Mal eine dauerhafte Einsicht gewinnen, etwas, das mir bleibt. Etwas, das die Straße vor mir erhellt wie ein innerer Scheinwerfer. Oder das den Geist in mir erhellt wie Nebellampen im Dunst.

Vielleicht gelingt es mir ja eines Tages, ohne dabei mein Taxi fast zu Schrott zu fahren.

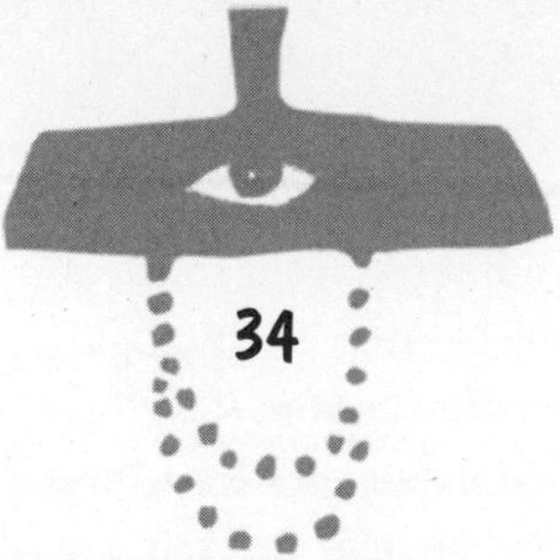

Silvester

Silvester.

Für Taxifahrer ist das die Nacht der Nächte. Die Nacht, auf die wir uns das ganze Jahr über freuen. Die Nacht, von der wir das ganze kommende Jahr lang sprechen werden. Die Nacht, die die konzentrierten, im Moment lebenden, die Augen auf der Straße habenden Taxifahrer von den gestressten Möchtegerns scheidet.

Und es ist eine tolle Nacht zum Geldverdienen, damit man endlich mit den Leasingraten hinterherkommt.

Sie ist ein Jackie-Chan-Film für Taxifahrer. Action nonstop. Und wenn Jackie sich ablenken lässt, muss er ein paar harte Schläge einstecken. So geht es uns auch.

Silvester hat etwas Besonderes. Es ist ein Neubeginn. Wir können alles streichen, was im letzten Jahr falsch gelaufen ist, und es noch einmal versuchen. Dieses Mal kriegen wir es bestimmt hin. Jeder hat seine Liste guter Neujahrsvorsätze. Wir werden alle abnehmen, mit dem Rauchen aufhören, mit Sport anfangen, Gitarre spielen lernen, Quantenmechanik büffeln. Erleuchtet werden. Das Gefühl eines Neubeginns liegt in der Luft, die Vorstellung, dass alles möglich ist. Mir gefällt diese Idee. Ich möchte daran glauben.

Doch eigentlich ist immer Silvester. Immer wenn Sie wollen, können Sie die Last Ihrer Vergangenheit ablegen und neu anfangen. Es ist nicht leicht, aber es ist möglich. Wie man so schön sagt: Heute ist der erste Tag vom Rest Ihres Lebens. Dieser Moment ist der erste Moment vom Rest Ihres Lebens. Sie können jeden Moment so behandeln, die Welt einfach weiterhin mit erfülltem Herzen und klarem Blick sehen, nie zurückschauen und den Moment so gut leben, wie Sie nur können. Das ist Zen. Hier und jetzt. Zen ist Silvester, immer.

Silvester hat einen Rhythmus. Er beginnt am frühen Abend. Alle Welt will ins Zentrum, zur großen Party in der 6th Street. Man fährt in Straßen mit Namen wie Lonesome Valley Trail oder Mountainclimb Drive, holt Leute ab und bringt sie in die Innenstadt. Zuerst fährt man sie in die Restaurants. Später geht es geradewegs in die Bars. Die Leute sind fröhlich und freundlich. Sie freuen sich auf eine lange Nacht in der Stadt. Man versucht, sie abzuladen, ohne im Zentrumsverkehr stecken zu bleiben. Man will sich ja nicht festfahren, abgelenkt werden.

Dann fährt man wieder los und macht das Ganze noch mal.

Und noch mal. Und noch mal.

Um Mitternacht komme ich auf der South 1st ins Zentrum, hinten drin ein junges Paar. Ich höre das Knallen der Feuerwerkskörper, tutende Hupen, schreiende Leute. Ich fahre auf die Brücke über den Lady Bird Lake; und gerade als ich auf der Brücke bin, höre ich links von mir eine Explosion. Ein Schwall weißes, dann orangefarbenes, dann lila Licht ergießt sich daraus. Ein Feuerwerk direkt über dem Wasser. Der Verkehr kommt zum Erliegen, und auf der Brücke steigen alle aus ihren Autos und schauen zu. In den aufflackernden Lichtern erwacht die Stadt zum Leben.

Bumm!

Zwischen den Autos rennen Leute hin und her, sie kommen von überall, um zuzuschauen. Paare küssen sich, jemand tanzt auf dem Gehweg und erfindet dabei seinen eigenen Rhythmus. Sechs oder acht Leute stehen am Rand der Brücke und schreien »Frohes Neues Jahr!« in die Luft hinaus.

Bumm!

Die herabfallende Asche taucht das Seeufer in ein gespenstisches Grau. Eine Diesellokomotive überquert die Eisenbahnbrücke im Westen, und der Lokführer legt sich auf die Hupe. Übers Wasser treibt Rauch.

Bumm!

Auf der Brücke bildet sich eine Menschenmenge. Alle lächeln und sind glücklich, ihr Herz ist weit geöffnet, und ihre Aaahs und Ooohs begleiten das Schauspiel. Ich sitze auf einem Kotflügel und sehe den Lichtkaskaden am Himmel zu, ein Lächeln im Gesicht und absolut keine Gedanken im Kopf.

Bumm! Bumm! Bumm!

Viel zu schnell endet das Schauspiel mit einem furiosen Licht- und Klangwirbel, und alle schreien wie verrückt. Dann steigen wir alle wieder ins Auto und warten. Endlich setzt sich der Verkehr wieder in Bewegung. Ich setze das Paar in der Guadalupe ab und nehme ein anderes an Bord. Sie wollen zum Shoal Creek Boulevard. Ich bin wieder bei der Sache.

Nach Mitternacht ist Gezeitenwechsel. Jetzt wollen die Leute nach Hause. Manche sind ganz aus dem Häuschen vor Übermut. Andere sind niedergeschlagen und gereizt. Noch später sind die meisten einfach erschöpft. In der Regel gehen die Fahrten jetzt vom Zentrum zu einem Haus oder einer Wohnung. Nach jeder Fahrt drehe ich um, rase zurück ins Zentrum und mache alles noch mal. Die Bars schließen um zwei, aber auf den Straßen sind so viele Menschen, dass das kaum etwas ändert. Ich mache so viele Fahrten wie möglich, bleibe konzentriert. Morgen ist hier kein Mensch.

Auf der Interstate steht ein Unfallwagen. Hier und da gibt es Blechschäden. Ein Streit auf einem Parkplatz an der Lavaca. Schlechte Autofahrer. Wütende Fußgänger. Unverschämte Fahrgäste. Echt üble Betrunkene. Und rührselige, traurige Betrunkene. Ein neues Jahr hat begonnen, aber die Welt hat sich nicht geändert.

Und immer noch lächeln und singen die Leute auf den Straßen. Küssen sich in den Ecken. Reden miteinander und hören einander zu. Helfen einander im Verkehr. Danken dem Taxifahrer und geben ein großzügiges Trinkgeld. Wie gesagt, die Welt hat sich nicht geändert.

Die Welt hat sich nicht geändert, und wir haben uns auch nicht geändert. Aber wir können es. Nicht auf einmal, bloß weil ein neues Jahr begonnen hat und wir wollen, dass es ein besseres Jahr wird, sondern, weil wir frei sind. Jeden Augenblick haben wir in uns die Möglichkeit, um eine Ecke zu biegen und neu anzufangen. Wir können die Welt mit klarem Blick und offenem Herzen anschauen, und wir können in uns hineinschauen und sehen, wer wir wirklich sind. Es ist nicht leicht. Dharma Road ist eine lange, schwierige Fahrt. Sie verlangt Entschlossenheit und Hingabe. Aber wir können es alle schaffen. Wir müssen es nur versuchen.

Silvester kann ein wunderbarer Moment für den ersten großen Schritt sein. Jetzt könnte ein noch besserer Moment sein.

Wenn es hilft, tun Sie einfach so, als wäre heute Ihr persönliches Silvester. Für Sie ist es das dann auch.

Etwa um vier bringe ich ein junges Paar zu einem Haus in Clarksville und halte dann bei einem kleinen Park an. Ich steige aus und setze mich ein paar Minuten auf eine Bank. Ich atme einige Male lang und tief durch und lasse alles los. Es ist still hier draußen. Ein paar Minuten lang bewegen sich nur die Zweige der Lebenseichen im Wind. Dann hole ich das gesamte Geld aus meinen Taschen und stecke es in eine Stofftasche hinter dem Ersatzrad. Ich zähle es nicht. Heute Nacht gibt es keine Ergebnisse. Aber es sieht ganz hübsch aus in der Tasche. Ich steige wieder ins Taxi und fahre ins Zentrum.

Endlich ist weniger los. Ich bin seit zehn, elf Stunden unterwegs, aber ich merke es noch nicht. Nach fünf Uhr überlege ich mir eine Ausrede, um Schluss zu machen. Es dauert ein bisschen, aber schließlich erwische ich mich beim Gähnen. Das war's, genau jetzt!

Als ich nach Hause komme, hole ich die Stofftasche aus dem Kofferraum. Ich habe einen Bacon-Cheeseburger und eine Tüte Spiralpommes dabei. Einen Moment lang bleibe ich im Vorgarten stehen. Die Geräusche der Stadt fallen von mir ab, und ich spüre, wie mich die Stille umfängt. Ich sehe, dass der Himmel im Osten schon ein wenig aufleuchtet, sehe den Morgenstern dort oben, ein neuer Tag zieht schon herauf. Ein neues Jahr, voller Hoffnung. Ich hole tief Luft und lasse sie langsam wieder heraus. Ich fühle mich offen und frei, bereit für alles, was es bringen mag.

Dann höre ich ein Zugsignal in der Ferne und das Donnern einer Diesellok, die näher kommt. In der Ferne heult ein Hund. Ich öffne die Tür und gehe hinein.

Schlusswort

Weiter die Straße entlang

Wenn ich auf meine Zeit als Taxifahrer zurückblicke, wird mir klar, dass es eine gute Zeit für mich war. Sie hat nicht so angefangen, aber ich war in dieser Zeit genauso glücklich wie sonst auch. Und ich habe gelernt. Ich habe etwas über die Menschen gelernt: über die Taxifahrer, die Fahrgäste, die Leute auf den Straßen. Darüber, wie sie leben. Außerdem habe ich etwas über mich selbst gelernt. Ich habe gelernt, dass ich mich von den Höhen und Tiefen des Alltags nicht mitreißen lassen muss. Ich habe gelernt, dass Rückschläge zu größeren Möglichkeiten führen können, wenn ich es nur zulasse. Ich habe gelernt, dass ich ein besserer Mensch sein kann, allein dadurch, dass ich mich jeden Tag und jeden Moment darum bemühe. Ich habe gelernt, darauf zu achten, was wirklich geschieht, jetzt zu leben, nicht in der Vergangenheit und in der Zukunft. Ich habe gelernt, mich selbst zu überwinden, wenigstens ein kleines bisschen.

Und ich habe gelernt, dass die Dharma Road keine von Einkaufszentren, Apartmentkomplexen und Bars gesäumte Asphaltstraße ist. Sie führt nach innen. Das war die wichtigste Lektion überhaupt.

Taxifahren ist keine Hexerei. Es ist nichts Besonderes. Es ist nur ein Job, eine Möglichkeit, den Tag zu überstehen. Etwas zu lernen gibt es überall. Auch wenn Sie Arzt, Rechtsanwältin, Geheimagentin oder Internet-Milliardär sind, können Sie beobachten, wie sich der Dharma in Ihrem Leben entfaltet, und können ihm folgen, wohin er Sie führt. Und wenn Sie zu kämpfen haben und völlig am Ende sind, können Sie auch daraus das Beste machen. Was sollte man auch sonst tun?

Inzwischen ist etwas Zeit vergangen. Mehr, als ich dachte. Eines Tages gab ich die Schlüssel zurück, weil ich fand, ich bräuchte eine Pause, und es taten sich andere Dinge auf. Ich bin ein paar Jahre lang Taxi gefahren und ausgestiegen, bevor ich ausgebrannt war. Eines Tages mache ich es vielleicht wieder, aber ich weiß nicht, wann. Man sagt, einmal Taxifahrer, immer Taxifahrer. Im Inneren bin ich es.

Die Dinge verändern sich. Die Stadt um mich herum verändert sich. Wenn ich eine Straße entlangfahre, die ich eine Weile nicht gesehen habe, sieht sie anders aus. Es entsteht ein neues Wohnprojekt, ein Parkhaus. Ich muss richtig überlegen, was früher da war und jetzt fehlt.

Die Taxibranche verändert sich. Heute gibt es nicht mehr so viele Taxiunternehmen, die Fahrer können nicht mehr so leicht wechseln und eines gegen das andere ausspielen. Die Vermittlung der Fahrten erfolgt heute über Computer, es gibt Navis und GPS und Aufkleber für die mautpflichtigen Straßen, die es jetzt überall gibt. An Kreuzungen installiert die Stadt Überwachungskameras, die an ein System angeschlossen sind, das automatisch Bußgeldbescheide verschickt, wenn jemand bei Rot über die Ampel fährt. Die automatische Geschwindigkeitsüberwachung wird das Nächste sein; ich kann es förmlich spüren.

Sie verderben einem den ganzen Spaß. Und das Abenteuer. Bald kann fast jeder Taxi fahren.

Aber das ist in Ordnung. Die Dinge ändern sich. Wir müssen einfach damit umgehen.

Und noch etwas hat sich verändert. Es gibt ein Zen-Zentrum in Austin. Eine echte Sangha. Es gibt sie sogar schon etliche Zeit, aber ich habe das gar nicht gewusst. Jetzt bin ich mit alledem nicht mehr völlig auf mich gestellt. Am Samstagmorgen gehe ich dort zum Gruppen-Zazen und höre eine Dharma-Rede, die mir hilft, die Dinge richtig einzuordnen. Danach verspüre ich neue Energie für meine Praxis, fühle mich eine Zeitlang geistig erhoben. Ich nehme mir immer vor, mehr Zeit dort zu verbringen, die Sutras zu lernen, die sie chanten, die Rituale und Zeremonien, die anscheinend jeder kennt außer mir. Ich wünschte, es könnte mal jemand ein Buch darüber schreiben. Dann könnte ich vielleicht eine aktivere Rolle im Zentrum übernehmen.

Tatsächlich aber sind das größtenteils Ausreden. Ich bin eigentlich niemand, der sich gerne einer Gruppe anschließt. Das hat sich nicht geändert.

Es war seltsam, hier an meinem alten Mac zu sitzen, Jazz zu hören, Kaffee zu trinken und über meine Zeit als Taxifahrer zu schreiben. Damals hatte ich das Gefühl, ich machte das Beste aus einer schlimmen Lage, heute aber fehlt es mir. Ich war gerne nachts draußen, habe die Straßen abgeklappert und mich dem gestellt, was gerade los war. Ich fühlte mich frei, lebendig.

Ich bin immer noch frei. Ich bin immer noch lebendig. Aber es fehlt mir.

Vielleicht schnellt *Dharma Road* ja auf den Bestsellerlisten ganz nach oben, eine Art *Sakrileg* für Spirituelle. Vielleicht hilft es den Menschen, in ihrem Alltag zurechtzukommen und einen

Blick darüber hinaus auf etwas Tieferes und Bedeutungsvolleres zu werfen. Vielleicht wird es die Welt verändern. Ich hoffe es. Ich möchte helfen. Und vielleicht verdiene ich damit sogar ein bisschen Geld und kann das eine oder andere tun, was ich mir heute nicht erlauben kann. Aber das wird mein Leben nicht so sehr verändern, wie Sie jetzt vielleicht denken. Was auch geschieht, ich bleibe immer noch ich selber. Ich werde immer noch hier und da zu kämpfen haben, ein wenig traurig sein und genug Humor haben, um es dennoch weiterhin mit dem Leben aufzunehmen.

Es mit dem Leben aufnehmen. Ja, das werde ich.

Hin und wieder lege ich beim Schreiben eine Pause ein, mache mir einen Kaffee und gehe auf die Terrasse, um meinen Geist zu leeren. Dann sitze ich da draußen, höre der Nacht zu und beobachte, wie der Bambus sich im Wind wiegt. Ich sehe den vorüberfahrenden Autos auf der Auffahrt zum Mopac Expressway etwa hundert Meter hinter meinem Garten nach. Spät in der Nacht sehe ich die Taxis, die es eilig haben, zur 6th Street zu kommen und eine letzte Fahrt zu machen, die beste der ganzen Nacht. Und ich wünschte, ich wäre mit ihnen da draußen.

Irgendwann werde ich das wahrscheinlich wieder.

So, jetzt kommt der Teil, wo die Musik eingeblendet wird und vielleicht Lucinda Williams »2 kool 2 Be 4-Gotten« singt. Der Hintergrundsprecher setzt ein und fügt alles zu einem runden Schluss zusammen, vielleicht mit einer netten, überraschenden Wendung. Tut mir leid. Keine Musik, kein Hintergrundsprecher, kein gefälliger Schluss. Überhaupt kein Schluss. Morgen stehen wir auf und machen das Gleiche wieder, und vielleicht sind wir ja morgen besser, haben ein bisschen mehr davon. Wenn ja, dann ist das schon genug.

Wir sind da. Ich hoffe, Sie hatten eine angenehme Fahrt. Vorsicht beim Aussteigen. Haben Sie eine gute Zeit, jetzt.

Anhang

Flughafenlektüre

Die Schlange am Flughafen ist ein wunderbarer Ort für Taxifahrer, wenn sie ein Weilchen lesen wollen. Wenn ich einen Fahrauftrag zum Flughafen bekomme, stelle ich mich anschließend manchmal in die Schlange, um mir eine Pause vom Verkehr und dem Stress im Zentrum zu gönnen. Dann sitze ich ein, zwei Stunden da draußen auf einem Gartenstuhl oder dem Vordersitz meines Taxis und lese über Zen. Manchmal kommen andere Fahrer vorbei, und wir unterhalten uns ein Weilchen, tauschen die neuesten Gerüchte aus. Danach lese ich wieder weiter. Ich bleibe lange genug dort, um ein ordentliches Stück lesen zu können, aber wiederum auch nicht so lange, dass es zur Qual wird. Dann kommt Bewegung in die Schlange, und ich bin wieder unterwegs.

Wenn Sie zum Flughafen unterwegs sind und vorhaben, sich in die Schlange zu stellen und ein bisschen zu lesen, könnte ich Ihnen empfehlen, folgende Titel mitzunehmen. Alle haben bei der Entstehung von *Dharma Road* eine wichtige Rolle gespielt:

Der achtsame Weg durch die Depression
von Mark Williams, John Teasdale, Zindel Segal und Jon Kabat-Zinn

Wenn das Montagsgefühl die ganze Woche über anhält, kann dieses Buch helfen. Die Rosinenübung stammt daraus.

Ärger. Befreiung aus dem Teufelskreis destruktiver Emotionen
und alles andere von Thich Nhat Hanh

Als junger Mönch wurde er von Martin Luther King für den Friedensnobelpreis vorgeschlagen. Seither hat er zahlreiche Werke über den Buddhismus und seine Rolle in der modernen Welt geschrieben. *Lebendiger Buddha, lebendiger Christus* hat für *Dharma Road* ebenfalls eine wichtige Rolle gespielt, aber ich empfehle alle seine Bücher.

Buddha
von Karen Armstrong

Der beste Bericht über das Leben und die Zeit des historischen Buddha, den ich kenne. Kurz, gut lesbar und bewegend.

Der Buddha im Inneren: Unterweisungen zur Verwirklichung der natürlichen Großen Vollkommenheit
von Lama Surya Das

Ein angenehm zu lesendes, inspirierendes Buch über die tibetische Praxis des Dzogchen von einem der ersten autorisierten westlichen Lamas. Auch alle seine weiteren Bücher sind ausgezeichnet.

Buddhismus für Ungläubige
von Stephen Batchelor

Der Autor, seit vielen Jahren buddhistischer Gelehrter, entmystifiziert die Praxis des Buddhismus und stellt ihn als geradlinigen Plan für ein glückliches, sinnvolles Leben ohne jeden religiösen Inhalt dar.

Buddhismus im Alltag. Freiheit finden jenseits aller Dogmen
von Steve Hagen

Ein Führer, wie wir durch unsere Täuschungen schauen und unsere wahre Natur erkennen können. Sehr klar und direkt. Ohne Umschweife. Hagen schrieb auch *Buddhismus kurz und bündig*, das ich aber nicht kenne.

Buddhistische Zeitschriften

Tricycle, ein in englischer Sprache zweimonatlich erscheinendes Magazin mit Beiträgen führender buddhistischer Gelehrter, das auch im internationalen Abo erhältlich ist. Außerdem die ebenfalls international erhältliche *Shambala Sun*.

(Anm. d. Übs.: Auf Deutsch gibt es folgende führende Zeitschriften über Buddhismus:

Buddhismus-aktuell (vormals *Lotusblätter*), die Zeitschrift der Deutschen Buddhistischen Union, DBU e.V.

Ursache & Wirkung, Österreichische Zeitschrift für Buddhismus

Tibet und Buddhismus, Zeitschrift des Tibetischen Zentrums Hamburg,

Chökor – Tibethaus Journal, die Zeitschrift des Tibethauses Deutschland,

Buddhistische Monatsblätter, Zeitschrift der Buddhistischen Gesellschaft Hamburg.

Mehr über einen engagierten Buddhismus, wie ihn Haycock im Buch fordert, sowie entsprechende Zeitschriften erfahren Sie unter www.buddhanetz.de.)

The Feeling Buddha
von David Frazier

Eine zum Nachdenken anregende Neuinterpretation der ursprünglichen Lehren des Buddha, die eine menschlichere – und empfindsamere – Version des Dharma vorstellt. (Nicht auf Deutsch.)

Glücksregeln für den Alltag

und alles andere vom Dalai Lama

Der Dalai Lama ist nicht nur eine inspirierende spirituelle Führungspersönlichkeit. Er ist auch ein äußerst erkenntnisinniger Philosoph mit umfassenden Kenntnissen des Tibetischen Buddhismus und vieler anderer Richtungen. Er hat zahlreiche Bücher veröffentlicht, im Allgemeinen auf der Grundlage seiner Vorträge und Gespräche. Alle sind hervorragend.

An Introduction to Haiku

von Harold G. Henderson

Ich weiß. In *Dharma Road* gibt es keine Haikus. Sollte es aber. Nichts drückt Zen so gut aus wie ein Haiku. Ich bin ein großer Fan von Basho. Wenn Sie dieses Buch nicht finden können, dann eignet sich auch jedes andere Buch mit Haikus und einer Einführung in deren Form.

(Auf Deutsch ist empfehlenswert: Haiku: japanische Gedichte. Ausgewählt, übersetzt und mit einem Essay hg. von Dietrich Krusche. Neuausg. Deutscher Taschenbuch-Verlag 1994 , Anm. d. Übs.)

Der Kompass des Buddhismus

von Seung Sahn

Die Zusammenstellung mehrerer Reden des verstorbenen koreanischen Zen-Meisters vermittelt einen Überblick über den Buddhismus, angefangen von den grundlegendsten Vorstellungen des Hinayana-Buddhismus bis zu einer anschaulichen Darstellung der fortgeschrittensten Zen-Praktiken.

Kundun

Ein Film von Martin Scorsese

Okay, es ist ein Film und kein Buch. Sie müssen ihn sich ausleihen und an einem Abend, an dem nichts los ist, zu Hause ansehen. Es ist die Geschichte des Lebens des Dalai Lama bis zu seiner Flucht aus Tibet. Es ist ein wunderbarer Film, und er stammt vom Regisseur von *Taxi Driver*. Am besten, Sie schauen gleich beide an.

Die Lehren des Meister Dogen. Der Schatz des Soto-Zen

von Taisen Deshimaru

Eine Sammlung lebendiger Essays über die Philosophie des Soto-Zen von einem echten Original. Das Buch ist nur noch antiquarisch erhältlich, aber egal, was Sie von Deshimaru finden können, greifen Sie zu.

The Soul's Religion: Cultivating a Profoundly Spiritual Way of Life

von Thomas Moore

Als ich dieses (nicht ins Deutsche übersetzte, Anm. d. Übs.) Buch in der Bibliothek entdeckte, dachte ich, ich würde es bestimmt hassen. Für mich klang das allzu sehr nach New Age. Aber ich habe mich getäuscht. Moore mischt Christentum, Buddhismus und andere Richtungen und verbindet sie sinnvoll. Dieses Buch und auch sein Werk *Der Seele Raum geben. Wie Leben gelingen kann* (in der Erstauflage: *Die Seele lieben. Tiefe und Spiritualität im täglichen Leben*, Anm. d. Ü.) sind sehr zu empfehlen.

Das Tibetische Buch vom Leben und Sterben
von Sogyal Rinpoche
Ausgehend vom *Tibetischen Totenbuch* vermittelt dieses Werk einen umfassenden Überblick über den tibetischen Buddhismus mit Schwerpunkt auf der Anwendung des Totenbuchs im Leben.

Das weise Herz. Die universellen Prinzipien buddhistischer Psychologie
von Jack Kornfield
Der Autor, Psychotherapeut und ehemaliger buddhistischer Mönch, entwickelt ein vollständiges System einer transformativen Psychologie auf der Grundlage buddhistischer Lehren und seiner eigenen bemerkenswerten Geschichte.

Zen als Lebenspraxis
von Robert Aitken
Eine klare und knappe Einführung in die Zen-Praxis für Anfänger. Alle Bücher von Robert Aitken sind wunderschön geschrieben und leicht verständlich. Auch sein Buch *Ethik des Zen* ist eine ausgezeichnete Lektüre.

Zen-Geist, Anfänger-Geist
von Shunryu Suzuki
Diese Zusammenstellung von Dharma-Reden des Gründers des San Francisco Zen Center ist das einflussreichste Buch über die Praxis des Soto-Zen im Westen. Auf sehr vergnügliche Weise macht es die tägliche Zen-Praxis klar vorstellbar. Ein großartiges Buch.

Zen in der Kunst des Bogenschießens
von Eugen Herrigel.

Ein Klassiker. Der Autor, der in den 1920er-Jahren in Japan studiert hat, will von einem Zen-Meister die Kunst des Bogenschießens erlernen und lernt stattdessen etwas über sich selbst. Dieses Buch weckte in den 1950er-Jahren zum ersten Mal im Westen Interesse am Zen.

Zen oder die Kunst des Autofahrens
von K.T. Berger

Die beiden Berger-Brüder (die sich hinter der Abkürzung K.T. verbergen) entwickeln Ideen im Hinblick auf die Verbindung von Zen-Praxis und Autofahren. Eine gute Lektüre, sogar für Sonntagsfahrer.

Zen sein – Zen leben
von Ezra Bayda

Dieses Buch wendet die Zen-Praxis auf das richtige Leben an und legt dabei einen Schwerpunkt auf den Umgang mit Problemen und Leiden. Wenn's schiefläuft, hilft dieses Buch. Einige Ideen zum Umgang mit Angst und Wut in *Dharma Road* stammen von Bayda. Sehr inspirierend.